NEW TEPS 기본편

뉴텝스 300+ 목표 대비

- ☑ 서울대텝스관리위원회 NEW TEPS 경향 완벽 반영
- ☑ 뉴텝스 300점 이상 목표 달성을 위한 최적의 뉴텝스 기본서
- ☑ 신유형 문제는 한눈에 파악할 수 있도록 별도 표시
- ☑ 실전을 대비한 NEW TEPS Actual Test 5회분 수록
- ☑ 뉴텝스의 감을 확실하게 잡아 주는 상세한 해설
- ☑ 모바일 단어장 및 어휘 테스트 등 다양한 부가자료 제공

 3가지 버전 MP3   모바일 단어장   온라인 받아쓰기   모바일 VOCA TEST + 어휘 리스트 & 테스트

MP3 듣기
모바일 단어장
온라인 받아쓰기

추가 제공 자료 www.nexusbook.com

1 3가지 버전 MP3   2 모바일 단어장   3 어휘 리스트 & 테스트
4 온라인 받아쓰기   5 모바일 VOCA TEST   6 테스트 도우미

*추가 제공 자료는 영역마다 다를 수 있습니다.

NEW TEPS 기본편 실전 300+

청해 이기헌 지음 | 4X6배판 | 400쪽 | 19,800원
문법 장보금, 써니 박 지음 | 4X6배판 | 280쪽 | 17,500원
독해 정일상, 넥서스 TEPS연구소 지음 | 4X6배판 | 304쪽 | 19,000원

NEXUS Edu
LEVEL CHART

분야	교재	초1	초2	초3	초4	초5	초6	중1	중2	중3	고1	고2	고3
VOCA	초등필수 영단어 1-2·3-4·5-6학년용	📖	📖	📖	📖	📖	📖						
VOCA	The VOCA + (플러스) 1~7					📖	📖	📖	📖	📖	📖	📖	
VOCA	THIS IS VOCABULARY 입문·초급·중급			📖	📖	📖	📖	📖					
VOCA	THIS IS VOCABULARY 고급·어원·수능 완성·뉴텝스									📖	📖	📖	📖
Grammar	초등필수 영문법 + 쓰기 1~2				📖	📖	📖						
Grammar	OK Grammar 1~4			📖	📖	📖							
Grammar	This Is Grammar 초급~고급 (각 2권: 총 6권)					📖	📖	📖	📖	📖	📖	📖	📖
Grammar	Grammar 공감 1~3						📖	📖	📖				
Grammar	Grammar 101 1~3						📖	📖	📖				
Grammar	Grammar Bridge 1~3 (개정판)						📖	📖	📖				
Grammar	중학영문법 뽀개기 1~3						📖	📖	📖				
Grammar	The Grammar Starter, 1~3					📖	📖	📖	📖	📖	📖		
Grammar	구사일생 (구문독해 Basic) 1~2									📖	📖	📖	📖
Grammar	구문독해 204 1~2										📖	📖	📖
Grammar	그래머 캡처 1~2								📖	📖	📖	📖	
Grammar	Grammar.Zip 1~2									📖	📖	📖	📖
Grammar	특단 어법어휘 모의고사									📖	📖	📖	📖

분야	교재	초1	초2	초3	초4	초5	초6	중1	중2	중3	고1	고2	고3
Writing	도전만점 중등내신 서술형 1~4						■	■	■	■			
	영어일기 영작패턴 1-A, B · 2-A, B				■	■	■	■	■				
	Smart Writing 1~2				■	■	■	■	■	■			
Reading	Reading 공감 1~3						■	■	■				
	After School Reading 1~3						■	■	■				
	My Final Reading Book 1~3							■	■	■			
	This Is Reading 1-1~3-2 (각 2권; 총 6권)						■	■	■	■	■		
	This Is Reading 전면 개정판 1~4					■	■	■	■	■	■		
	원서 술술 읽는 Smart Reading Basic 1~2						■	■	■				
	원서 술술 읽는 Smart Reading 1~2									■	■	■	
Listening	Listening 공감 1~3						■	■	■				
	The Listening 1~4					■	■	■	■	■			
	After School Listening 1~3						■	■	■				
	도전! 만점 중학 영어듣기 모의고사 1~3						■	■	■				
	만점 적중 수능 듣기 모의고사 20회·35회									■	■	■	■
TEPS	NEW TEPS 기본편 실전 300⁺ 청해·문법·독해						■	■	■	■			
	NEW TEPS 실력편 실전 400⁺ 청해·문법·독해 *출간 예정							■	■	■	■	■	
	NEW TEPS 마스터편 실전 500⁺ 청해·문법·독해 *출간 예정									■	■	■	■

NEW
TEPS
기본편 문법
실전 300+

NEW TEPS 기본편(실전 300+) 문법

지은이 장보금 · 써니 박
펴낸이 임상진
펴낸곳 (주)넥서스

출판신고 1992년 4월 3일 제311-2002-2호 2-1
10880 경기도 파주시 지목로 5
Tel (02)330-5500 Fax (02)330-5555

ISBN   978-11-6165-413-3   14740
        978-11-6165-412-6   14740 (SET)

www.nexusbook.com

출제 원리와 해법, 정답이 보이는 뉴텝스 문법

NEW TEPS

기본편
실전 300+
문법

장보금 · 써니 박 지음

Grammar

NEXUS Edu

TEPS 점수 환산표 [TEPS → NEW TEPS]

TEPS	NEW TEPS	TEPS	NEW TEPS	TEPS	NEW TEPS	TEPS	NEW TEPS
981~990	590~600	771~780	433~437	561~570	303~308	351~360	185~189
971~980	579~589	761~770	426~432	551~560	298~303	341~350	181~184
961~970	570~578	751~760	419~426	541~550	292~297	331~340	177~180
951~960	564~569	741~750	414~419	531~540	286~291	321~330	173~177
941~950	556~563	731~740	406~413	521~530	281~285	311~320	169~173
931~940	547~555	721~730	399~405	511~520	275~280	301~310	163~168
921~930	538~546	711~720	392~399	501~510	268~274	291~300	154~163
911~920	532~538	701~710	387~392	491~500	263~268	281~290	151~154
901~910	526~532	691~700	381~386	481~490	258~262	271~280	146~150
891~900	515~525	681~690	374~380	471~480	252~257	261~270	140~146
881~890	509~515	671~680	369~374	461~470	247~252	251~260	135~139
871~880	502~509	661~670	361~368	451~460	241~247	241~250	130~134
861~870	495~501	651~660	355~361	441~450	236~241	231~240	128~130
851~860	488~495	641~650	350~355	431~440	229~235	221~230	123~127
841~850	483~488	631~640	343~350	421~430	223~229	211~220	119~123
831~840	473~481	621~630	338~342	411~420	217~223	201~210	111~118
821~830	467~472	611~620	332~337	401~410	212~216	191~200	105~110
811~820	458~465	601~610	327~331	391~400	206~211	181~190	102~105
801~810	453~458	591~600	321~327	381~390	201~206	171~180	100~102
791~800	445~452	581~590	315~320	371~380	196~200		
781~790	438~444	571~580	309~315	361~370	190~195		

※ 출처: 한국영어평가학회

보다 세분화된 환산표는
www.teps.or.kr에서
내려받을 수 있습니다.

서울대학교 언어교육원에서 개발하고, TEPS 관리위원회가 주관하는 국내 토종의 공인영어인증 시험인 TEPS는 1999년 처음 시행되어 오늘날에 이르고 있습니다. TEPS는 여타 공인영어시험 들보다 우리나라 사람들의 영어 실력 측정에 더 적합하다는 평가를 받으며 성장했습니다. 그런 만큼 TEPS 관리위원회는 한국인의 실질적 영어 능력의 반영을 위하여 지금까지 꾸준히 변화를 기해 왔습니다.

이제 New TEPS의 도입으로 시험의 신뢰도는 더욱 높아지고, 수험자 중심의 평가 환경이 자리 잡게 될 것입니다. 그러나 실력이 가장 기본이 되어야 함은 불변의 진리입니다. TEPS에는 4개의 영역이 있고, 그중 가장 기본이 되는 것이 바로 문법이라는 점 또한 그러합니다. TEPS의 문법 영역은 단순한 문법적 지식뿐만 아니라 나머지 영역인 청해, 어휘, 독해에서 사용되는 문법, 어법, 그리고 관용적인 표현 모두에 관한 것이기 때문입니다. 기초 공사를 튼튼히 해야 쉽게 무너지지 않는 좋은 집을 지을 수 있습니다. 이 책으로 공부하시는 여러분 모두가 크고 튼튼한 영어 문법의 뿌리를 내릴 수 있기를 바랍니다. 그리하여 문법 뿐 아니라 다른 영역에서도 고득점이라는 좋은 결과에 이를 수 있기를 진심으로 기원합니다.

언제나 함께해서 든든한 서로에게 감사하며, 또한 부족한 저자와 함께 고생하신 넥서스 편집부 식구들에게도 감사의 인사를 드립니다.

_장보금 · 써니 박

Contents

Ⅰ NEW TEPS 문법 전략

Ⅱ NEW TEPS 실전 모의고사

정답 및 상세한 해설 (부록)

NEW TEPS 문법 전략

필수 문법만을 엄선한 문법 전략을 수록했습니다. 20개의 Unit에 수록된 풍부한 예문과 팁을 학습함으로써 NEW TEPS 문법의 기본기를 다질 수 있도록 하였습니다.

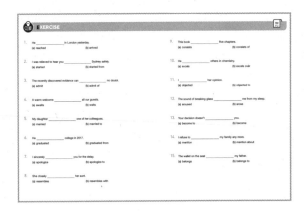

Exercise

학습한 문법을 꼼꼼하게 다질 수 있는 연습문제를 수록했습니다. 각 Unit이 끝날 때마다 문제를 풀어 봄으로써 핵심 문법을 정리하고 취약한 부분은 다시 확인할 수 있도록 하였습니다.

Practice Test

각 Unit마다 Exercise보다 수준을 한 단계 높인 실전 문제를 수록했습니다. 모든 Part 유형이 들어 있는 실전 문제를 풀어 봄으로써 실전 모의고사 5회분을 풀기 전 실전 감각을 익힐 수 있도록 하였습니다.

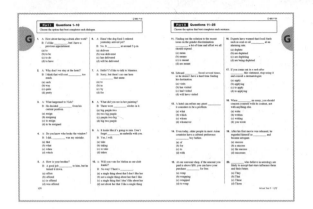

NEW TEPS 실전 모의고사 5회분

뉴텝스에 맞춘 문제들로 구성된 Actual Test를 총 150문제, 5회분 모의고사로 준비하여, 고득점에 한 걸음 다가갈 수 있도록 하였습니다.

정답 및 상세한 해설

모든 문제의 해석과 상세한 해설, 어휘를 수록했습니다. 상세한 해설을 통해 혼자서도 완벽하게 문제를 이해할 수 있고, 어려운 어휘까지 손쉽게 학습할 수 있도록 하였습니다.

부가 제공 자료

어휘 학습을 위해 QR코드를 통해 모바일 단어장 및 VOCA TEST를 이용할 수 있으며, 추가로 어휘 리스트&테스트를 넥서스 홈페이지 (www.nexusbook.com)에서 다운로드할 수 있습니다.

TEPS는 Test of English Proficiency developed by Seoul National University의 약자로 서울대학교 언어교육원에서 개발하고, TEPS관리위원회에서 주관하는 국가공인 영어 시험입니다. 1999년 1월 처음 시행 이후 2018년 5월 12일부터 새롭게 바뀐 NEW TEPS가 시행되고 있습니다. TEPS는 정부기관 및 기업의 직원 채용이나 인사고과, 해외 파견 근무자 선발과 더불어 국내 유수의 대학과 특목고 입학 및 졸업 자격 요건, 국가고시 및 자격 시험의 영어 대체 시험으로 활용되고 있습니다.

1 / NEW TEPS는 타 시험에 비해 많은 지문을 주고 짧은 시간 내에 풀어낼 수 있는지를 측정하는 속도화 시험으로 수험자의 내재화된 영어 능력을 평가합니다.

2 / 편법이 없는 시험을 위해 청해(Listening)에서는 시험지에 선택지가 제시되어 있지 않아 눈으로 읽을 수 없고 오직 듣기 능력에만 의존해야 합니다. 청해나 독해(Reading)에서는 한 문제로 다음 문제의 답을 유추할 수 있는 가능성을 배제하기 위해 1지문 1문항을 고수해 왔지만 NEW TEPS부터 1지문 2문항 유형이 새롭게 추가되었습니다.

3 / 실생활에서 접할 수 있는 다양한 주제와 상황을 다룹니다. 일상생활과 비즈니스를 비롯해 문학, 과학, 역사 등 학술적인 소재도 출제됩니다.

4 / 청해, 어휘, 문법, 독해의 4영역으로 나뉘며, 총 135문항에 600점 만점입니다. 영역별 점수 산출이 가능하며, 점수 외에 5에서 1+까지 10등급으로 나뉩니다.

영역	문제 유형	문항수	제한 시간	점수 범위
청해 Listening Comprehension	**Part I** : 한 문장을 듣고 이어질 대화로 가장 적절한 답 고르기 (문장 1회 청취 후 선택지 1회 청취)	10	40분	0~240점
	Part II : 짧은 대화를 듣고 이어질 대화로 가장 적절한 답 고르기 (대화 1회 청취 후 선택지 1회 청취)	10		
	Part III : 긴 대화를 듣고 질문에 가장 적절한 답 고르기 (대화 및 질문 **1회 청취** 후 선택지 1회 청취)	10		
	Part IV : 담화를 듣고 질문에 가장 적절한 답 고르기 (1지문 1문항) (담화 및 질문 2회 청취 후 선택지 1회 청취)	6		
	Part V : 담화를 듣고 질문에 가장 적절한 답 고르기 **(1지문 2문항)** (담화 및 질문 2회 청취 후 선택지 1회 청취)	신유형 4		
어휘 Vocabulary	**Part I** : 대화문의 빈칸에 가장 적절한 어휘 고르기	10	변경 통합 25분	0~60점
	Part II : 단문의 빈칸에 가장 적절한 어휘 고르기	20		
문법 Grammar	**Part I** : 대화문의 빈칸에 가장 적절한 답 고르기	10		0~60점
	Part II : 단문의 빈칸에 가장 적절한 답 고르기	15		
	Part III : 대화 및 문단에서 문법상 틀리거나 어색한 부분 고르기	5		
독해 Reading Comprehension	**Part I** : 지문을 읽고 빈칸에 가장 적절한 답 고르기	10	40분	0~240점
	Part II : 지문을 읽고 문맥상 어색한 내용 고르기	2		
	Part III : 지문을 읽고 질문에 가장 적절한 답 고르기 (1지문 1문항)	13		
	Part IV : 지문을 읽고 질문에 가장 적절한 답 고르기 **(1지문 2문항)**	신유형 10		
총계	**14개 Parts**	135문항	105분	0~600점

청해 (Listening Comprehension) _40문항

정확한 청해 능력을 측정하기 위하여 문제와 보기 문항을 문제지에 인쇄하지 않고 들려줌으로써 자연스러운 의사소통의 인지 과정을 최대한 반영하였습니다. 다양한 의사소통 기능(Communicative Functions)의 대화와 다양한 상황(공고, 방송, 일상생활, 업무 상황, 대학 교양 수준의 강의 등)을 이해하는 데 필요한 전반적인 청해력을 측정하기 위해 대화문(dialogue)과 담화문(monologue)의 소재를 균형 있게 다루었습니다.

어휘 (Vocabulary) _30문항

문맥 없이 단순한 동의어 및 반의어를 선택하는 시험 유형을 배제하고 의미 있는 문맥을 근거로 가장 적절한 어휘를 선택하는 유형을 문어체와 구어체로 나누어 측정합니다.

문법 (Grammar) _30문항

밑줄 친 부분 중 오류를 식별하는 유형 등의 단편적이며 기계적인 문법 지식 학습을 조장할 우려가 있는 분리식 시험 유형을 배제하고, 의미 있는 문맥을 근거로 오류를 식별하는 유형을 통하여 진정한 의사소통 능력의 바탕이 되는 살아 있는 문법, 어법 능력을 문어체와 구어체를 통하여 측정합니다.

독해 (Reading Comprehension) _35문항

교양 있는 수준의 글(신문, 잡지, 대학 교양과목 개론 등)과 실용적인 글(서신, 광고, 홍보, 지시문, 설명문, 양식 등)을 이해하는 데 요구되는 총체적인 독해력을 측정하기 위해서 실용문 및 비전문적 학술문과 같은 독해 지문의 소재를 균형 있게 다루었습니다.

청해 Listening Comprehension

★ PART I (10문항)

두 사람의 질의응답 문제를 다루며, 한 번만 들려줍니다. 내용 자체는 단순하고 기본적인 수준의 생활 영어 표현으로 구성되어 있지만, 교과서적인 지식보다는 재빠른 상황 판단 능력이 필요합니다. Part I에서는 속도 적응 능력뿐만 아니라 순발력 있는 상황 판단 능력이 요구됩니다.

Choose the most appropriate response to the statement.

W I heard that it's going to be very hot tomorrow.

M _____

(a) It was the hottest day of the year.
(b) Be sure to dress warmly.
(c) Let's not sweat the details.
(d) It's going to be a real scorcher.

W 내일은 엄청 더운 날씨가 될 거래.

M _____

(a) 일 년 중 가장 더운 날이었어.
(b) 옷을 따뜻하게 입도록 해.
(c) 사소한 일에 신경 쓰지 말자.
(d) 엄청나게 더운 날이 될 거야.

정답 (d)

★ PART II (10문항)

짧은 대화 문제로, 두 사람이 A-B-A 순으로 보통의 속도로 대화하는 형식입니다. 소요 시간은 약 12초 전후로 짧습니다. Part I과 마찬가지로 한 번만 들려줍니다.

Choose the most appropriate response to complete the conversation.

M Would you like to join me to see a musical?

W Sorry no. I hate musicals.

M How could anyone possibly hate a musical?

W _____

(a) Different strokes for different folks.
(b) It's impossible to hate musicals.
(c) I agree with you.
(d) I'm not really musical.

M 나랑 같이 뮤지컬 보러 갈래?

W 미안하지만 안 갈래. 나 뮤지컬을 싫어하거든.

M 뮤지컬 싫어하는 사람도 있어?

W _____

(a) 사람마다 제각각이지 뭐.
(b) 뮤지컬을 싫어하는 것은 불가능해.
(c) 네 말에 동의해.
(d) 나는 그다지 음악에 재능이 없어.

정답 (a)

앞의 두 파트에 비해 다소 긴 대화를 들려줍니다. NEW TEPS에서는 대화와 질문 모두 한 번만 들려 줍니다. 대화의 주제나 주로 일어나고 있는 일, 화자가 갖고 있는 문제점, 세부 내용, 추론할 수 있는 것 등에 대해 묻습니다.

Choose the option that best answers the question.

W I just went to the dentist, and he said I need surgery.

M That sounds painful!

W Yeah, but that's not even the worst part. He said it will cost $5,000!

M Wow! That sounds too expensive. I think you should get a second opinion.

W Really? Do you know a good place?

M Sure. Let me recommend my guy I use. He's great.

Q: Which is correct according to the conversation?

(a) The man doesn't like his dentist.

(b) The woman believes that $5,000 sounds like a fair price.

(c) The man thinks that the dental surgery is too costly for her.

(d) The woman agrees that the dental treatment will be painless.

W 치과에 갔는데, 의사가 나보고 수술을 해야 한대.

M 아프겠다!

W 응, 하지만 더 심한 건 수술 비용이 5천 달러라는 거야!

M 왜! 너무 비싸다. 다른 의사의 진단을 받아 보는 게 좋겠어.

W 그래? 어디 좋은 곳이라도 알고 있니?

M 물론이지. 내가 가는 곳을 추천해 줄게. 잘하시는 분이야.

Q 대화에 의하면 다음 중 옳은 것은?

(a) 남자는 담당 치과 의사를 좋아하지 않는다.

(b) 여자는 5천 달러가 적당한 가격이라고 생각한다.

(c) 남자는 치과 수술이 여자에게 너무 비싸다고 생각한다.

(d) 여자는 치과 시술이 아프지 않을 것이라는 점에 동의한다.

정답 (c)

★ PART IV (6문항)

이전 파트와 달리, 한 사람의 담화를 다룹니다. 방송이나 뉴스, 강의, 회의를 시작하면서 발제하는 것 등의 상황이 나옵니다. Part IV, Part V는 담화와 질문을 두 번씩 들려줍니다. 담화의 주제와 세부 내용, 추론할 수 있는 것 등에 대해 묻습니다.

Choose the option that best answers the question.

Tests confirmed that a 19-year-old woman recently died of the bird flu virus. This was the third such death in Indonesia. Cases such as this one have sparked panic in several Asian nations. Numerous countries have sought to discover a vaccine for this terrible illness. Officials from the Indonesian Ministry of Health examined the woman's house and neighborhood, but could not find the source of the virus. According to the ministry, the woman had fever for four days before arriving at the hospital.

Q: Which is correct according to the news report?
(a) There is an easy cure for the disease.
(b) Most nations are unconcerned with the virus.
(c) The woman caught the bird flu from an unknown source.
(d) The woman was sick for four days and then recovered.

최근 19세 여성이 조류 독감으로 사망한 것이 검사로 확인되었고, 인도네시아에서 이번이 세 번째이다. 이와 같은 사건들이 일부 아시아 국가들에게 극심한 공포를 불러 일으켰고, 많은 나라들이 이 끔찍한 병의 백신을 찾기 위해 힘쓰고 있다. 인도네시아 보건부의 직원들은 그녀의 집과 이웃을 조사했지만, 바이러스의 근원을 찾을 수 없었다. 보건부에 의하면, 그녀는 병원에 도착하기 전 나흘 동안 열이 있었다.

Q 뉴스 보도에 의하면 다음 중 옳은 것은?
(a) 이 병에는 간단한 치료법이 있다.
(b) 대부분의 나라들은 바이러스에 대해 관심이 없다.
(c) 여자는 알려지지 않은 원인에 의해 조류 독감에 걸렸다.
(d) 여자는 나흘 동안 앓고 나서 회복되었다.

정답 (c)

이번 **NEW TEPS**에 새롭게 추가된 유형으로 1지문 2문항 유형입니다. 2개의 지문이 나오므로 총 4문항을 풀어야 합니다. 주제와 세부 내용, 추론 문제가 섞여서 출제되며, 담화와 질문을 두 번씩 들려줍니다.

Choose the option that best answers each question.

Most of you have probably heard of the Tour de France, the most famous cycling race in the world. But you may not be familiar with its complex structure and award system. The annual race covers about 3,500 kilometers across 21 days of racing. It has a total of 198 riders split into 22 teams of 9. At the end of the tour, four riders are presented special jerseys.

The most prestigious of these is the yellow jerseys. This is given to the rider with the lowest overall time. The white jersey is awarded on the same criterion, but it's exclusive to participants under the age of 26. The green jersey and the polka-dot jersey are earned based on points awarded at every stage of the race. So what's the difference between these two jerseys? Well, the competitor with the most total points gets the green jersey, while the rider with the most points in just the mountain sections of the race receives the polka-dot one.

Q1:   What is the talk mainly about?
(a) How the colors of the Tour de France jerseys were chosen.
(b) How the various Tour de France jerseys are won.
(c) Which Tour de France jerseys are the most coveted.
(d) Why riders in the Tour de France wear different colored jerseys.

Q2:   Which jersey is given to the rider with the most points overall?
(a) The yellow jersey   (c) The green jersey
(b) The white jersey   (d) The polka-dot jersey

여러분은 아마도 세계에서 가장 유명한 사이클링 대회인 투르 드 프랑스에 대해 들어보셨을 것입니다. 하지만 여러분은 그 대회의 복잡한 구조와 수상 체계에 대해서는 잘 모를 것입니다. 매년 열리는 이 대회는 21일 동안 약 3,500킬로미터를 주행하게 되어있습니다. 이 대회에서 총 198명의 참가자가 각각 9명으로 구성된 22팀으로 나뉩니다. 대회 마지막에는 4명의 선수에게 특별한 저지를 수여합니다.

가장 영예로운 것은 노란색 저지입니다. 이것은 가장 단시간에 도착한 참가자에게 수여됩니다. 흰색 저지는 같은 기준에 의하여 수여되는데, 26세 미만의 참가자에게만 수여됩니다. 녹색 저지와 물방울무늬 저지는 대회의 매 단계의 점수에 기반하여 주어집니다. 그럼 이 두 저지의 차이점은 무엇일까요? 자, 가장 높은 총점을 딴 참가자는 녹색 저지를 받고, 산악 구간에서 가장 많은 점수를 딴 참가자는 물방울무늬 저지를 받습니다.

Q1 담화문의 주제는 무엇인가?

(a) 투르 드 프랑스 저지의 색깔은 어떻게 정해지는가
(b) 다양한 투르 드 프랑스 저지가 어떻게 수여되는가
(c) 어떤 투르 드 프랑스 저지가 가장 선망의 대상이 되는가
(d) 투르 드 프랑스의 선수들이 다양한 색의 저지를 입는 이유는 무엇인가 　　　　　　　　　　정답 (b)

Q2 가장 많은 총점을 획득한 선수에게 어떤 저지가 주어지는가?

(a) 노란색 저지　　　　(c) 녹색 저지
(b) 흰색 저지　　　　　(d) 물방울무늬 저지 　　　　　　　　　　정답 (c)

★ PART I (10문항)

구어체로 되어 있는 A와 B의 대화 중 빈칸에 가장 적절한 단어를 고르는 문제입니다. 단어의 단편적인 의미보다는 문맥에서 쓰인 의미가 더 중요합니다. 한 개의 단어로 된 선택지뿐만 아니라 두세 단어 이상의 구를 이루는 선택지도 있습니다.

Choose the best answer for the blank.

A Congratulations on your _____ of the training course.

B Thank you. It was hard, but I managed to pull through.

(a) improvement
(b) resignation
(c) evacuation
(d) completion

A 훈련 과정을 <u>완수</u>한 거 축하해.

B 고마워. 어려웠지만 가까스로 끝낼 수 있었어.

(a) 개선
(b) 사임
(c) 철수
(d) 완료

정답 (d)

★ PART II (20문항)

하나 또는 두 개의 문장 속의 빈칸에 가장 적당한 단어를 고르는 문제입니다. 어휘력을 늘릴 때 한 개씩 단편적으로 암기하는 것보다는 하나의 표현으로, 즉 의미 단위로 알아 놓는 것이 제한된 시간 내에 어휘 시험을 정확히 푸는 데 많은 도움이 됩니다. 후반부로 갈수록 수준 높은 어휘가 출제되며, 단어 사이의 미묘한 의미의 차이를 묻는 문제도 출제됩니다.

Choose the best answer for the blank.

Brian was far ahead in the game and was certain to win, but his opponent refused to _____.

(a) yield
(b) agree
(c) waive
(d) forfeit

브라이언이 게임에 앞서 가고 있어서 승리가 확실했지만 그의 상대는 <u>굴복</u>하려 하지 않았다.

(a) 굴복하다
(b) 동의하다
(c) 포기하다
(d) 몰수당하다

정답 (a)

문법 Grammar

★ PART I (10문항)

A와 B 두 사람의 짧은 대화를 통해 구어체 관용 표현, 품사, 시제, 인칭, 어순 등 문법 전반에 대한 이해를 묻습니다. 대화 중에 빈칸이 있고, 그곳에 들어갈 적절한 표현을 고르는 형식입니다.

Choose the best answer for the blank.

A   I can't attend the meeting, either.

B   Then we have no choice _____
the meeting.

(a) but canceling

(b) than to cancel

(c) than cancel

(d) but to cancel

A 저도 회의에 참석할 수 없어요.

B 그러면 회의를 취소하는 수밖에요.

(a) 그러나 취소하는

(b) 취소하는 것보다

(c) 취소하는 것보다

(d) 취소하는 수밖에

정답 (d)

★ PART II (15문항)

Part I에서 구어체의 대화를 나눴다면, Part II에서는 문어체의 문장이 나옵니다. 서술문 속의 빈칸을 채우는 문제로 수 일치, 태, 어순, 분사 등 문법 자체에 대한 이해도는 물론 구문에 대한 이해력이 중요합니다.

Choose the best answer for the blank.

_____ being pretty confident about it, Irene decided to check her facts.

(a) Nevertheless

(b) Because of

(c) Despite

(d) Instead of

그 일에 대해 매우 자신감이 있었음에도 불구하고 아이린은 사실을 확인하기로 했다.

(a) 그럼에도 불구하고

(b) 때문에

(c) 그럼에도 불구하고

(d) 대신에

정답 (c)

① A–B–A–B의 대화문에서 어법상 틀리거나 문맥상 어색한 부분이 있는 문장을 고르는 문제입니다. 이 영역 역시 문법 뿐만 아니라 정확한 구문 파악과 대화 내용을 이해하는 능력이 중요합니다.

Identify the option that contains an awkward expression or an error in grammar.

(a) A: What are you doing this weekend?

(b) B: Going fishing as usual.

(c) A: Again? What's the fun in going fishing? Actually, I don't understand why people go fishing.

(d) B: For me, I like being alone, thinking deeply to me, being surrounded by nature.

(a) A 이번 주말에 뭐해?

(b) B 평소처럼 낚시 가.

(c) A 또 가? 낚시가 뭐 재미있니? 솔직히 난 사람들이 왜 낚시를 하러 가는지 모르겠어.

(d) B 내 경우엔 자연에 둘러 싸여서 혼자 깊이 생각해 볼 수 있다는 게 좋아.

정답 (d) me → myself

---

② 한 문단을 주고 그 가운데 문법적으로 틀리거나 어색한 문장을 고르는 문제입니다. 문법적으로 틀린 부분을 신속하게 골라야 하므로 독해 문제처럼 속독 능력도 중요합니다.

Identify the option that contains an awkward expression or an error in grammar.

(a) The creators of a new video game hope to change the disturbing trend of using violence to enthrall young gamers. (b) Video game designers and experts on human development teamed up and designed a new computer game with the gameplay that helps young players overcome everyday school life situations. (c) The elements in the game resemble regular objects: pencils, erasers, and the like. (d) The players of the game "win" by choose peaceful solutions instead of violent ones.

(a) 새 비디오 게임 개발자들은 어린 게이머들의 흥미 유발을 위해 폭력적인 내용을 사용하는 불건전한 판도를 바꿔 놓을 수 있기를 바란다. (b) 비디오 게임 개발자들과 인간 발달 전문가들이 공동으로 개발한 새로운 컴퓨터 게임은 어린이들이 매일 학교에서 부딪히는 상황에 잘 대처할 수 있도록 도와준다. (c) 실제로 게임에는 연필과 지우개 같은 평범한 사물들이 나온다. (d) 폭력적인 해결책보다 비폭력적인 해결책을 선택하면 게임에서 이긴다.

정답 (d) by choose → by choosing

★ PART I (10문항)

지문 속 빈칸에 알맞은 것을 고르는 유형입니다. 글 전체의 흐름을 파악하여 문맥상 빈칸에 들어갈 내용을 찾아야 하는데, 주로 지문의 주제와 관련이 있습니다. 마지막 두 문제, 9번과 10번은 빈칸에 알맞은 연결어를 고르는 문제입니다. 문맥의 흐름을 논리적으로 파악할 수 있어야 합니다.

Read the passage and choose the option that best completes the passage.

Tech industry giants like Facebook, Google, Twitter, and Amazon have threatened to shut down their sites. They're protesting legislation that may regulate Internet content. The Stop Online Piracy Act, or SOPA, according to advocates, will make it easier for regulators to police intellectual property violations on the web, but the bill has drawn criticism from online activists who say SOPA will outlaw many common internet-based activities, like downloading copyrighted content. A boycott, or blackout, by the influential web companies acts to _____.

(a) threaten lawmakers by halting all Internet access
(b) illustrate real-world effects of the proposed rule
(c) withdraw web activities the policy would prohibit
(d) laugh at the debate about what's allowed online

페이스북, 구글, 트위터, 아마존과 같은 거대 기술업체들이 그들의 사이트를 닫겠다고 위협했다. 그들은 인터넷 콘텐츠를 규제할지도 모르는 법령의 제정에 반대한다. 지지자들은 온라인 저작권 침해 금지 법안으로 인해 단속 기관들이 더 쉽게 웹상에서 지적 재산 침해 감시를 할 수 있다고 말한다. 그러나 온라인 활동가들은 저작권이 있는 콘텐츠를 다운로드하는 것과 같은 일반적인 인터넷 기반 활동들이 불법화될 것이라고 이 법안을 비판하고 있다. 영향력 있는 웹 기반 회사들에 의한 거부 운동 또는 보도 통제는 <u>발의된 법안이 현실에 미치는 영향을 보여 주기 위한</u> 것이다.

(a) 인터넷 접속을 금지시켜서 입법자들을 위협하기 위한
(b) 발의된 법안이 현실에 미치는 영향을 보여 주기 위한
(c) 그 정책이 금지하게 될 웹 활동들을 중단하기 위한
(d) 온라인에서 무엇이 허용될지에 대한 논쟁을 비웃기 위한

정답 (b)

글의 흐름상 어색한 문장을 고르는 문제로, 전체 흐름을 파악하여 지문의 주제나 소재와 관계없는 내용을 고릅니다.

Read the passage and identify the option that does NOT belong.

For the next four months, major cities will experiment with new community awareness initiatives to decrease smoking in public places. (a) Anti-tobacco advertisements in recent years have relied on scare tactics to show how smokers hurt their own bodies. (b) But the new effort depicts the effects of second-hand smoke on children who breathe in adults' cigarette fumes. (c) Without these advertisements, few children would understand the effects of adults' hard-to-break habits. (d) Cities hope these messages will inspire people to think about others and cut back on their tobacco use.

향후 4개월 동안 주요 도시들은 공공장소에서의 흡연을 줄이기 위해 지역 사회의 의식을 촉구하는 새로운 계획을 시도할 것이다. (a) 최근에 금연 광고는 흡연자가 자신의 몸을 얼마나 해치고 있는지를 보여 주기 위해 겁을 주는 방식에 의존했다. (b) 그러나 이 새로운 시도는 어른들의 담배 연기를 마시는 아이들에게 미치는 간접흡연의 영향을 묘사한다. (c) 이러한 광고가 없다면, 아이들은 어른들의 끊기 힘든 습관이 미칠 영향을 모를 것이다. (d) 도시들은 이러한 메시지가 사람들에게 타인에 대해서 생각해 보고 담배 사용을 줄이는 마음이 생기게 할 것을 기대하고 있다.

정답 (c)

글의 내용 이해를 측정하는 문제로, 글의 주제나 대의 혹은 전반적 논조를 파악하는 문제, 세부 내용을 파악하는 문제, 추론하는 문제가 있습니다.

Read the passage, question, and options. Then, based on the given information, choose the option that best answers each question.

In theory, solar and wind energy farms could provide an alternative energy source and reduce our dependence on oil. But in reality, these methods face practical challenges no one has been able to solve. In Denmark, for example, a country with some of the world's largest wind farms, it turns out that winds blow most when people need electricity least. Because of this reduced demand, companies end up selling their power to other countries for little profit. In some cases, they pay customers to take the leftover energy.

Q: Which of the following is correct according to the passage?
(a) Energy companies can lose money on the power they produce.
(b) Research has expanded to balance supply and demand gaps.
(c) Solar and wind power are not viewed as possible options.
(d) Reliance on oil has led to political tensions in many countries.

이론상으로 태양과 풍력 에너지 발전 단지는 대체 에너지 자원을 제공하고 원유에 대한 의존을 낮출 수 있다. 그러나 사실상 이러한 방법들은 아무도 해결할 수 없었던 현실적인 문제에 부딪친다. 예를 들어 세계에서 가장 큰 풍력 에너지 발전 단지를 가진 덴마크에서 사람들이 전기를 가장 덜 필요로 할 때 가장 강한 바람이 분다는 것이 판명되었다. 이러한 낮은 수요 때문에 회사는 결국 그들의 전력을 적은 이윤으로 다른 나라에 팔게 되었다. 어떤 경우에는 남은 에너지를 가져가라고 고객에게 돈을 지불하기도 한다.

Q 이 글에 의하면 다음 중 옳은 것은?
(a) 에너지 회사는 그들이 생산한 전력으로 손해를 볼 수도 있다.
(b) 수요와 공급 격차를 조정하기 위해 연구가 확장되었다.
(c) 태양과 풍력 에너지는 가능한 대안으로 간주되지 않는다.
(d) 원유에 대한 의존은 많은 나라들 사이에 정치적 긴장감을 가져왔다.

정답 (a)

이번 NEW TEPS에 새롭게 추가된 유형으로 1지문 2문항 유형입니다. 5개의 지문이 나오므로 총 10문항을 풀어야 합니다. 주제와 세부 내용, 추론 문제가 섞여서 출제됩니다.

Read the passage, questions, and options. Then, based on the given information, choose the option that best answers each question.

You seem exasperated that the governor's proposed budget would triple the funding allocated to state parks. What's the problem? Such allocation hardly represents "profligate spending," as you put it. Don't forget that a third of all job positions at state parks were cut during the last recession. This left the parks badly understaffed, with a dearth of park rangers to serve the 33 million people who visit them annually. It also contributed to deterioration in the parks' natural beauty due to a decrease in maintenance work.

These parks account for less than 1% of our state's recreational land, yet they attract more visitors than our top two largest national parks and national forests combined. They also perform a vital economic function, bringing wealth to nearby rural communities by attracting people to the area. The least we can do is to provide the minimum funding to help keep them in good condition.

Q1:   What is the writer mainly trying to do?
(a) Justify the proposed spending on state parks
(b) Draw attention to the popularity of state parks
(c) Contest the annual number of state park visitors
(d) Refute the governor's stance on the parks budget

Q2:   Which statement would the writer most likely agree with?
(a) Low wages are behind the understaffing of the state parks.
(b) State parks require more promotion than national parks.
(c) The deterioration of state parks is due mainly to overuse.
(d) The state parks' popularity is disproportionate to their size.

여러분은 주립 공원에 할당된 예산을 세배로 증가시키려는 주지사의 제안을 듣고 분노할지도 모른다. 무엇이 문제일까? 그와 같은 할당은 여러분들이 말하듯이 '낭비적인 지출'이라고 말하기 힘들다. 지난 경제 침체기 동안 주립 공원 일자리의 1/3이 삭감되었다는 사실을 잊지 말기 바란다. 이 때문에 공원은 부족한 관리인들이 매년 공원을 방문하는 3천3백만 명의 사람들을 처리해야 하는 인력 부족에 시달리고 있다. 또 그 때문에 관리 작업 부족으로 공원의 자연 경관이 망가지게 되었다.

이 공원들은 주의 여가지의 1%도 차지하지 않지만, 규모가 가장 큰 2개의 국립공원과 국립 숲을 합친 것보다 많은 방문객을 끌어들인다. 그들은 사람들을 그 지역으로 끌어들여 부를 주변의 공동체에게 가져다줌으로써 중요한 경제적 기능을 한다. 우리가 할 수 있는 최소한의 일은 공원이 잘 관리될 수 있도록 최소한의 자금을 조달하는 것이다.

Q1 작가가 주로 하고 있는 것은?

(a) 주립 공원 예산안을 정당화하기

(b) 주립 공원 인기에 대한 주의를 환기시키기

(c) 매년 주립 공원을 방문하는 사람 수에 대한 의문 제기하기

(d) 공원 예산에 대한 주지사의 입장에 대해 반박하기

정답 (a)

Q2 저자가 동의할 것 같은 내용은?

(a) 인력난에 시달리는 주립 공원의 배경에는 낮은 임금이 있다.

(b) 주립 공원은 국립공원보다 더 많은 지원이 필요하다.

(c) 주립 공원은 지나친 사용 때문에 망가지고 있다.

(d) 주립 공원의 인기는 그 규모와는 어울리지 않는다.

정답 (b)

※ 독해 Part 4 뉴텝스 샘플 문제는 서울대텝스관리위원회에서 제공한 문제입니다. (www.teps.or.kr)

등급	점수	영역	능력검정기준(Description)
1+	526~600	전반	**외국인으로서 최상급 수준의 의사소통 능력** 교양 있는 원어민에 버금가는 정도로 의사소통이 가능하고 전문분야 업무에 대처할 수 있음 (Native Level of English Proficiency)
1	453~525	전반	**외국인으로서 최상급 수준에 근접한 의사소통능력** 단기간 집중 교육을 받으면 대부분의 의사소통이 가능하고 전문분야 업무에 별 무리 없이 대처할 수 있음 (Near-Native Level of Communicative Competence)
2+	387~452	전반	**외국인으로서 상급 수준의 의사소통능력** 단기간 집중 교육을 받으면 일반 분야업무를 큰 어려움 없이 수행할 수 있음 (Advanced Level of Communicative Competence)
2	327~386	전반	**외국인으로서 중상급 수준의 의사소통능력** 중장기간 집중 교육을 받으면 일반분야 업무를 큰 어려움 없이 수행할 수 있음 (High Intermediate Level of Communicative Competence)
3+	268~326	전반	**외국인으로서 중급 수준의 의사소통능력** 중장기간 집중 교육을 받으면 한정된 분야의 업무를 큰 어려움 없이 수행할 수 있음 (Mid Intermediate Level of Communicative Competence)
3	212~267	전반	**외국인으로서 중하급 수준의 의사소통능력** 중장기간 집중 교육을 받으면 한정된 분야의 업무를 다소 미흡하지만 큰 지장 없이 수행할 수 있음 (Low Intermediate Level of Communicative Competence)
4+	163~211	전반	**외국인으로서 하급수준의 의사소통능력** 장기간의 집중 교육을 받으면 한정된 분야의 업무를 대체로 어렵게 수행할 수 있음 (Novice Level of Communicative Competence)
4	111~162		
5+	55~110	전반	**외국인으로서 최하급 수준의 의사소통능력** 단편적인 지식만을 갖추고 있어 의사소통이 거의 불가능함 (Near-Zero Level of Communicative Competence)
5	0~54		

TEPS
SCORE REPORT

NAME
HONG GIL DONG

DATE OF BIRTH
JUL. 12, 1990

GENDER
MALE

REGISTRATION NO.
0123456

TEST DATE
MAY 12, 2018

VALID UNTIL
MAY 12, 2020

Barcode

NO : RAAAA0000BBBB

THE TEPS COUNCIL

YOUR SCORES

Total Score	**418**	Level	**2+**	Percentile Rank	**81.33**

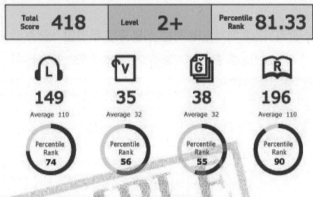

L	V	G	R
149	**35**	**38**	**196**
Average 110	Average 32	Average 32	Average 110
Percentile Rank **74**	Percentile Rank **56**	Percentile Rank **55**	Percentile Rank **90**

YOUR ENGLISH PROFICIENCY

Advanced level of English proficiency. A score at this level typically indicates an advanced level of English proficiency for a non-native speaker. A test taker at this level is able to perform general tasks after short-term training.

Section	Subskill	Proficiency
Listening	- Understanding the connection of ideas across turns in spoken texts - Understanding the main ideas of spoken texts - Understanding specific information in spoken texts - Making inferences based on given information in spoken texts	Intermediate Advanced Advanced Intermediate
Vocabulary	- Understanding vocabulary used in spoken contexts - Understanding vocabulary used in written contexts	Intermediate Basic
Grammar	- Understanding grammar used in spoken contexts - Understanding grammar used in written contexts	Intermediate Intermediate
Reading	- Understanding the main ideas of written texts - Understanding specific information in written texts - Making inferences based on given information in written texts - Understanding the connection of ideas across sentences in written texts	Advanced Advanced Advanced Intermediate

※ 자료 출처: www.teps.or.kr

NEW TEPS Q&A

1 / 시험 접수는 어떻게 해야 하나요?

정기 시험은 회차별로 지정된 접수 기간 중 인터넷(www.teps.or.kr) 또는 접수처를 방문하여 접수하실 수 있습니다. 정시 접수의 응시료는 39,000원입니다. 접수기간을 놓친 수험생의 응시편의를 위해 마련된 추가 접수도 있는데, 추가 접수 응시료는 42,000원입니다.

2 / 텝스관리위원회에서 인정하는 신분증은 무엇인가요?

아래 제시된 신분증 중 한 가지를 유효한 신분증으로 인정합니다.

일반인, 대학생	주민등록증, 운전면허증, 기간 만료전의 여권, 공무원증, 장애인 복지카드, 주민등록(재)발급 확인서 *대학(원)생 학생증은 사용할 수 없습니다.
중 · 고등학생	학생증(학생증 지참 시 유의 사항 참조), 기간 만료 전의 여권, 청소년증(발급 신청 확인서), 주민등록증(발급 신청 확인서), TEPS신분확인증명서
초등학생	기간 만료 전의 여권, 청소년증(발급신청확인서), TEPS신분확인증명서
군인	주민등록증(발급신청확인서), 운전면허증, 기간만료 전의 여권, 현역간부 신분증, 군무원증, TEPS신분확인증명서
외국인	외국인등록증, 기간 만료 전의 여권, 국내거소신고증(출입국 관리사무소 발행)

*시험 당일 신분증 미지참자 및 규정에 맞지 않는 신분증 소지자는 시험에 응시할 수 없습니다.

3 / TEPS 시험 볼 때 꼭 가져가야 하는 것은 무엇인가요?

신분증, 컴퓨터용 사인펜, 수정테이프(컴퓨터용 연필, 수정액은 사용 불가), 수험표입니다.

4 / TEPS 고사장에 도착해야 하는 시간은 언제인가요?

오전 9시 30분까지 입실을 완료해야 합니다. (토요일 시험의 경우 오후 2:30까지 입실 완료)

5 / 시험장의 시험 진행 일정은 어떻게 되나요?

	시험 진행 시간	내용	비고
시험 준비 단계 (입실 완료 후 30분)	10분	답안지 오리엔테이션	1차 신분확인
	5분	휴식	
	10분	신분확인 휴대폰 수거 (기타 통신전자기기 포함)	2차 신분확인
	5분	최종 방송 테스트 문제지 배부	
본 시험 (총 105분)	40분	청해	쉬는 시간 없이 시험 진행 각 영역별 제한시간 엄수
	25분	어휘/문법	
	40분	독해	

*시험 진행 시험 당일 고사장 사정에 따라 변동될 수 있습니다.
*영역별 제한 시간 내에 해당 영역의 문제 풀이 및 답안 마킹을 모두 완료해야 합니다.

6 / 시험 점수는 얼마 후에 알게 되나요?

TEPS 정기시험 성적 결과는 시험일 이후 2주차 화요일 17시에 TEPS 홈페이지를 통해 발표되며 우편 통보는 성적 발표일로부터 7~10일 가량 소요됩니다. 성적 확인을 위해서는 성적 확인용 비밀번호를 반드시 입력해야 합니다. 성적 확인 비밀번호는 가장 최근에 응시한 TEPS 정기 시험 답안지에 기재한 비밀번호 4자리입니다. 성적 발표일은 변경될 수 있으니 홈페이지 공지사항을 참고하시기 바랍니다. TEPS 성적은 2년간 유효합니다.

※자료 출처 : www.teps.or.kr

I

NEW TEPS
문법 전략

Unit 01 자동사와 타동사

★ **동사의 5가지 종류**

동사	완전	자동사	완전 자동사	주어+동사
	불완전		불완전 자동사	주어+동사+주격 보어
	완전	타동사	완전 타동사	주어+동사+목적어
	완전		수여 동사	주어+동사+간접 목적어+직접 목적어
	불완전		불완전 타동사	주어+동사+목적어+목적격 보어

1. 완전 자동사 (목적어와 보어, 모두 필요 없는 동사)

Susan **made** for the door without a word. (make for: 향하다)

수잔은 한마디 말도 없이 문 쪽으로 갔다.

2. 불완전 자동사 (보어를 필요로 하는 동사)

Ann will **make**[be] <u>a good mother</u>.
　　　　　　　　　주격 보어

앤은 좋은 엄마가 될 것이다.

3. 완전 타동사 (목적어를 필요로 하는 동사)

Teddy **makes** <u>his own furniture</u>.
　　　　　　　　　목적어

테디는 자신의 가구를 손수 만든다.

4. 수여 동사 (2개의 목적어를 필요로 하는 동사)

My father **made** <u>us</u> <u>some sandwiches</u> this morning.
　　　　　　　　　간접 목적어　　직접 목적어

오늘 아침에 아빠가 우리에게 샌드위치를 만들어 주셨다.

5. 불완전 타동사 (목적어와 보어, 모두 필요한 동사)

Her baby's smile **makes** <u>her</u> <u>happy</u>.
　　　　　　　　　　　　목적어　목적격 보어

그녀의 아기의 미소는 그녀를 행복하게 한다.

★ 자동사와 타동사 구별하기

자동사는 문장 내에서 목적어 없이 쓰이며, 타동사는 목적어를 필요로 하는 동사입니다.

1. 자동사와 타동사로 모두 쓰일 수 있는 동사

동사 중에는 자동사로만 쓰이는 동사(belong, disappear, consist 등), 또는 타동사로만 쓰이는 동사(surprise, raise, assert 등)도 있지만 대부분의 동사들은 자동사와 타동사의 두 가지 기능을 모두 가지고 있습니다. 자동사인지 타동사인지에 따라 의미가 변하는 경우가 많으므로 주의해야 합니다.

attend 재 ~에 주의를 기울이다 / 타 출석하다

I couldn't **attend to** the laundry. 나는 세탁에 집중할 수가 없었다.

All of you should **attend** the meeting at 2 o'clock. 여러분 모두는 2시 미팅에 참석해야 합니다.

believe 재 ~의 존재[가치]를 믿다 / 타 ~을 믿다

We should **believe in** ourselves. 우리는 우리 자신의 가치를 믿어야 한다.

I don't **believe** anybody except him. 나는 그를 제외하고는 아무도 믿지 않는다.

count 재 ~에 의지하다(= rely on) / 타 ~을 세다

You tend to **count on** others for help. 너는 다른 사람들에게 의지하는 경향이 있다.

Don't **count** your chickens before they are hatched. 김칫국부터 마시지 마라. (속담)

enter 재 ~을 시작하다 / 타 ~에 들어가다(= go into)

Bella **entered into** business after graduating. 벨라는 졸업 후에 사업을 시작했다.

Emily **entered** a university at 15 years old. 에밀리는 15살에 대학에 들어갔다.

leave 재 (~을 향해) 떠나다 / 타 ~로부터 떠나다, ~와 작별하다

Steve is **leaving** (New York) **for** Seattle tomorrow. 스티브는 내일 (뉴욕을 떠나) 시애틀로 갈 거야.

He **left** his family without saying goodbye. 그는 작별 인사도 없이 그의 가족들을 떠났다.

operate 재 (~을) 수술하다 / 타 (기계 등을) 운전하다

The doctors decided to **operate on** his leg. 의사들은 그의 다리를 수술하기로 결정했다.

I need a person who can **operate** the computer. 나는 그 컴퓨터를 다룰 수 있는 사람이 필요하다.

2. 타동사로 혼동하기 쉬운 자동사

타동사로 혼동하기 쉽지만 자동사이므로 목적어를 취하려면 전치사를 동반해야 합니다.

consist of ~로 구성되다(= comprise)

The book **consists of** 15 chapters. 그 책은 15개의 챕터로 구성되어 있다.

graduate from ~을 졸업하다
My sister **graduated from** Harvard last year. 여동생은 작년에 하버드 대학을 졸업했다.

complain of ~을 불평하다
She **complains of** bad working conditions. 그녀는 열악한 작업 환경에 대해 불평한다.

wait for ~을 기다리다(= await)
I'm **waiting for** Sandra to come out. 나는 샌드라가 나오기를 기다리고 있는 중이야.

account for ~을 차지하다 / ~을 설명하다(= explain)
Those who oppose the reform **account for** 60% of the electorate.
그 개혁안을 반대하는 사람들이 유권자의 60%를 차지한다.

You need to **account for** your absence yesterday. 너는 어제 너의 결석에 대해 설명해야 한다.

interfere with ~을 방해하다
A bad headache **interfered with** her sleeping. 심한 두통이 그녀의 잠을 방해했다.

apologize to ~에게 사과하다
He didn't **apologize to** her, which made her angrier.
그는 그녀에게 사과하지 않았고, 그것이 그녀를 더욱 화나게 만들었다.

add to ~을 더하다(= increase)
The failure of the presentation will **add to** their distrust. 그 발표의 실패로 인해 그들의 불신을 더 키우게 될 것이다.

sympathize with ~을 동정하다
After hearing his sad story, I couldn't help **sympathizing with** him.
그의 슬픈 이야기를 듣고 나서 나는 그를 동정하지 않을 수 없었다.

object to ~을 반대하다(= oppose)
Lisa and her sisters strongly **objected to** their father's remarriage.
리사와 여동생들은 아버지의 재혼에 강하게 반대했다.

reply to ~에 응답하다(= answer)
I won't **reply to** any of his stupid letters. 나는 그가 보내는 말도 안 되는 어떤 편지에도 답장하지 않을 것이다.

listen to ~에 귀 기울이다
Dick **listened to** a slight sound in the woods. 딕은 숲에서 나는 아주 작은 소리에도 귀를 기울였다.

refer to ~을 언급하다
Harry tried to break the ice, **referring to** recent movies.
해리는 최근 영화들을 언급하면서 어색한 분위기를 깨려고 노력했다.

3. 자동사로 혼동하기 쉬운 타동사

타동사이기 때문에 전치사를 동반하지 않고 바로 목적어를 취합니다.

greet ~에게 인사하다
Mr. Nixon **greeted ~~to~~** us at the party. 닉슨 씨가 파티장에서 우리에게 인사했다.

mention ~에 대해 언급하다
I don't want to **mention ~~about~~** my ex-boyfriend. 전 남자 친구에 대해서는 언급하고 싶지 않습니다.

discuss ~에 대해 논의하다
You'd better **discuss ~~about~~** your change of occupation with your family.
이직 문제에 대해 가족과 논의하는 것이 좋을 텐데요.

marry ~와 결혼하다
Jessica **married ~~with~~** the man her parents chose. 제시카는 부모님이 골라 준 남자와 결혼했다.

resemble ~을 닮다
The brothers don't **resemble ~~with~~** each other. 그 형제는 서로 닮지 않았다.

answer ~에 답하다
Mom! Please **answer ~~to~~** the phone because I'm taking a shower.
엄마! 제가 샤워 중이라서요. 전화 좀 받아 주세요.

approach ~에 접근하다
No strangers can **approach ~~to~~** the house because it is surrounded by high walls.
그 집은 높은 담으로 둘러싸여 있으므로 낯선 사람은 접근할 수 없습니다.

become ~에 어울리다
The heavy make-up doesn't **become ~~to~~** you. 그 진한 화장은 너에게 어울리지 않아.

join ~와 함께 하다
Jane invited Ted to **join ~~with~~** them for a picnic. 제인은 테드에게 그들과 함께 소풍을 가자고 초대했다.

reach ~에 도착하다(= arrive at[in], get to)
Rebecca didn't **reach ~~at~~** her destination on time because of the bad weather.
레베카는 날씨가 안 좋았기 때문에 목적지에 제시간에 도착하지 못했다.

> 자동사가 동족목적어를 취하면 타동사가 됩니다. 동족목적어란 '잠을 자다', '꿈을 꾸다' 등과 같이
> 동사와 어원이 같은 명사를 말합니다.
> Diana **lived** happily. (자동사) 다이애나는 행복하게 살았다.
> = Diana **lived** a happy life. (타동사) 다이애나는 행복한 삶을 살았다.

1. He _____ in London yesterday.
    (a) reached   (b) arrived

2. I was relieved to hear you _____ Sydney safely.
    (a) started   (b) started from

3. The recently discovered evidence can _____ no doubt.
    (a) admit   (b) admit of

4. A warm welcome _____ all our guests.
    (a) awaits   (b) waits

5. My daughter _____ one of her colleagues.
    (a) married   (b) married to

6. He _____ college in 2017.
    (a) graduated   (b) graduated from

7. I sincerely _____ you for the delay.
    (a) apologize   (b) apologize to

8. She closely _____ her aunt.
    (a) resembles   (b) resembles with

9. This book _____ five chapters.
(a) consists   (b) consists of

10. He _____ others in chemistry.
(a) excels   (b) excels over

11. I _____ her opinion.
(a) objected   (b) objected to

12. The sound of breaking glass _____ me from my sleep.
(a) aroused   (b) arose

13. Your decision doesn't _____ you.
(a) become to   (b) become

14. I refuse to _____ my family any more.
(a) mention   (b) mention about

15. The wallet on the seat _____ my father.
(a) belongs   (b) belongs to

1. A: I couldn't find you yesterday. Where were you?

   B: I was in Louisiana. I _____ the annual conference.

   (a) attended   (b) attended for

   (c) attended to   (d) attended on

2. A: Dad! That door doesn't have a knob.

   B: When you get close, it _____ automatically.

   (a) opens   (b) is opening

   (c) opens to   (d) is opened

3. Mr. Dwyer was asked to _____ his action at the board meeting.

   (a) account   (b) be accounted

   (c) account for   (d) being accounted

4. As we _____ the museum, you'll see the huge sculpture on your right.

   (a) approach at   (b) approach to

   (c) approach   (d) approach in

5. (a) A: Why do you have a long face?

   (b) B: A friend of mine is being bullied at school.

   (c) A: Have you discussed about the problem with your counselor teacher?

   (d) B: I wanted to try, but my friend refused to.

6. (a) Humor is part of a person's character. (b) Some people have a sense of humor, others don't. (c) If a man has no sense of humor, he cannot enjoy the funny side of life and cannot alleviate the pain of it. (d) In this case, we think that he is lacked something very important in his life.

Unit 02 5가지 문장 형식 파악하기

★ **1형식: 주어+완전 자동사**

Time **flies** like an arrow. 세월이 화살 같이 흐른다.

Once there **lived** a man named Robin. 옛날에 로빈이라는 이름의 한 남자가 살았다.

Among the visitors **was** a handsome guy we don't know. 방문객 중에 우리가 모르는 잘생긴 남자가 있었다.

[비교하기] 타동사로 알고 있지만 완전 자동사로도 쓰이는 동사

sell 팔리다 do 충분하다, 도움이 되다 count 중요하다 change 바뀌다 pay 이익이 되다 read 읽히다, 해석되다

The novel **sells** well these days. 그 소설은 요즘 잘 팔린다.

Honesty **pays** in the long run. 결국 정직해서 손해 볼일 없다.

★ **2형식: 주어+불완전 자동사+보어**

1. '〜인 것 같다'의 의미

seem 〜처럼 보이다 appear 〜인 듯하다 look 〜으로 생각되다 smell 〜의 냄새가 나다
feel 〜한 느낌이 들다 sound 〜하게 생각되다

Mark **seems** (to be) an wealthy man. 마크는 부유한 사람 같다.

Rosa always **looks** healthy. 로사는 항상 건강해 보인다.

[비교하기] 'seem[sound]+like' 뒤에는 형용사가 아닌 명사(구)나 절이 이어진다.

You **seem like** you're in a bad mood today. 너 오늘 기분이 안 좋아 보인다.

That **sounds like** a great idea. 그거 정말 좋은 생각인데요.

2. '〜임이 지속되다'의 의미

remain 여전히 〜이다 keep (〜한 상태에) 두다 continue 계속하고 있다 lie 〜의 상태에 있다 stand 서 있다

His father **remained** silent. 그의 아버지는 침묵했다.

Alice **stood** still to see him entering the room. 앨리스는 그가 방안으로 들어오는 걸 보고는 가만히 서 있었다.

3. '〜해지다, 〜되다'의 의미

get (〜의 상태가) 되다 grow (차차) 〜하게 되다 come 〜이 되다 go 〜이 되다 turn 〜이 되다
make 〜이 되다 fall 〜이 되다 run 〜로 되다, 변하다

My lifelong dream finally **came** true. 내 평생의 꿈이 드디어 이루어졌다.

We **ran** low on milk this morning. 우리는 오늘 아침에 우유가 부족했었다.

4. '~임이 증명되다'의 의미

prove ~으로 판명되다   turn out 결국 ~임이 드러나다   come out (결과가) ~이 되다

The rumor **turned out** (to be) true. 그 소문은 사실임이 증명되었다.

> '자동사+형용사' 관용어구
>
> go bad (음식 등이) 상하다   go deaf 귀가 멀다   get lost 길을 잃다
> fall asleep 잠이 들다   come true (꿈, 예상 등이) 실현되다
> run short[low] (물품 등이) 모자라다

★ **3형식: 주어+완전 타동사+목적어**

1. 자동사로 착각하기 쉬운 타동사

resemble ~을 닮다   obey 복종하다   visit 방문하다   call 부르다
marry ~와 결혼하다   divorce 이혼시키다   date 날짜를 기입하다, ~와 데이트를 하다

David will **marry with** Amy next month. (X)
⇒ David will **marry** Amy next month. (O) 데이비드는 다음 달에 에이미와 결혼할 것이다.

2. '자동사+전치사'로 이루어진 타동사구

dispose of ~을 없애다   deal with ~을 다루다   subscribe to (의견에) 동의하다, ~을 구독하다, ~에 기부하다
approve of ~을 승인하다   adjust to ~에 적응하다   depend[rely] on ~에 의존[신뢰]하다
comply with ~을 지키다   look into ~을 조사하다   vote on[for, against] 표결에 붙이다, ~에 투표[반대투표]하다

Alex ~~dealt~~ the problem. (X)
⇒ Alex **dealt with** the problem. (O) 알렉스가 그 문제를 다루었다.

3. '자동사+부사+전치사'로 이루어진 타동사구

go well with(= look good on) ~와 잘 어울리다   speak well[ill] of ~에 대해 좋게[안 좋게] 말하다
look up to ~을 존경하다   look forward to ~을 기대하다
fall back on ~에 의지하다   make up for 보상하다, 만회하다
do away with ~을 없애다

That scarf **goes well with** your blouse. 그 스카프가 당신의 블라우스에 잘 어울려요.

4. '타동사+명사+전치사'로 이루어진 타동사구

take care of ~을 돌보다 pay attention to ~에 유의하다   make use of ~을 사용하다
find fault with ~의 흠을 찾다   make fun of ~을 놀리다   take notice of ~을 알아차리다

You'd better **make use of** this opportunity. 너는 이 기회를 이용하는 게 좋아.

5. '타동사+부사'로 이루어진 타동사구

give up 포기하다　　　　put off 미루다. (옷 등을) 벗다　　put on (옷 등을) 입다　　　　take off 제거하다. 이륙하다

carry out 실행하다　　　cut off 베어내다. 중단하다　　cut in 끼어들다. 간섭하다

Due to the bad weather, they had to **put off** <u>the game</u>(= put the game off).

안 좋은 날씨 때문에 그들은 그 경기를 연기해야 했다.

> [비교하기] '타동사+부사'의 명사 목적어는 '타동사+부사+목적어'와 '타동사+목적어+부사'의 어순이 모두 허용되지만,
> 대명사 목적어는 반드시 '타동사+목적어+부사'의 어순을 취해야 한다.
>
> Due to the bad weather, they had to **put** <u>it</u> **off**. 안 좋은 날씨 때문에 그들은 그것을 연기해야 했다.

★ 4형식: 주어+수여동사+간접 목적어(~에게)+직접 목적어(~을)

1. '주어+동사+직접 목적어+전치사+간접 목적어'(3형식)로 전환이 가능한 경우

　① 전치사 to를 사용하는 동사: give 주다　bring 가져오다　teach 가르쳐주다　show 보여 주다　sell 팔다
　　send 보내다　hand 넘겨주다　pass 넘겨주다　offer 제공하다　lend 빌려 주다

　　I lent him the dictionary. (4형식) ⇔ I lent the dictionary **to** him. (3형식)
　　나는 그에게 사전을 빌려 주었다.

　② 전치사 for를 사용하는 동사: buy 사다　make 만들다　find 찾다　get 받다　build 짓다　order 주문하다
　　sing 노래하다　choose 고르다　call 부르다　cook 요리하다

　　My mother bought me a car. (4형식) ⇔ My mother bought a car **for** me. (3형식)
　　엄마가 나에게 차를 사 주셨다.

　③ 전치사 of를 사용하는 동사: ask 묻다　inquire 요구하다　beg 간청하다

　　May I ask you a favor? (4형식) ⇔ May I ask a favor **of** you? (3형식)
　　부탁 좀 드려도 될까요?

2. '주어+동사+간접 목적어+직접 목적어'만 가능한 경우
envy 부러워하다　forgive 용서하다　save 구하다　spare 할애하다　cost (비용이) 들다

I **envy** you your good fortune. 나는 너의 행운이 부러워.

Forgive me my sin! 제 죄를 용서하세요!

The plan will **save** us a lot of wasted time. 그 계획은 우리에게서 시간 낭비를 많이 줄여 줄 거야.

He wanted to **spare** his mother any anxiety. 그는 어머니께 어떤 걱정도 끼쳐 드리고 싶지 않았다.

It **cost** me ten dollars. 10달러가 들었습니다.

3. 4형식 동사로 혼동하기 쉬운 3형식 동사들

① 주어+동사+직접 목적어+(to+명사) = 주어+동사+(to+명사)+직접 목적어

explain 설명하다　　say 말하다　　　announce 알리다　　report 보고하다　　suggest 제안하다
propose 제의하다　　introduce 소개하다　describe 묘사하다　　confess 실토하다

He **explained** u̶s̶ the reason. (4형식 X)

He **explained** the reason (to us). (3형식 O) 그는 (우리에게) 이유를 설명했다.

He **explained** (to us) the reason why he refused the offer. (3형식 O)
그는 (우리에게) 자기가 그 제안을 거절한 이유를 설명했다.

② 주어+동사+직접 목적어+전치사+명사

〔동사+A of B〕 inform 알리다　notify 통지하다　remind 생각나게 하다　convince 확신시키다　assure 확신시키다
　　　　　　accuse 고발하다　suspect 의심하다　deprive 빼앗다　relieve 경감하다, 덜다

I **informed** the team members **of** the change in our schedule. 나는 팀원들에게 우리 스케줄의 변경을 알렸다.

〔동사+A with B〕 help 돕다　share 공유하다　replace 대신하다　compare 비교하다　confuse 혼동하다
　　　　　　provide 제공하다　supply 공급하다　present 주다

I don't want to **share** my room **with** him. 나는 그와 내 방을 공유하고 싶지 않다.

〔동사+A from B〕 prevent 막다, 예방하다　prohibit 금지하다　distinguish 구별하다　tell 분간하다
　　　　　　exempt 없애 주다, 면제하다　free 자유롭게 하다

I couldn't **tell** him **from** his twin brother. 나는 그와 그의 쌍둥이 형제를 분간할 수 없었다.

〔동사+A for B〕 blame 비난하다　criticize 비판하다　punish 벌하다　thank 감사하다
　　　　　　compensate 보상하다　pay 지불하다　change 바꾸다, 환전하다　exchange 교환하다, 환전하다

I'd like to **exchange** this skirt **for** another one. 이 치마를 다른 것으로 교환하고 싶어요.

〔동사+A as B〕 regard ~으로 여기다　consider ~라고 생각하다　take ~으로 이해하다　see ~로 보다
　　　　　　view ~라고 여기다　think of ~으로 생각하다　look upon ~으로 여기다

I **thought of** him **as** a spy at first. 처음에 그가 스파이라고 생각했다.

★ 5형식: 주어+불완전 타동사+목적어+보어

1. 주어+동사+목적어+명사 보어
call 부르다　appoint 임명하다　elect 선출하다　name 이름을 붙이다

They **call** him a walking dictionary. 그들은 그를 걸어 다니는 사전이라고 부른다.

2. 주어+동사+목적어+형용사 보어

make ~이 되도록 하다　keep 계속 ~하도록 하다　leave 계속 ~인 채로 두다　find ~인 것을 알다　drive ~으로 몰아가다

My brother **drove** me <u>crazy</u>. 남동생은 나를 화나게 했다.

3. 주어+동사+목적어+(to be)+명사[형용사] 보어

think 생각하다　believe 믿다　consider 간주하다

I **think** it <u>(to be) impossible</u>. 나는 그것이 불가능하다고 생각해.

4. 주어+동사+목적어+to부정사 보어

want 원하다　　　order 명령하다　　expect 기대하다　　tell 말하다　　would like ~하고 싶다
get ~하게 만들다　allow 허락하다　　ask 요청하다　　require 요구하다　enable 가능하게 하다
force 강요하다　　oblige ~하게 하다　compel ~하게 만들다　persuade 설득하다　encourage 장려하다

I **advised** him <u>to travel</u> a lot. 나는 그에게 여행을 많이 다니라고 충고했다.

5. 주어+동사+목적어+원형 부정사 보어

make[have, let, help] ~하게 만들다　see 보다　hear 듣다　watch 보다　feel 느끼다

I **made** him <u>wash my car</u>. 나는 그가 내 차를 닦게 했다.

비교하기 help는 to부정사를 보어로 쓰기도 한다.

6. 주어+동사+목적어+-ing 보어(목적어와 관련된 진행 또는 능동의 의미)

feel 느끼다　hear 듣다　see[watch] 보다　notice 알아채다　catch 발견[목격]하다

I **saw** him <u>sleeping</u> under the tree. 나는 그가 나무 아래에서 자고 있는 것을 보았다.
　　　　　　진행의 의미

I **heard** somebody <u>breaking</u> glass. 나는 누군가가 유리를 깨는 소리를 들었다.
　　　　　　　　　능동의 의미

7. 주어+동사+목적어+p.p. 보어(목적어와 관련된 완료 또는 수동의 의미)

make ~하게 만들다　have (남에게 시켜서) ~하다　find ~인 것을 알다

I **found** him <u>gone</u> before I arrived. 내가 도착하기 전에 그가 간 것을 알았다.
　　　　　완료의 의미(그가 이미 갔음)

I **have** my eyes <u>examined</u> twice a year. 나는 1년에 2번 눈 검사를 한다.
　　　　　　수동의 의미(눈이 검사를 받음)

1. This tent won't _____ for outdoor camping.

    (a) do   (b) be

2. When I picked up the cheese, it smelled somewhat _____.

    (a) bad   (b) badly

3. Let me introduce _____.

    (a) my parents to you   (b) you my parents

4. If you have some difficulty, please contact _____ any time.

    (a) to me   (b) me

5. Ms. Thayer, my high school teacher, has made _____ what I am.

    (a) for me   (b) me

6. This brand-new food processor will save _____.

    (a) me a lot of time   (b) a lot of time to me

7. I hope _____ become a lawyer in the future.

    (a) my son to   (b) that my son will

8. The stolen bicycle was found _____ at the foot of the hill.

    (a) to abandon   (b) abandoned

9. Using lots of medical terms left his patients _____.

   (a) confused   (b) confusing

10. In the end, the police _____ the prime suspect go.

    (a) permitted   (b) let

11. The mayor cleared his throat and started to explain _____ how it happened.

    (a) the audience   (b) to the audience

12. This highway saves commuters traveling from city to suburb _____.

    (a) for much time   (b) much time

13. The baby fell _____ after crying out for its mother.

    (a) asleep   (b) sleep

14. My sister and I went shopping to buy a hat that goes _____ with her new dress.

    (a) good   (b) well

15. Frank encouraged all the employees _____ in the annual outing.

    (a) participate   (b) to participate

1. A: James wants you to be his new roommate.

    B: I know. He has already suggested _____.

    (a) me that   (b) that me
    (c) that to me   (d) to me that

2. A: Would you mind if I leave _____?

    B: I don't mind. I like fresh air.

    (a) the windows open   (b) opening the windows
    (c) the windows opening   (d) open windows

3. Ms. Baker, my history teacher assigned _____.

    (a) extra homework to students   (b) students to extra homework
    (c) extra homework students   (d) students at extra homework

4. My sister is referred _____ in town.

    (a) the best doctor   (b) as the best doctor
    (c) to as the best doctor   (d) being the best doctor

5. (a) A: Have you been to the restaurant next to the post office?
    (b) B: That Italian restaurant? Not yet. Have you?
    (c) A: No, because it's a non-smoking establishment.
    (d) B: These days it's hard to find a restaurant that allows to smoke.

6. (a) We do not hate those who injure us as long as they do not wound our self-respect.
    (b) However, we can never forgive whoever lowers us in our own opinion. (c) We often
    dislike others not for their vices but for their virtues. (d) The reason is that we naturally
    hate whatever makes us to despise ourselves.

Unit 03 시제 파악하기: 기본 & 진행 시제

★ 현재 시제

1. 현재의 사실, 현재의 습관, 불변의 진리(사실, 속담) 등을 나타냅니다.
always, usually 등의 빈도부사, now, these days, every morning, on Sundays 등의
표현과 함께 사용합니다.

[현재의 사실] Martin **lives** in Sidney <u>now</u>. 마틴은 지금 시드니에 산다.

[현재의 습관] He usually **goes** climbing <u>on Saturdays</u>. 그는 대개 토요일마다 등산을 간다.

[불변의 진리] The early bird **catches** the worm. 일찍 일어나는 새가 벌레를 잡는다.

2. 미래 대신 사용할 수 있으며 미래를 나타내는 부사(구)가 옵니다.

go 가다   come 오다   start 시작하다   leave 떠나다   arrive 도착하다   return 돌아오다
begin 시작하다   open 열다   end 끝나다   finish 마치다

My father **starts(= will start)** for China <u>this Friday</u>.
아버지는 이번 주 금요일에 중국에 가신다.

3. 시간이나 조건을 나타내는 부사절에서는 미래 대신 현재 시제를, 미래완료 대신 현재완료 시제를 사용
합니다.

I will surprise my husband <u>when he **comes** back</u>. 나는 남편이 돌아오면 깜짝 놀라게 해 줄 것이다.
will surprise로 미래 시제 확인

Please return the book to me <u>when you **have finished** it</u>. 그 책 다 보면 꼭 저에게 돌려주세요.
아직 빌려 주기 전이므로 미래 시제

[비교하기] 명사절이나 형용사절에서는 이 규칙을 적용할 수 없습니다.

I don't know <u>when he **will come** back</u>. 그가 언제 돌아올지 모른다.
명사절(know의 목적절)

Tuesday is the day <u>when he **will come** back</u>. 화요일이 그가 돌아오는 날이다.
형용사절(관계부사)

> [시간 부사절 접속사] when, before, after, until, as soon as, by the time 등
> [조건 부사절 접속사] if, unless, in case, once 등

★ 과거 시제

1. 과거의 동작, 과거의 상태, 역사적 사실 등을 나타냅니다. last, ago, the other day, at that time, just now, in+과거 연도 등과 함께 사용합니다.

[과거의 동작] He **went** swimming two hours ago. 그는 두 시간 전에 수영하러 갔다.

[과거의 상태] There **was** a big tree in front of my house when I was young.
어릴 때 집 앞에 큰 나무가 있었다.

[역사적 사실] The Korean War **broke** out in 1950. 한국 전쟁은 1950년에 발발했다.

2. ever, never, once 등의 부사와 함께 현재완료(경험) 시제 대신 사용합니다.

I never **heard**(= have never heard) of such a mysterious thing. 나는 그와 같이 신비스러운 일은 들어 본 적 없다.

3. after, before 등 전후를 명확히 알 수 있는 접속사와 함께 과거완료 시제 대신 사용합니다.

Rosaline wrote the report after she **finished**(= had finished) doing research.
로잘린은 조사를 마친 후에 보고서를 썼다.

★ 미래 시제

1. 미래에 대한 예측이나 주어의 의지를 나타냅니다. next / in+시간 명사, in+미래 연도, tomorrow / later / this coming+요일 등의 표현과 함께 사용됩니다.

[미래에 대한 예측] He **will be** back in thirty minutes, I think. 내 생각에 그는 30분 후에 돌아올 것이다.

[주어의 의지]　　 I **will call** you as soon as I get there. 거기에 도착하자마자 전화할게요.

2. will 외에도 현재형, 현재진행형, 미래진행형, be going to, be due to, be to, be about to, be scheduled to, be expected to, be supposed to 등의 표현이 있습니다.

When **are** you **going to** return home? 언제 집에 돌아올 거니?

This plane **is landing** in 10 minutes. 이 비행기는 10분 후에 착륙할 예정입니다.

He'll **be waiting** for you at the airport at this time tomorrow.
그는 내일 이 시간에 공항에서 당신을 기다리고 있을 것이다.

The job fair **is to be** held next month. 그 취업 설명회는 다음 달에 열릴 것이다.

★ 진행 시제

1. 어느 한 시점에 일시적으로 진행 중인 동작을 나타냅니다.

He **is doing** his homework <u>at the moment</u>. 그는 지금 숙제를 하고 있는 중이다.
현재진행형

My kids **were watching** TV <u>when I came home</u>. 아이들은 내가 집에 왔을 때 TV를 보는 중이었다.
과거진행형

She**'ll be sleeping** <u>at eight o'clock this evening</u>. 그녀는 오늘 저녁 8시에 자는 중일 것이다.
미래진행형

2. 현재진행 시제가 미래 시제를 대신하기도 합니다.

Where **are** you **spending** this summer vacation? 이번 여름 방학을 어디에서 보낼 것입니까?

3. 현재진행 시제는 빈도부사와 함께 쓰이면 습관이나 성향 등을 표현하기도 합니다.

He **is** always **finding** fault with others. 그는 항상 남의 흠잡기를 좋아한다.

4. 진행 시제를 쓸 수 없는 동사 (상태를 나타내는 동사)

① 인식, 사고를 나타내는 동사: know 알다   remember 기억하다   doubt 의심하다   understand 이해하다
   think 생각하다

② 감정을 나타내는 동사: like 좋아하다   want 원하다   dislike 싫어하다   hate 미워하다   love 사랑하다

③ 소유를 나타내는 동사: have 가지고 있다   belong ~에 속하다   own 소유하다   contain 담고 있다

④ 감각을 나타내는 동사: look ~인 것 같다   see 보다   hear 듣다   smell 냄새가 나다   taste 맛이 나다   feel 느끼다

⑤ 기타 상태를 나타내는 동사: resemble ~을 닮다   differ 다르다   lack ~이 없다   consist ~으로 이루어져 있다
   exist 존재하다

비교하기 상태동사가 다른 의미를 나타낼 때는 진행 시제로 사용이 가능합니다.

He **is looking for** his missing dog. 그는 잃어버린 개를 찾고 있다. (look for: ~을 찾다)

You **are being** so nice to me today.
오늘 나에게 정말 친절하시군요. (be동사가 사람의 원래 성격이 아닌 일시적인 성향을 나타낼 때)

My friends and I **are having** a good time here.
친구들과 저는 이곳에서 좋은 시간을 보내고 있어요. (동사 have가 '먹다, 경험하다' 등의 의미로 쓰일 때)

1. Can you tell him I'll be back at two when he _____?
   (a) comes   (b) will come

2. Did you decide if you _____ to Japan?
   (a) go   (b) will go

3. My father used to tell us time _____ like an arrow.
   (a) flies   (b) flew

4. I want to know how long ago this statue _____.
   (a) was made   (b) is made

5. Please give me a call as soon as you _____ there.
   (a) will get   (b) get

6. In Australia, these flowers _____ in the wild.
   (a) are still existing   (b) still exist

7. This necklace _____ to Barbara.
   (a) belongs   (b) is belonging

8. My daughter _____ her father.
   (a) is resembling   (b) resembles

9. She _____ what happened in the party clearly.

    (a) is remembering   (b) remembers

10. I _____ the birds singing every morning.

    (a) am hearing   (b) hear

11. When Christina came, I _____ TV.

    (a) was watching   (b) watched

12. The tourists are _____ what their guide is saying.

    (a) listening to   (b) hearing

13. The new washing machine _____ my husband to wash his clothes by himself.

    (a) is enabling   (b) enables

14. My brother _____ the net when his phone rang.

    (a) was surfing   (b) had surfed

15. I _____ the meeting with the major client this coming Friday.

    (a) attended   (b) will attend

1. A: What are my twins doing now?

    B: They _____ books you gave them for their birthday present.

    (a) are reading   (b) read

    (c) has read   (d) were reading

2. A: I think Heidi _____ someone.

    B: You are right. His name is Tyson.

    (a) is seeing   (b) saw

    (c) see   (d) is seen

3. I will finish cleaning up the house before he _____ back home.

    (a) will come   (b) comes

    (c) came   (d) would come

4. Water _____ hydrogen and oxygen.

    (a) is consisting of   (b) consists of

    (c) is consisted of   (d) consisted of

5. (a) A: What did you do yesterday?

    (b) B: I have prepared the upcoming annual conference.

    (c) A: Are there going to be many people at the conference?

    (d) B: I hope that there will be.

6. (a) A "Go-Iyeo-pul" cicada is a little over than an inch long, yet its loud, clear call can be heard almost a mile away. (b) This sound is hard to locate even though the creature may be sitting nearby. (c) But probably more than ever, people are hearing this tiny insect. (d) Only the full-grown male can cry, and the performance is an amazing sight to watch.

Unit 04
시제 파악하기: 완료 & 완료진행 시제

★ 현재완료 시제

1. 과거 시제와 현재완료 시제의 의미상의 차이

　① 과거 시제: 과거 특정 시점의 사실, 상태를 나타냅니다.

　　I **lost** my puppy three days ago.

　　나는 3일 전에 강아지를 잃어버렸다.

　② 현재완료 시제: 과거에 있었던 일이 현재에 영향을 끼침을 나타냅니다.

　　I **have lost** my puppy recently.

　　나는 최근에 강아지를 잃어버렸다. (지금도 잃어버린 상태)

2. 명백한 과거나 시점을 나타내는 어구는 현재완료 시제와 함께 사용할 수 없습니다.

　I **have been sick** yesterday. (X)

　⇒ I **was** sick yesterday. (O) 나는 어제 아팠다.

　When **have** you **seen** her? (X)

　⇒ When **did** you see her? (O) 그녀를 언제 보았습니까?

비교하기

　① just는 과거 시제와 현재완료 시제에 모두 사용 가능

　I **have** just **heard** the news. 나는 방금 그 소식을 들었어.

　② before는 과거 시제와 현재완료 시제에 모두 사용 가능

　I think we **have met** before. 우리가 전에 만난 적 있는 것 같아.

　③ 'since+과거 표시어'는 완료 시제에 사용 가능

　I **have known** her since three years ago. 나는 3년 동안 그녀를 알아 왔다.

명백한 과거나 시점을 나타내는 어구의 예			
yesterday 어제	at that time 그때	the other day 며칠 전에	last night 어젯밤
last Sunday 지난 일요일	last week 지난주	last month 지난달	last year 작년
two days ago 이틀 전	three months ago 세 달 전		just now 방금
When ~? 언제 ~?	as soon as ~하자마자		

3. 현재완료 시제의 다양한 의미들

① (최근, 지금 막) ~했다: 과거에 시작된 일이 최근 또는 지금 막 '완료'된 것을 나타내며 다음의 표현과 함께 씁니다.

already 이미 　　　 yet (부정문) 아직, (의문문) 이미, 벌써 　　　 just 막, 방금 　　　 recently 최근에
lately 최근에 　　　 this week 이번 주 　　　　　　　 this month 이번 달

I **have** just **come** back from my business trip. 나는 출장에서 방금 막 돌아왔다.

② (과거부터 현재까지) ~한 적이 있다: 구체적인 때는 모르지만 현재까지의 '경험'을 나타내며 다음의 표현과 함께 씁니다.

ever 한 번도 　　　 never 결코 　　　　　　 before 전에 　　　 often 종종 　　　 once 한 번
twice 두 번 　　　 several times 여러 번 　　 seldom 좀처럼 ~ 않는 　　 so far 지금까지

Have you ever **been** to Spain? 스페인에 가 보셨습니까?

③ (과거부터 쭉) ~해 왔다: 과거의 일이 현재까지 '계속'됨을 나타내며 다음의 표현과 함께 씁니다.

since ~부터 　　　 for ~ 동안 　　　 in (특정 기간 동안)에 　　 over ~하는 동안에 　　 how long 얼마나
all day 하루 종일 　　 all one's life 평생 　　 throughout history 역사를 통틀어

The economic downturn **has continued** over the last six months. 지난 6개월 동안 경기 침체가 계속되었다.

④ ~해서 지금 …인 상태이다: 과거의 일로 인해 현재는 어떠하다라는 '결과'의 의미를 나타냅니다.

She **has gone** to America. (= She went to America and isn't here now.)
그녀는 지금 미국에 가 있다. (이곳에 없는 상태)

★ 과거완료 시제

1. 과거의 특정 시점 이전부터 과거의 특정 시점까지의 완료, 경험, 계속, 결과를 나타냅니다.

[완료] Terry **had** not yet **completed** his picture when the teacher **came**.
선생님이 오셨을 때 테리는 아직 자신의 그림을 완성하지 못한 채였다.

[경험] I **didn't feel** very strange, for I **had been** there before.
나는 예전에 거기에 가 본 적이 있었기 때문에 그다지 낯설게 느껴지지 않았다.

[계속] When I **stopped** by, he **had been** sick for three days.
내가 잠깐 들렀을 때 그는 3일 동안 아픈 상태였다.

[결과] The criminal **had left** the very spot when the police **arrived**.
경찰이 도착했을 때 범인은 벌써 그 현장을 떠나고 없었다.

2. 과거의 특정 사건보다 먼저 일어난 일임을 나타냅니다. (대과거)

[대과거] I lost my watch that he **had bought** me as a gift. 나는 그가 나에게 선물로 사 준 시계를 잃어버렸다.

사실의 전후를 뚜렷하게 구별해 주는 접속사(before, after)가 있을 경우에는 과거완료 시제 대신 과거 시제로도 표현이 가능합니다.

I finished(= had finished) playing my computer games before my mother came home.
나는 엄마가 집에 오기 전에 컴퓨터 게임 하는 것을 끝냈다.

★ 미래완료 시제

미래의 어느 시점까지의 완료, 경험, 계속, 결과를 나타냅니다.
by+미래시간 표현, by the time 등과 함께 사용됩니다.

[완료] They **will have finished** their project by next year.
그들은 그 프로젝트를 내년까지 완성할 것이다.

[경험] If I go there once again this weekend, I **will have been** there five times.
내가 이번 주말에 한 번 더 거기에 가게 된다면 다섯 번째 가는 셈이 된다.

[계속] My parents **will have been married** for 30 years by next month.
부모님은 다음 달이면 결혼하신 지 30년이 될 것이다.

[결과] By the time you come back here, he **will have left** for his country.
당신이 여기 돌아올 때쯤이면 그는 자기 나라로 떠나고 여기에 없을 것이다.

★ 완료진행 시제

완료 시제의 '계속'의 의미를 좀 더 강조하고자 할 때 사용됩니다.

[현재] It **has been raining** for a week.
일주일 내내 비가 오고 있다.

[과거] He found his dream car that he **had been looking** for.
그는 자기가 찾아 왔던 꿈의 차를 발견했다.

1. Her family _____ from Kate since she went to Africa last month.

   (a) didn't hear   (b) hasn't heard

2. As soon as he _____ his office, it rained cats and dogs.

   (a) left   (b) has left

3. I have _____ to Hawaii, so I'd like to go somewhere else.

   (a) gone   (b) been

4. Laura can recognize her nephew because she has seen him in the picture

   _____ .

   (a) ago   (b) before

5. Tom is very tired because he _____ the wall all day long.

   (a) has been painting   (b) had been painting

6. I _____ in this house for 10 years by next month.

   (a) have lived   (b) will have lived

7. I've known Cindy since she _____ born in this house twenty years ago.

   (a) was   (b) has been

8. He is very curious about the insect because he _____ it before.

   (a) has never seen   (b) didn't see

9. Over the last few years, the entertainment industry _____ rapid progress.
   (a) made   (b) has made

10. Arthur told me that he _____ Chinese for three years.
    (a) has been studying   (b) had been studying

11. By the time she finished running, most people _____ there.
    (a) already left   (b) had already left

12. When _____ writing your report?
    (a) did you finish   (b) have you finished

13. The plane _____ off when I arrived at the airport.
    (a) had already taken   (b) has already taken

14. My father _____ ill in bed since three years ago.
    (a) was   (b) has been

15. By the time you get to the supermarket, they _____ it.
    (a) have opened   (b) will have opened

1. A: When _____ your grandparents?

    B: I have not seen them since I visited them last year.

    (a) do you see   (b) did you see
    (c) have you seen   (d) had you seen

2. I _____ my graduation thesis by the end of this month.

    (a) finish   (b) finished
    (c) have finished   (d) will have finished

3. It _____ every single day so far this summer.

    (a) rains   (b) rained
    (c) has rained   (d) is raining

4. No sooner had she heard the news than she _____ into tears.

    (a) burst   (b) is bursting
    (c) has burst   (d) has been bursting

5. (a) A: The rain is pouring down since the day before yesterday.
    (b) B: Have you checked the weather forecast?
    (c) A: It said the typhoon called "Susie" is approaching.
    (d) B: And then, what shall we do in this case?

6. (a) All over the world, life was changed dramatically since the introduction of the new technology called the Internet. (b) Especially for college students, the Internet has become an indispensable part of their lives. (c) Some professors ask students to submit their assignments only through the Internet. (d) Also, application for classes is often done using a web-based system.

Unit 05 태

★ **능동태와 수동태 비교**

1. 주어가 행위의 주체이면 능동태를 사용하고, 주어가 행위의 대상일 경우에는 수동태를 사용합니다.

A police officer **caught** a robber. 경찰관이 강도를 잡았다.
<u>　　　　　　　</u> 능동태

A robber **was caught** by a police officer. 강도가 경찰관에게 잡혔다.
<u>　　　　　</u> 수동태

2. 수동태로 쓸 수 없는 동사

① 자동사는 수동태로 쓸 수 없으며 다음은 텝스에 자주 등장하는 자동사입니다.

exist 존재하다　　**appear** 나타나다　**disappear** 사라지다　　**remain** 여전히 ~이다　　**occur** 일어나다
happen 발생하다　**rise** 오르다　　**consist of** ~으로 구성되다　**result** 결과로서 생기다

The committee **is consisted of** ten members. (X)
⇒ The committee **consists of** ten members. (O) 그 위원회는 10명의 회원들로 구성되어 있다.

② 다음의 타동사는 수동태로 쓸 수 없습니다.

have 가지고 있다　　**let** ~하게 시키다　　**resemble** ~을 닮다　　**cost** (비용이) 들다　　**lack** ~이 없다
hold 수용하다　　**become[suit, fit]** ~에 어울리다

The conference room can **be held** up to 300 people. (X)
⇒ The conference room can **hold** up to 300 people. (O) 그 회의실은 300명까지 수용할 수 있다.

★ **수동태와 시제의 결합**

1. 수동태의 시제

① 기본 시제: am[are, is] p.p. / was[were] p.p. / will be p.p.
The wounded soldiers **were treated** at a hospital. 부상당한 군인들은 병원에서 치료를 받았다.

② 진행 시제: am[are, is] being p.p. / was[were] being p.p.
Are you **being served**? (상점 혹은 식당에서 점원이 손님에게) 도와 드릴까요?

③ 완료 시제: have[has] been p.p. / had been p.p. / will have been p.p.
Too many wild animals **have been killed** in the last 30 years.
지난 30년간 너무나 많은 야생 동물들이 죽임을 당해 왔다.

2. 조동사와 함께 쓰는 수동태: 조동사+be p.p.

Your reports **must be submitted** by tomorrow. 여러분의 보고서는 내일까지 제출되어야 합니다.

★ 문형에 따른 수동태

1. 3형식 문장의 수동태

① 동사구는 한 묶음으로 처리해야 합니다.

take care of ~을 돌보다	deal with ~을 다루다	ask for ~을 요청하다	insist on ~을 고집하다
make use of ~을 이용하다	call up 전화를 걸다	put off 미루다	put up with 참다
laugh at ~을 비웃다	look down on ~을 경시하다	discriminate against ~을 차별하다	

The scientist **was laughed at** by many other colleagues. 그 과학자는 다른 많은 동료들에게 비웃음을 샀다.

② 목적어가 절인 경우에는 복문과 단문의 두 가지 수동태로 변형이 가능합니다.

say 말하다	believe 믿다	think 생각하다	know 알다	report 보고하다
expect 기대하다	suppose 가정하다	consider 간주하다		

[능동태] They **believe** that their leader is innocent. 그들은 자신들의 지도자가 무죄라고 믿는다.

[복문 수동태] It **is believed** that their leader is innocent. 그들의 지도자가 무죄라고 믿어진다.
<u>　　　　　　　　　　　　that절</u>

[단문 수동태] Their leader **is believed** to be innocent. 그들의 지도자가 무죄라고 믿어진다.
<u>　　　　　　　　　　to부정사</u>

③ 4형식 동사로 혼동하기 쉬운 3형식 동사의 경우에는 특히 수동태의 주어에 주의해야 합니다.

introduce 소개하다	explain 설명하다	suggest 제안하다	remind 일깨우다	inform 알리다
warn 경고하다	convince 확신시키다	present 주다	supply 공급하다	provide 제공하다
endow 부여하다	rob 빼앗다	deprive 빼앗다	cure 고치다	

[능동태] He **robbed** my mother **of** her purse. 그는 내 어머니에게서 지갑을 빼앗았다.

[수동태] My mother **was robbed of** her purse (by him). 내 어머니는 (그에게) 지갑을 빼앗겼다.

비교하기

He **stole** the purse **from** my mother. 그는 내 어머니로부터 그 지갑을 훔쳤다.
　능동태

My mother's purse **was stolen** (by him). 내 어머니의 지갑을 (그에게) 도둑맞았다.
　　　　　　　　수동태

2. 4형식 문장의 수동태

① 4형식 문장은 목적어가 2개이므로 2개의 수동태가 가능합니다.

My teacher **gave** me several books. 선생님은 나에게 여러 권의 책을 주셨다.

⇒ I **was given** several books by my teacher.

⇒ Several books **were given** (to) me by my teacher.

② 직접 목적어만 수동태의 주어로 쓰는 동사도 있습니다.

make 만들어 주다   write 써 주다   buy 사 주다   sell 팔다   bring 가져오다   pass 넘겨주다
read 읽어 주다   sing 노래해 주다

Sarah **made** me a beautiful dress. 사라는 나에게 아름다운 드레스를 만들어 주었다.

⇒ A beautiful dress **was made** (for) me by Sarah. (O)

⇒ I **was made** a beautiful dress by Sarah. (X)

③ 간접 목적어만 수동태의 주어로 쓰는 동사도 있습니다.

forgive 용서하다   pardon 눈감아 주다   envy 부러워하다   save 덜어주다   spare 할애하다

My mother **forgave** me my negligence. 어머니는 나의 태만함을 용서해 주셨다.

⇒ I **was forgiven** my negligence by my mother. (O)

⇒ My negligence **was forgiven** me by my mother. (X)

3. 5형식 문장의 수동태

① They **elected** him captain. 그들은 그를 주장으로 선출했다.
　　　　　　　　　　명사 보어

⇒ He **was elected** captain. 그는 주장으로 선출되었다.

② The actress **made** this bag popular. 그 여배우는 이 가방을 인기 있게 만들었다.
　　　　　　　　　　형용사 보어

⇒ This bag **was made** popular by the actress. 이 가방은 그 여배우에 의해 인기 있어졌다.

③ I **saw** my brother dance in his room. 나는 오빠가 자기 방에서 춤추는 것을 보았다.
　　　　　　원형부정사 보어

⇒ My brother **was seen** to dance in his room. 오빠가 자기 방에서 춤추는 것이 목격되었다. (to부정사로 전환)

④ The doctor **advised** my father to stop smoking. 의사는 아버지에게 담배를 그만 피우라고 충고했다.
　　　　　　　　　　　to부정사 보어

⇒ My father **was advised** to stop smoking by the doctor.
아버지는 그 의사에게 담배를 끊을 것을 충고받았다. (to부정사 유지)

★ 수동태에서 by 대신 다른 전치사를 쓰는 경우

be amazed[surprised / astonished / shocked / alarmed / startled] at ~에 놀라다

be pleased[satisfied / content] with ~에 만족하다   be scared[frightened, terrified] of ~을 두려워하다

be accustomed[used] to ~에 익숙하다   be devoted to ~에 헌신하다

be concerned with, be interested in ~에 관심이 있다   be concerned[worried] about ~을 걱정하다

be contended with ~에 만족하다   be composed of[be made up of] ~으로 구성되다

be covered with ~로 덮여 있다   be known by ~으로 …을 알 수 있다

be known to ~에게 알려져 있다   be known for ~ 때문에 유명하다

be known as ~로서 알려지다

★ 기타 주의해야 할 수동태

1. 주로 타동사로 쓰이지만 수동의 의미로 쓰이기도 하는 동사

sell 팔다, 팔리다   open 열다, 열리다   cut 베다, 잘리다   read 읽다, ~라고 쓰여 있다
write 쓰다, 쓰여 있다   peel 껍질을 벗기다, 벗겨지다

This car **is sold** well. (X) ⇒ This car **sells** well. (O) 이 자동차는 잘 팔린다.

2. 능동형의 부정사가 수동의 의미를 갖는 경우

You are **to blame**. = You should **be blamed**. 네가 잘못했다.
       to부정사

3. 능동형의 동명사가 수동의 의미를 갖는 경우

The door <u>needs</u> **repairing**. = The door <u>needs</u> **to be repaired**. 이 문은 수리될 필요가 있다.
       동명사   to부정사의 수동태

4. 의문문의 수동태
(의문사)+be+주어+p.p. ~?

Is French **spoken** in Canada? 캐나다에서 프랑스어가 쓰입니까?

When **was** the report **finished** by her? (= When did she finish the report?)
그녀는 리포트를 언제 완성했나요?

By whom **was** this cake **made**? (= Who made this cake?) 이 케이크는 누가 만들었나요?

5. 명령문의 수동태
Let+목적어+be p.p. / 부정 Don't let+목적어+be p.p.(= Let+목적어+not be p.p.)

Let it **be done** at once. (= Do it at once.) 즉시 그것을 하도록 해라.

Don't let it **be touched**. = **Let** it **not be touched**. (= Don't touch it.) 그것을 만지지 마라.

1. The committee _____ 10 members.
    (a) consists of   (b) is consisted of

2. This old building _____ by my father so far.
    (a) has taken care of   (b) has been taken care of

3. The history book written by the famous historian _____ easily.
    (a) reads   (b) is read

4. The winner of the contest _____ to donate his prize money to a charity.
    (a) says   (b) is said

5. The new novel _____ by the famous author.
    (a) is writing   (b) is being written

6. She _____ by her colleagues.
    (a) has been discriminated   (b) has been discriminated against

7. The retail prices _____ by 3% last quarter.
    (a) rose   (b) were risen

8. He was _____ of his car in the daytime.
    (a) robbed   (b) stolen

9. He _____ a box of chocolates on Valentine's Day.
    (a) gave   (b) was given

10. I _____ her to play with the toys.
    (a) allowed   (b) was allowed

11. Your car needs _____.
    (a) to repair   (b) repairing

12. My little puppy was heard _____ at somebody.
    (a) bark   (b) to bark

13. This song _____ almost everyone in Korea.
    (a) is known to   (b) is known by

14. Where _____?
    (a) did the missing dog find   (b) was the missing dog found

15. The man in black _____ in the crowd.
    (a) disappeared   (b) was disappeared

1. A: How about going to the public swimming pool?

    B: I don't like swimming because once I nearly _____.

    (a) was drown   (b) drowning

    (c) was drowning   (d) was drowned

2. A: Let me give you a ride!

    B: Thanks but the mechanic already repaired my car that _____.

    (a) broke   (b) be broken

    (c) has broken   (d) had been broken

3. Most school-bullying problems occur because adequate action for preventing them

    _____ taken in the past.

    (a) was not   (b) were not

    (c) were not being   (d) are not

4. After the long and fierce campaign, Mr. Knight _____ governor in the end.

    (a) elects   (b) elected

    (c) was elected   (d) elected as

5. (a) A: How was the job interview the other day?

    (b) B: Oh! It went well and so I got a job.

    (c) A: Wow, I'm really happy for you.

    (d) B: Thanks but I am not very contented by the office hours.

6. (a) Over the past decade, Turkey and Brazil have been celebrated as star economic
    performers. (b) Yet, over the past three months, both countries have paralyzed
    by massive demonstrations expressing deep discontent with their governments'
    performance. (c) Now, no one can easily say when those countries will get back on the
    track. (d) What is going on here, and will more countries experience similar upheavals?

Unit 06 수 일치

★ 주어 – 동사 수 일치

1. 주어에 every, each, neither가 있으면 단수 동사와 일치시킵니다.

<u>Every</u> boy and girl **has to** stay at the assembly hall. 모든 소년과 소녀는 강당에 있어야 한다.

<u>Each</u> of the brothers **has** his own room. 그 형제들은 각자의 방을 가지고 있다.

<u>Neither</u> of the books **has** the information he needs. 두 권의 책 중 어디에도 그가 필요한 정보는 없다.

2. either A or B, neither A nor B, not only A but also B 구문이 주어일 때는 동사와 가까운 주어(B)와 일치시킵니다.

<u>Either</u> he <u>or</u> his friends **are** going to be here. 그 또는 그의 친구들이 여기에 올 것이다.

<u>Neither</u> she <u>nor</u> I **am** responsible for it. 그녀와 나 둘 다 모두 그 일에 대해 책임이 없습니다.

<u>Not only</u> you <u>but also</u> your sister **has to** help me. 너뿐만 아니라 너의 여동생 또한 나를 도와야만 한다.

[비교하기] A as well as B 구문에서는 A에 일치시킵니다.

Your sister <u>as well as</u> you **has to** help me. 너뿐만 아니라 너의 여동생도 나를 도와야 한다.

3. '명사+and+명사'가 주어인 경우, 의미에 따라 달라집니다.

Bread <u>and</u> butter **have risen** in price recently. 최근 빵과 버터의 가격이 올랐다.

Bread <u>and</u> butter **is** my favorite breakfast. 버터 바른 빵은 내가 가장 좋아하는 아침 식사다.

4. 주어가 시간, 거리, 무게, 금액 등 통합된 단위 표시인 경우 단수 동사와 일치시킵니다.

<u>Two kilometers</u> **is** a long distance to walk. 2킬로미터는 걷기에 긴 거리이다.

<u>Ten years</u> **is** a long time to wait. 10년은 기다리기에 긴 시간이다.

[비교하기] 시간의 경과를 나타낼 때는 복수 동사와 일치시킵니다.

<u>Ten years</u> **have passed** since my father died. 아버지께서 돌아가신 지 10년이 지났다.

5. 집합 명사는 단수 동사와 일치시키고, 군집 명사로 사용될 경우 복수 동사와 일치시킵니다.

family 가족 committee 위원회 jury 배심원 staff 직원 audience 관중

<u>My family</u> **is** a large one. 우리는 대가족이다.

<u>My family</u> **are** all optimists. 나의 가족은 모두 낙천주의자이다.

6. '명사+of+명사' 주어는 앞의 명사의 수에 동사를 일치시키지만, '부분 표시 명사(분수, percent, all, most, part, half, the rest, plenty 등)+of+명사' 주어는 뒤의 명사의 수에 동사를 일치시킵니다.

<u>The problems</u> of unemployment **are** very serious. 실업 문제는 매우 심각하다.

Three-fourths of <u>the earth's surface</u> **is** water. 지구 표면의 4분의 3이 물이다.

7. –s로 끝나는 과목명이나 병명이 주어인 경우 단수 동사와 일치시킵니다.

| ethics 윤리학 | mathematics 수학 | physics 물리학 | economics 경제학 |
| statistics 통계학 | diabetes 당뇨병 | measles 홍역 | rabies 광견병 | jitters 초조함 |

<u>Statistics</u> **is** very interesting for me to study. 통계학은 공부하기에 매우 재미있다.

비교하기 statistics '통계학'이 아니라 '통계 수치'를 뜻할 때는 복수 동사와 일치시킵니다.

<u>Statistics</u> **show** that about 20 percent of the students are not satisfied with their schools.

통계 수치는 약 20퍼센트의 학생이 자기 학교에 만족하지 않는다는 것을 보여 준다.

8. 쌍(pair)을 이루는 명사나 단체(group)를 나타내는 명사가 주어인 경우 복수 동사와 일치시킵니다.

| pants 바지 | trousers 바지 | socks 양말 | gloves 장갑 | chopsticks 젓가락 | scissors 가위 |
| cattle 소 | glasses 안경 | the police 경찰 | the clergy 성직자들 | personnel 전 직원 | people 사람들 |

Those sunglasses **look** good on you. 그 선글라스는 너에게 잘 어울린다.

The police **are investigating** the murder case. 경찰은 그 살인 사건을 조사 중이다.

9. 'the number of(~의 수)'가 주어이면 단수 동사에 일치, 'a number of(많은)'가 주어에 종속되어 있으며 복수 동사에 일치시킵니다.

<u>The number of</u> obese people **has been** increasing sharply. 비만인 사람의 수가 급격하게 늘고 있다.

<u>A number of</u> obese people **go** on a diet these days. 요즘 많은 비만인 사람들이 다이어트를 한다.

10. 단수와 복수의 형태가 같은 명사가 주어일 때는 수식어를 보고 결정합니다.

| sheep 양 | deer 사슴 | fish 물고기 | salmon 연어 | shrimp 새우 | aircraft 항공기 |
| species 종 | series 연속, 시리즈 |

<u>Many fish</u> **are** in danger of extinction because of pollution. 많은 물고기들이 오염으로 멸종 위기에 처해 있다.

★ **명사 – 대명사 수 일치**

대명사는 그 대명사가 지칭하는 명사의 수와 일치해야 합니다.

A: How should we take care of <u>these empty bottles</u>? 이 빈 병들을 어떻게 처리해야 하나요?
B: You should recycle **them**, not throw **them** away. 그것들을 버리지 말고 재활용해야 합니다.

It is natural that large and strong <u>animals</u> eat small and weak **ones**.
크고 강한 동물들이 작고 약한 동물들을 먹는 것은 자연스럽다.

<u>The rooms</u> of this hotel are much more luxurious than **those** of the one we stayed last year.
이 호텔의 방들은 우리가 작년에 묵었던 호텔의 방들보다 훨씬 더 고급스럽다.

1. You as well as she _____ to blame for the accident.
   (a) is   (b) are

2. Neither you nor your partner _____ present at the meeting yesterday.
   (a) was   (b) were

3. Five hundred dollars _____ my last offer.
   (a) is   (b) are

4. Physics _____ my favorite subject, but I had an F in it last semester.
   (a) is   (b) are

5. The patterns of this design are more beautiful than _____ of the previous one.
   (a) that   (b) those

6. The number of imported cars _____ been increasing these days.
   (a) has   (b) have

7. All work and no play _____ Jack a dull body.
   (a) make   (b) makes

8. All personnel _____ asked to participate in this contest.
   (a) is   (b) are

9. A lot of sheep _____ taken care of by a shepherd.
   (a) was   (b) were

10. A large number of theories _____ released, but most of them are easily forgotten.
    (a) is   (b) are

1. A: How was the Berlin Philharmonic Orchestra concert last week?

    B: It was awesome and the audience _____ enormous.

    (a) is   (b) are

    (c) was   (d) were

2. A: Three years _____ since my grandmother died.

    B: How is your grandfather doing?

    (a) passed   (b) has passed

    (c) have passed   (d) had passed

3. He is one of the few students who _____ passed the math exam.

    (a) was   (b) has

    (c) had   (d) have

4. Katelyn told me that half of the board members _____ in favor of the current CEO.

    (a) is   (b) was

    (c) were   (d) been

5. (a) A: I don't believe it actually happened!

    (b) B: Why are you so angry?

    (c) A: A friend of mine got mugged on campus yesterday and nobody helped her.

    (d) B: To stand against muggers are not easy.

6. (a) An international group of sociologists have determined that children under 12 are taught essentially the same subjects around the world. (b) Utilizing data from the United Nations, the team headed by Professor Magda analyzed information on education in 125 countries. (c) As a result, it found that children in elementary school learn practically the same subjects throughout the world. (d) However, it was very different in high school.

Unit 07 조동사

★ **조동사의 특징**

1. 조동사는 주어의 수와 인칭에 영향을 받지 않으며, 뒤에 동사원형이 옵니다.

He **can** read and write Japanese. 그는 일본어를 읽고 쓸 수 있다.

2. not과 never는 조동사 뒤에 옵니다.

You **should not** forget to buy some bread on the way home. 집에 가는 길에 빵을 사는 것을 잊지 마.

3. 두 개의 조동사를 연달아 사용할 수 없습니다.

You ~~will can~~ swim well in three months. (X)

⇒ You **will be able to** swim well in three months. (O) 3개월 후면 수영을 잘할 수 있게 될 거야.

★ **각 조동사의 다양한 의미**

1. can / could

① 가능(= be able to): I **can** swim across this river. 나는 이 강을 헤엄쳐 건널 수 있다. (~할 수 있다)

② 허락(= may): You **can** use my car this weekend. 이번 주말에 내 차를 써도 돼요. (~해도 된다)

③ 강한 의혹(의문문): **Can** she be sick? 그녀가 과연 아픈 걸까? (과연 ~일까?)

④ 부정적 추측(부정문)

He **cannot** fail. 그는 실패할 리가 없어. (~일 리가 없다)

My mother **cannot have lied** at that time. 그 당시에 우리 엄마가 거짓말하셨을 리가 없어. (~였을 리가 없다)

⑤ 관용적 표현

I **cannot but** cry watching such a sad movie.

나는 그렇게 슬픈 영화를 보면서 울지 않을 수 없어. (cannot but+동사원형: ~하지 않을 수 없다)

= I **cannot help** crying watching such a sad movie. (cannot help+동명사)

We **cannot** thank you **enough** for helping the poor.

당신이 가난한 사람들을 도와주는 것에 대해 아무리 감사해도 지나치지 않습니다. (cannot ~ enough: 아무리 ~해도 부족하다)

2. may / might

① 허락(= can): **May** I park here? 여기에 주차해도 되나요? (~해도 된다)

비교하기 금지: You **must not** park here. 여기에 주차하면 안 됩니다.

② 불확실한 추측

She **may[might] get** lost. 그녀는 길을 잃을지도 모른다. (~일지도 모른다)

She **may have forgotten** about it. 그녀는 그 일에 대해 잊어버렸을지도 모른다. (~였을지도 모른다)

③ 관용적 표현

Your teacher **may well** say such a thing to you.

너의 선생님이 네게 그런 말씀을 하시는 것도 당연하다. (~하는 것도 당연하다)

You **may as well** stay at home, for it looks like rain soon.

곧 비가 올 것 같기 때문에 너는 집에 있는 게 나아. (~하는 게 낫다)

You **may as well** listen to your cat **as** follow his advice.

네가 그의 충고를 따르느니 차라리 네 고양이의 말을 듣는 게 나아. (may as well A as B: B하느니 차라리 A하는 게 낫다)

3. will / would

① 주어의 거부(부정문): The door **won't** open. 문이 열리지 않는다.

② 요청/제안(의문문): **Will[Would]** you do me a favor? 부탁 하나 해도 될까요?

③ 주어의 의지/고집: My son **would** not listen to me. 아들은 내 말을 듣지 않을 것이다.

④ 과거의 습관: My father **would** often go fishing by himself. 아버지는 종종 혼자서 낚시를 가곤 했다. (~하곤 했다)

⑤ 관용적 표현

I **would rather not** tell him the story. 그에게 그 이야기를 말하지 않는 것이 낫다. (~하지 않는 것이 낫다)

I **would rather** die **than** live in slavery.

노예로 사느니 차라리 죽겠다. (would rather A than B: B하느니 차라리 A하겠다)

4. must

① 의무/당연(= have to): You **must** ask for permission to enter this room.

이 방에 들어오려면 허가를 받아야 합니다. (~해야 한다)

비교하기 부정: You **don't have to** ask for permission to enter this room.

이 방에 들어오는 데 허가를 받을 필요가 없습니다. (= need not: ~할 필요 없다)

과거: You **had to** ask for permission to enter this room. 이 방에 들어오기 위해 허가를 받아야 했습니다.

② 확실한 추측: What he said **must be** true. 그가 말한 것은 사실임에 틀림없다. (~임에 틀림없다)

The fingerprints **must have been** his, not his brother's.

그 지문은 그의 동생 것이 아닌 그의 것이었음에 틀림없다. (~였음에 틀림없다)

5. should

① 의무/당연(= ought to): You **should** keep your diary every day. 매일 일기를 써야 한다.

비교하기 부정: You **should not** be impolite to old people. 노인에게 무례해서는 안 된다. (= ought not to: ~하면 안 된다)

② 추측: The subway **should** be very crowded at this time. 지하철은 이 시간에 매우 붐빌 것이다. (~일 것이다)

③ 과거 사실에 대한 유감/비난

You **should have been** there with me.
너는 거기에 나와 함께 갔어야 했는데. (should have p.p.: ~했어야 했는데 하지 않았다)

You **shouldn't have been** late. 너는 늦지 말았어야 했는데 했다. (should not have p.p.: ~하지 말았어야 했는데 했다)

④ It is <u>necessary</u> that+주어+(should)+동사원형 ~

necessary 필요한   important 중요한   natural 당연한   proper 알맞은   essential 필수적인

It is <u>important</u> that she **(should)** <u>apologize</u> to your mother. 그녀가 너의 어머니께 사과를 드리는 것이 중요하다.

⑤ It is <u>strange</u> that+주어+(should)+동사원형 ~

strange 이상한   odd 기묘한   surprising 놀라운   a pity 안됐지만   regrettable 유감스러운

It is <u>surprising</u> that he **(should)** <u>give up</u> such a good chance. 그가 그렇게 좋은 기회를 포기하다니 놀라워.

⑥ 주어+insist that+주어+(should)+동사원형 ~

insist 주장하다   demand 요구하다   order 명령하다   suggest 제안하다   propose 제안하다   urge 주장하다

He <u>suggested</u> that she **(should)** <u>attend</u> the meeting in person. 그는 그녀가 직접 그 회의에 참석할 것을 제안했다.

비교하기 The research <u>suggested</u> that garlic **may** be good for health. (시사[암시]하다)
그 연구는 마늘이 건강에 좋다고 시사했다.

6. need / dare

① 긍정문에서는 본동사 역할

He **needs** to tell us the truth. 그는 우리에게 사실을 말할 필요가 있다.

He **dares** to ignore every kind of rule in his class. 그는 감히 학급의 모든 종류의 규칙들을 무시한다.

② 부정문/의문문에서는 조동사 역할

He **need not(= doesn't need to)** answer the silly question.
그는 그 멍청한 질문에 답할 필요가 없다.

비교하기 He **need not have called** her again.
그는 그녀에게 다시 전화를 걸 필요가 없었는데 쓸데없이 했다. (need not have p.p.: ~할 필요가 없었는데 했다)

He **dare not(= doesn't dare to)** tell a lie to his father.
그는 아버지 앞에서는 감히 거짓말하지 못한다. (dare not: 감히 ~하지 못하다)

비교하기 **I dare say** you know about it already. 아마 당신은 이미 그것에 대해서 알고 있을 거예요.
(= probably, perhaps, maybe)

7. do

① 본동사 강조

I **did** <u>turn off</u> the light before going out. 나는 외출하기 전에 불을 정말로 껐다.

② 대동사 역할

She <u>knows</u> more about law than I **do**. 그녀는 내가 법에 대해 아는 것보다 더 많이 안다.

8. 기타 조동사

① You'**d better** go to sleep right now. 너는 지금 자러 가는 것이 좋겠다. (had better: ～하는 것이 좋겠다)

② I **used to** stay up late. 나는 늦게까지 안 자곤 했었다. (～하곤 했다: 과거의 습관)

③ There **used to** be a big tree in this town. 한때 이 도시에 큰 나무 한 그루가 있었다. (한때 ～였다: 과거의 상태)

> 비교하기 The money **is used to** help the homeless.
>
> 그 돈은 노숙자를 돕기 위해 사용됩니다. (be used to+동사원형: ～하기 위해 사용되다)
>
> I **am used to** waking up early in the morning.
>
> 나는 아침 일찍 일어나는 것에 익숙합니다. (be used to+동명사: ～하는 데 익숙하다)

1. You _____ smoke in this office.
    (a) must not   (b) don't have to

2. The news _____ not be true, so I don't believe it.
    (a) should   (b) can

3. He _____ have told a lie to us.
    (a) should   (b) must

4. You _____ have been more careful. That was your fault.
    (a) should   (b) must

5. You _____ to help me move out.
    (a) need not   (b) don't need

6. She _____ waste her time doing trifles.
    (a) ought not to   (b) not ought to

7. It is necessary that he _____ have his health checked up.
    (a) would   (b) should

8. She _____ be proud of her son for receiving a doctor's degree.
    (a) may well   (b) may as well

9.　You'd rather throw away the money _____ lend it to her.

　　(a) as　　　　　　　　　　　　　　(b) than

10.　My family _____ go on a picnic every nice Saturday.

　　(a) used to　　　　　　　　　　　(b) is used to

11.　Her father insisted that she _____ abroad to study music.

　　(a) go　　　　　　　　　　　　　(b) went

12.　I couldn't help _____ him as a genius after hearing of him.

　　(a) think of　　　　　　　　　　　(b) thinking of

13.　I _____ confess my secret to her.

　　(a) would not rather　　　　　　　(b) would rather not

14.　All the students will _____ submit their assignment next Monday.

　　(a) must　　　　　　　　　　　　(b) have to

15.　It's a shame my mother _____ be ripped off by the sly travel guide.

　　(a) should　　　　　　　　　　　(b) has to

1. A: It's a pity that Jason couldn't make it.

   B: I saw him at the party. He _____.

   (a) should have come   (b) must have come

   (c) would have come   (d) cannot have come

2. A: The admission committee required that one recommendation letter
   _____ by Wednesday.

   B: Don't worry! I'll take care of it.

   (a) submit   (b) is submitted

   (c) be submitted   (d) submits

3. I might as well expect the sun to rise in the west as _____ him to
   change his mind.

   (a) expect   (b) expects

   (c) to expect   (d) expecting

4. Now, let's print out data, _____?

   (a) shall we   (b) will we

   (c) should we   (d) would we

5. (a) A: My sister is going on a business trip to Spain.

   (b) B: Is it the first time for her to visit Europe?

   (c) A: No, she traveled all over Europe except Italy.

   (d) B: Italy is such a beautiful country. She could have been to it.

6. (a) Even before there was such a thing as a space program, an observation of
   space was possible. (b) People could see detailed views of the Moon, and study the
   geometric beauty of Saturn's rings. (c) It all was made possible by a small group of
   artist-astronomers. (d) They made a career of illustrating how other worlds in space
   should look.

Unit 08 가정법

★ 가정법의 기본 형태

1. 가정법 과거: 현재 사실의 반대를 가정할 때

> If+주어+동사의 과거형 ~, 주어+would[could / might]+동사원형 ~

If I **knew** the information, I **would let** you know it.
(= As I **don't know** the information, I **can't let** you know it.)
내가 만약 그 정보를 알고 있다면 네게 알려 줄 텐데. (내가 그 정보를 모름)

If I **were** you, I **wouldn't believe** the result. 만약 내가 너라면 그 결과를 믿지 않을 거야. (be동사의 과거형은 were만 가능)

2. 가정법 과거완료: 과거 사실의 반대를 가정할 때

> If+주어+had p.p. ~, 주어+would[could / might] have p.p. ~

If I **had known** your phone number, I **would have called** you.
(= As I **didn't know** your phone number, I **didn't call** you.)
내가 너의 전화번호를 알았더라면 너에게 전화했을 거야. (몰랐기 때문에 전화하지 않았다.)

3. 가정법 미래: 현재나 미래 사실에 대한 강한 의혹이나 불가능한 일을 가정할 때

> ① If+주어+should+동사원형 ~, 주어+will[would]+동사원형 ~
>
> ② If+주어+were to+동사원형 ~, 주어+would+동사원형 ~

[강한 의혹] If my sister **should come** tomorrow, I **would pick** her up at the airport.
　　　　내일 여동생이 온다면 공항으로 마중 나갈 거야. (여동생이 오지 않을 거라는 전제)

[비교하기] 구어에서 정중한 표현

　　　　If you **should have** any questions, please **feel** free to ask me. 만약 질문이 있으시면 언제든지 질문하세요.

[불가능한 일] If I **were to be** born again, I **would be** a dancer.
　　　　만약 다시 태어난다면 나는 무용수가 될 거야.

4. 혼합 가정법: 과거 사실에 반대되는 가정의 결과가 현재까지 영향을 미칠 때 사용

> If+주어+had p.p. ~ (과거를 나타내는 부사), 주어+would[could / might]+동사원형 ~ (now)
> (보통 조건절에 과거를 나타내는 부사가 사용되거나, 주절에 now가 있어서 혼합 가정법임을 암시합니다.)

If I **had not been** caught in a shower yesterday, I **might not be** sick now.
(= As I **was** caught in a shower yesterday, I **am** sick now.)

내가 어제 소나기를 맞지 않았더라면 아마 지금 아프지 않을 텐데. (소나기를 맞아서 지금 아픈 상태다.)

★ 가정법의 If 생략

1. 조건절의 접속사 If가 생략되면 조건절의 주어와 동사가 도치됩니다.

Were I in your shoes, I would tell the truth.
(= If I were in your shoes, I would tell the truth.)

내가 당신이라면 사실을 말할 거예요.

Did I **know** her name, I would be happy.
(= If I knew her name, I would be happy.)

내가 그녀의 이름을 안다면 참 행복할 텐데.

Had I **saved** enough money, I could have bought the car.
(= If I had saved enough money, I could have bought the car.)

내가 충분한 돈을 모았더라면 그 차를 살 수 있었을 텐데.

Should I **meet** unexpected misfortune, what should I do?
(= If I should meet unexpected misfortune, what should I do?)

만약 내가 예상치 못한 불운과 맞닥뜨린다면 어떻게 해야 하지?

2. 문맥상 뜻을 짐작할 수 있는 경우 If절 전체를 생략할 수 있습니다.

① A: Which color do you prefer for the car, black or white?
   그 차의 색깔로 검정색이나 흰색 중 어떤 것이 더 좋으세요?

   B: I **would choose** white (if I were you). (만약 내가 당신이라면) 저는 하얀색을 고를 거예요.

② A: How was Andy's concert last night? 어젯밤 앤디의 콘서트는 어땠어?

   B: You **could have seen** many famous people there (if you had been there).
   (만약 네가 거기 있었다면) 너는 많은 유명인을 볼 수 있었을 거야.

★ 조건절을 대신하는 표현들

1. 조건절을 대신하는 전치사구

① **Without** your advice, I would be very confused. 네 충고가 없다면 나는 많이 혼란스러울 거야.
만약 ~이 없다면 (= **But for** your advice / **If it were not for** your advice)

② **Without** your assistance, I would have gotten nowhere.
만약 ~이 없었더라면 (= **But for** your assistance / **If it had not been for** your assistance)
네 도움이 없었다면 나는 아무런 성과도 내지 못했을 거야.

③ We could easily have overcome it **with** his support.
~이 있었더라면 (= if we had had his support)
그의 지원만 있었더라면 우리는 그것을 쉽게 극복할 수 있었을 텐데.

④ I wouldn't accept that offer **in your place**. 내가 너의 입장이라면 그 제안을 받아들이지 않을 거야.
너의 입장이라면 (= if I were in your place)

2. 조건절을 대신하는 부사(구)

① He did his homework; **otherwise**, he would have been scolded by his teacher.
그러지 않았더라면 (= if he had not done his homework)
그가 숙제를 하지 않았더라면 선생님께 꾸중을 들었을 것이다.

② **One minute later**, I might not have bought the concert ticket.
1분만 늦었더라면 (= If I had arrived there one minute later)
1분만 늦었더라면 나는 그 콘서트 표를 사지 못했을 것이다.

3. 조건절을 대신하는 준동사 / 주어

① I **would be** very happy to see you soon. 조만간 당신을 다시 볼 수 있다면 정말 기쁠 겁니다.
(= if I could see you soon)

② The same accident, happening in rush hour, **would cause** a lot of congestion.
(= if it should happen in rush hour)
만약 같은 사건이 출퇴근 시간에 발생한다면 큰 혼잡을 불러일으킬 것이다.

③ Left to himself, the detective **could have found** some clues.
(= If he had been left to himself)
만약 그 탐정이 혼자 남았더라면 뭔가 단서를 발견할 수 있었을 텐데.

④ A true gentleman **would help** the weak. 진정한 신사라면 약한 사람들을 도와줄 텐데.
(= If he were a true gentleman)

★ 조건의 의미가 없는 기타 가정법

1. I wish 가정법: 현재나 과거 사실에 대한 아쉬움 표현

> I wish (that) 주어+동사의 과거형[would / could / might+동사원형] ~ ~하면 좋을 텐데
>
> I wish (that) 주어+had p.p.[would / could / might+have p.p.] ~ ~했으면 좋았을 텐데

I wish I **were** 10 centimeters taller than now. (= I am sorry I am not 10 centimeters taller than now.)
내가 지금보다 10센티미터만 더 크면 좋을 텐데.

I wish I **could run** as fast as you. (= I am sorry I can't run as fast as you.)
내가 너만큼 빨리 달릴 수 있다면 좋을 텐데.

My brother **wishes** he **had studied** harder when he was young.
(= My brother is sorry he didn't study harder when he was young.)
남동생은 어렸을 때 좀 더 열심히 공부했더라면 하고 아쉬워한다.

2. as if / as though 가정법: 사실이 아닌 것을 사실처럼 가정

> 주어+동사 ~ as if[as though]+주어+동사의 과거형 ~ 마치 ~인 것처럼
>
> 주어+동사 ~ as if[as though]+주어+had p.p. ~ 마치 ~였던 것처럼

A friend of mine talks **as if** he **knew** some celebrities.
(= In fact, he doesn't know any celebrities.)
내 친구 중의 한 명은 마치 자신이 유명한 연예인들을 알고 있는 것처럼 말한다.

She talks **as if** she **had been** to Europe in the past.
(= In fact, she didn't go to Europe in the past.)
그녀는 마치 과거에 유럽에 가 본 적이 있는 것처럼 말한다.

3. It is time 가정법

> It is (high[about]) time (that)+주어+동사의 과거형 ~ ~해야 할 때이다

It is time you **decided** whether to go or not. 갈 건지 말 건지를 네가 결정해야 할 때이다.
(= It is time you should decide whether to go or not.)
(= It is time for you to decide whether to go or not.)

4. would rather 가정법

> 주어+would rather (that)+주어+동사의 과거형 ~ 차라리 ~하는 것이 낫다

A: Do you mind if I turn off this air conditioner? 에어컨을 꺼도 될까요?

B: **I'd rather** you didn't. 끄지 않는 것이 낫겠어요.

1. If he told me the secret, I _____ him with much money.

   (a) will reward　　　　　　　　(b) would reward

2. If you had let me know your e-mail address, I _____ you an e-mail.

   (a) would send　　　　　　　　(b) would have sent

3. If he _____ a real lawyer, he could make an impartial judgment.

   (a) is　　　　　　　　　　　　(b) were

4. If you had invested more carefully at that time, you _____ any doubts about it now.

   (a) would not suffer　　　　　　(b) would not have suffered

5. _____ your advice, my wife and I would not have made up.

   (a) Were it not for　　　　　　(b) Had it not been for

6. He made an airline reservation well in advance; otherwise, he _____ his brother's wedding.

   (a) couldn't attend　　　　　　(b) couldn't have attended

7. _____ you win the lottery, what would you do?

   (a) Should　　　　　　　　　(b) Would

8. I'm so busy that I can't go on vacation, but I wish I _____ on a trip to Hawaii.

   (a) can go　　　　　　　　　(b) could go

9. _____ I heard the rumor, I would have let you know.

    (a) Had   (b) Did

10. I'd rather my mother _____ this letter.

    (a) doesn't read   (b) didn't read

11. My daughter couldn't have achieved her goal _____ your help.

    (a) without   (b) despite

12. Harry, one of my colleagues, talks as if he _____ to Europe several times when he was a university student.

    (a) has been   (b) had been

13. If I _____ be born again, I would be an explorer.

    (a) were   (b) were to

14. It is time you _____ to prepare for the mid-term examination.

    (a) would begin   (b) began

15. Sally didn't show up at this year's reunion, and I wish she _____ there.

    (a) were   (b) had been

1. A: If I had taken regular exercise, I _____ healthier now.

    B: It's not too late. Start exercising!

    (a) would be   (b) would have been

    (c) will be   (d) am

2. A: If you _____ to become younger, what would you like to do?

    B: In that case, I would travel all around the world.

    (a) are   (b) are able

    (c) are going   (d) were

3. If Julie _____ honest with me, I could have helped her.

    (a) were   (b) is

    (c) has been   (d) had been

4. My grandfather lent me some money; _____, I couldn't have afforded the trip.

    (a) otherwise   (b) though

    (c) however   (d) anyway

5. (a) A: Do you have any special holiday plans?

    (b) B: No, but it's high time I will decide on something.

    (c) A: Then why don't you come and visit my summer house?

    (d) B: Sounds good. I'll definitely do that.

6. (a) At last the middle-aged couple came to buy a new house. (b) So they went downtown to buy some household appliances. (c) They bought some items, but could not afford to get the fancy furniture they wanted. (d) They would buy some nice pieces of furniture had they had enough money on hand.

Unit 09 to부정사

★ 명사적 용법

1. 주어 역할

[가주어-진주어 구문] It is difficult **to swim** in the sea.
바다에서 수영하는 것은 어렵다.

2. 목적어 역할

[3형식의 목적어] I decided **to swim** every morning. 나는 매일 아침 수영을 하기로 했다.

비교하기 의문사+to부정사

I don't know **how to swim**. 나는 수영하는 법을 모른다.

[5형식의 목적어: 가목적어-진목적어 구문] I found it difficult **to swim** every morning.
나는 매일 아침 수영하는 것이 어렵다는 것을 깨달았다.

3. 보어 역할

[2형식의 주격 보어] My hobby is **to swim**. 내 취미는 수영하는 것이다.

[5형식의 목적격 보어] The doctor advised me **to swim** regularly. 의사는 나에게 규칙적으로 수영을 하라고 조언했다.

> to부정사를 목적격 보어로 취하는 동사
>
> **want** 원하다 **would like** 원하다 **advise** 충고하다 **tell** 말하다 **ask** 묻다 **allow**(= permit) 허락하다
> **encourage** 장려하다 **enable** 가능하게 하다 **force** 강요하다 **require** 요구하다 **urge** 재촉하다 **persuade** 설득하다
> **order** 명령하다 **remind** 상기시키다 **warn** 경고하다

★ 형용사적 용법

1. 명사 수식

① 'to+타동사'의 형태로 명사 뒤에서 수식

I have a lot of homework **to do** today. 나는 오늘 해야 할 과제가 많다.

② 'to+자동사+전치사'의 형태로 명사 뒤에서 수식

Please give me some paper **to write on**. 필기할 종이를 좀 주세요.

2. 보어 역할('be to+동사원형' 용법)

〔예정〕 The train **is to arrive** there at six. 기차는 6시에 도착할 예정이다. (= be going to: ~할 예정이다)

〔의무〕 You **are to submit** it by tomorrow. 너는 내일까지 그것을 제출해야 해. (= must: ~해야 한다)

〔가능〕 Not a sound **was to be** heard in the house. 집 안에서는 아무런 소리도 들을 수 없었다. (= can: ~할 수 있다)

〔운명〕 The poet **was** never **to return** to his wife again.

　　그 시인은 다시는 아내에게 돌아갈 수 없는 운명이었다. (= be destined to: ~할 운명이다)

〔의도〕 If you **are to work** with me, you must follow my rules.

　　나와 함께 일하려거든 내 규칙을 따라야 한다. (= intend to: ~하려 하다)

3. 보어 역할 (seem / appear / happen / chance / come / grow / get 등의 불완전 자동사 뒤)

David **happened to find** her ID card on the street.

데이비드는 거리에서 우연히 그녀의 신분증을 발견했다. (happen to: 우연히 ~하다)

Charles **came to understand** the meaning.

찰스는 그 뜻을 이해하게 되었다. (come to: ~하게 되다)

★ 부사적 용법

1. 목적: '~하기 위해서'(= in order+to부정사 / so as+to부정사)

Sally works out very hard **(in order) to lose** weight. 샐리는 살을 빼기 위해서 열심히 운동한다.

2. 결과: '결국 ~하다'

Eric tried to date Sonya, **only to break** up with her.

에릭은 소냐와 사귀려고 노력했지만 결국은 그녀와 헤어지고 말았다.

William borrowed my dictionary, **never to return** it to me.

윌리엄은 지난달에 내 사전을 빌려 가더니 다시는 내게 돌려주지 않았다.

3. 감정의 원인: '~해서 (기분이 …하다)'

I was pleased **to know** that you came back. 당신이 돌아왔다는 소식을 알고 기뻤습니다.

4. 조건: '~라면'

I would be happy **to hear** from my cousin. 사촌으로부터 소식이 온다면 기쁠 텐데.

5. 이유 / 판단의 근거: '~하는 것을 보니, ~하다니'

You must be out of your mind **to believe** such an unrealistic thing.

그렇게 비현실적인 것을 믿는 것을 보니 너는 제정신이 아님에 틀림없다.

6. 특별한 의미 없이 형용사와 부사 수식

Foreign languages are very <u>hard</u> **to learn**. (= It is very hard **to learn** foreign languages.)
외국어는 배우기 매우 어렵다.

Max is smart <u>enough</u> **to solve** the difficult math problem. 맥스는 그 어려운 수학 문제를 풀 만큼 충분히 똑똑하다.

Beth was <u>too</u> angry **to say** a word in that situation. 베스는 그 상황에서 너무나 화가 나서 한마디 말도 할 수가 없었다.

7. 독립 부정사: 관용 표현으로 문장 전체 수식

> so to speak(= as it were, in other words) 말하자면
> to be frank with you 솔직히 말하면
> to be sure(= surely) 틀림없이
> to begin with(= in the first place, first of all) 우선
> strange to say 이상한 얘기지만
> to tell the truth 사실대로 말하자면
> to make matters worse 설상가상으로
> to make a long story short 짧게 말하면
> not to speak of(= to say nothing of, not to mention, let alone) ~은 말할 것도 없이

★ 원형 부정사가 필요한 경우

1. 지각동사의 목적격 보어 역할

see 보다　　watch 보다　　look at 보다　　observe 목격하다　　notice 알아채다
hear 듣다　　listen to 듣다　　feel 느끼다

I <u>saw</u> some boys **play** baseball in the park. 나는 공원에서 소년들이 야구를 하고 있는 것을 보았다.
　　　　　　(= playing)

[비교하기] 수동태에서는 to부정사로

　　Some boys <u>were seen</u> **to play** baseball in the park.

2. 사역동사의 목적격 보어 역할: make, have, let

My mother <u>made</u> me **do** the dishes as soon as possible. 엄마는 내게 가능한 한 빨리 설거지하라고 시키셨다.

[비교하기] 수동태에서는 to부정사로

　　I <u>was made</u> **to do** the dishes as soon as possible.

3. 관용적 표현

　① cannot but+동사원형 (= cannot choose but+동사원형) ~하지 않을 수 없다

　　[비교하기] cannot help –ing = have no choice but to부정사

　② do nothing but+동사원형 ~하기만 한다

★ to부정사의 동사적 성질

1. 의미상의 주어

① 의미상의 주어를 따로 명시하지 않을 경우: 문장의 주어/목적어와 일치하거나 일반 사람인 경우

[주어와 일치] I want **to go** to college. 나는 대학에 가고 싶다.

[목적어와 일치] I want <u>him</u> **to go** to college. 나는 그가 대학에 가길 원한다.

[일반 사람] It is very difficult **to go** to college. 대학에 가는 것은 매우 어렵다.

② 의미상의 주어를 따로 명시해야 하는 경우: 문장의 주어/목적어와 일치하지 않는 특정인

[for+목적격] It is easy **for you** to <u>help</u> them. 당신이 그들을 돕는 것은 쉽다.

[of+목적격] It is very nice **of you** to <u>give</u> me a ride. 저를 태워주시다니 참 친절하시네요.

> 보어 자리에 사람의 '성질/성향'을 나타내는 형용사(kind, nice, rude, cruel, foolish, polite 등)가 오면 의미상의 주어로 전치사 of를 써야 합니다.

2. 시제

① 단순 부정사(to+동사원형): to부정사가 술어 동사와 같은 시제를 나타냅니다.

He <u>seems</u> **to be** satisfied. = It <u>seems</u> that he **is** satisfied. 그는 만족한 것처럼 보인다.

He <u>seemed</u> **to be** satisfied. = It <u>seemed</u> that he **was** satisfied. 그는 만족한 것처럼 보였다.

[비교하기] hope, expect, promise(소망, 기대, 의지)+to부정사: 술어 동사보다 한 시제 나중 시제를 나타냅니다.

I <u>promise</u> **to go** on a trip with you. = I <u>promise</u> that I **will go** on a trip with you.
나는 너와 함께 여행 갈 것을 약속해.

② 완료 부정사(to have p.p.): to부정사가 술어 동사보다 한 시제 앞선 시제를 나타냅니다.

She <u>seems</u> **to have been** angry. = It <u>seems</u> that she **was**(또는 **has been**) angry.
그녀는 화가 났던 것 같다.

She <u>seemed</u> **to have been** angry. = It <u>seemed</u> that she **had been** angry.
그녀는 화가 났던 것 같았다.

[비교하기] 술어 동사가 want, hope, wish, intend 등 '소망, 기대, 의지' 동사의 과거형이고, 그 뒤에 완료 부정사가 오거나 과거완료 시제의 술어 동사에 단순 부정사가 오면 '이루지 못한 일'을 의미합니다.

I <u>hoped</u> **to have made** it. = I <u>had hoped</u> **to make** it. (= I hoped to make it, but I didn't.)
나는 성공했으면 좋았을 텐데.

3. 태/부정

① 수동태 to부정사(to be p.p.): to부정사가 의미상의 주어와 수동의 관계에 있을 경우 수동태로 써야 합니다.

Our environment needs **to be protected**. 우리의 환경은 보호받아야 한다.

② to부정사의 부정: to부정사 앞에 not이나 never를 붙여 표현합니다.

Robin decided <u>not</u> **to take** part in the competition. 로빈은 그 대회에 참가하지 않기로 결정했다.

★ 기타 용법 및 관용 표현

1. 대부정사: 동사의 반복을 피하기 위해 to만 남긴 형태를 말합니다.

A: Cathy! Let's go shopping this afternoon. 캐시! 오늘 오후에 쇼핑 가자.

B: I'd love **to** (go shopping with you), but I can't. 그러고는 싶지만 못 가.

2. 분리 부정사: to와 동사원형 사이에 부사가 놓여서 직접 수식하는 경우를 말합니다.

He pretended **to** <u>barely</u> **recognize** her.

그는 간신히 그녀를 알아보는 척했다.

3. 관용 표현

> **be ready to** ~할 준비가 되다
>
> **be likely to** ~할 것 같다
>
> **be willing to** 기꺼이 ~하다
>
> **be about to** 막 ~하려던 참이다
>
> **be supposed to** ~할 예정이다
>
> **be sure to** 틀림없이 ~할 것이다
>
> **have no choice but to** ~하지 않을 수 없다
>
> **feel inclined to** ~하고 싶다
>
> **know better than to** ~하면 안 된다는 것을 알고 있다

1. After talking with Amy for about an hour, I found _____ to talk with her.
   (a) interesting   (b) it interesting

2. I can't decide _____ this time.
   (a) whom to go with   (b) to go with whom

3. My friends urged me _____ in touch with the girl I happened to see and fell in love with.
   (a) get   (b) to get

4. I always need somebody _____, and that's my father.
   (a) to depend   (b) to depend on

5. An exhibition of Picasso's work _____ at this museum next month.
   (a) is held   (b) is to be held

6. Would it be impolite _____ to ask him what he thinks of me?
   (a) for me   (b) of me

7. I tried to persuade him _____ that he couldn't accept my offer.
   (a) only to hear   (b) in order to hear

8. You can't meet him right now because I saw him _____ a few minutes ago.
   (a) go out   (b) to go out

9. Tina's husband does nothing but _____ all day long every weekend.

(a) sleep   (b) to sleep

10. Joseph promised _____ computer games again, but he didn't keep his word.

(a) to not play   (b) not to play

11. I definitely said that the old man needed _____ at once, but nobody would listen to me.

(a) to treat   (b) to be treated

12. A: Let's eat out tonight, shall we?

B: I'd like _____, but I'm too tired.

(a) to   (b) to do

13. The university is said _____ 100 years ago.

(a) to be founded   (b) to have been founded

14. My sister always says that it's easy _____ to go on a diet, but she keeps eating every night.

(a) for her   (b) of her

15. My colleagues agree that the boss is difficult _____.

(a) to please   (b) to please him

1. A: You seem to need a hand. Would you like _____ this projector?

   B: Oh! You're such an angel.

   (a) to set up
   (b) me set up
   (c) me to set up
   (d) setting up

2. A: Welcome to our debating club!

   B: I'm really glad _____ into this club.

   (a) to receive
   (b) to be received
   (c) receiving
   (d) to receiving

3. It was very clever _____ the job offer.

   (a) for him to take
   (b) him taking
   (c) for him to be taken
   (d) of him to take

4. The head of the FBI refused _____ with those terrorists.

   (a) of negotiating
   (b) to be negotiated
   (c) negotiating
   (d) to negotiate

5. (a) A: How was your intense interview with Dr. Tailor?

   (b) B: I was so nervous that I had to ask him to repeat a few questions.

   (c) A: Were there many questions?

   (d) B: Not that many, but they were very difficult to answer them.

6. (a) Once I was invited to a dinner party. (b) The guests enjoyed delicious but strange soup filled with an unfamiliar meat. (c) Some guests wondered what the ingredients were, but the host just smiled. (d) After dinner, the host was asked revealing the secret and so he told us the meat in the soup was from snakes.

동명사

★ **동명사의 명사적 기능**

1. 주어 역할

Skipping breakfast is not good for you. 아침 식사를 거르는 것은 좋지 않습니다.

2. 목적어 역할

① 동사의 목적어

My uncle <u>enjoyed</u> **hiking** by himself. 삼촌은 혼자서 하이킹하는 것을 즐기신다.

비교하기 need, want, deserve 등의 목적어로 동명사가 쓰이면 수동태 부정사의 의미를 가집니다.

This house <u>needs</u> **painting**. 이 집은 페인트칠이 필요하다.
(= to be painted)

동명사만을 목적어로 취하는 동사

[완료, 중단] finish 끝내다	quit 그만두다	abandon 포기하다	give up 포기하다
[회피, 연기] avoid 피하다	escape 달아나다	deny 부인하다	miss 피하다 mind 언짢아하다
put off 연기하다	postpone 연기하다	delay 미루다	defer 미루다
[허가, 금지] allow 허락하다	permit 허락하다	prohibit 금하다	admit 받아들이다 resist 반대하다
[감정, 기타] enjoy 즐기다	recall 상기하다	imagine 상상하다	risk 위험을 무릅쓰다
resent 분개하다	suggest 제안하다	consider 고려하다	appreciate 고마워하다

---

② 전치사의 목적어

The little girl said goodbye to us by **waving** her hand. 어린 소녀가 손을 흔들면서 우리에게 작별 인사를 했다.

---

to부정사와 혼동하기 쉬운 전치사 to의 목적어

look forward to -ing ~을 고대하다   be devoted to -ing ~에 몰두하다

when it comes to -ing ~에 관해   What do you say to -ing? ~은 어때?

object to[be opposed to] -ing ~에 반대하다   be used to[be accustomed to] -ing ~에 익숙해지다

---

3. 보어 역할

① 주격 보어: My hobby <u>is</u> **collecting(= to collect)** coins. 내 취미는 동전 모으기이다.

비교하기 현재분사(~하는 중) 의미인 경우

My brother <u>is</u> **collecting** coins. 오빠는 동전을 모으는 중이다.

② 목적격 보어: We <u>consider</u> such an act **swindling**. 우리는 그런 행동을 사기 치는 것으로 간주한다.

비교하기 현재분사(~하는 중) 의미인 경우

I <u>saw</u> them **dancing** in the bar. 나는 그들이 바에서 춤추고 있는 것을 보았다.

> 보어 기능 외 현재분사 vs. 동명사
> ① 현재분사+명사: a **sleeping** <u>baby</u> = a baby who is sleeping 자고 있는 아기
> ② 동명사+명사: a **sleeping** <u>car</u> = a car which is for sleeping 침대차

★ 동사+to부정사 vs. 동명사

1. 동사 + <u>동명사</u> = to부정사

like 좋아하다   love 사랑하다   hate 미워하다   prefer 선호하다   begin 시작하다
start 시작하다   continue 계속하다

It <u>began</u> **pouring**. = It <u>began</u> **to pour**.
비가 억수같이 쏟아지기 시작했다.

2. 동사 + <u>동명사</u>

avoid 피하다   escape 벗어나다   evade 모면하다   risk 모험하다   mind 신경 쓰다
deny 부인하다   postpone 미루다   put off 미루다   resist 저항하다   give up 포기하다
miss 모면하다   enjoy 즐기다   finish 마치다   admit 인정하다   consider 고려하다
suggest 제안하다   allow 허락하다   appreciate 감사하다

Peter tried to <u>avoid</u> **spending** too much on everything.
피터는 모든 일에 있어서 너무 많은 돈을 지출하는 것을 피하기 위해 노력했다.

3. 동사 + <u>to부정사</u>

want 원하다   hope 기대하다   wish 희망하다   desire 몹시 바라다   choose 선택하다
expect 기대하다   plan 계획하다   decide 결정하다   pretend ~인 체하다   promise 약속하다
refuse 거절하다   agree 동의하다   demand 요구하다   afford ~할 수 있다   manage 그럭저럭 해내다

The students <u>decided</u> **to discuss** the matter. 학생들은 그 문제에 대해 논의하기로 했다.

4. 동사 + <u>동명사</u> ≠ to부정사

① I <u>remember[forget]</u> **to pick** him up tomorrow. 나는 내일 그를 데리러 가야 한다는 것을 기억한다.
  ~할 것을 기억하다[잊다]

  I <u>remember[forget]</u> **picking** him up last month. 나는 지난달에 그를 데리러 갔던 일을 기억한다.
  ~한 것을 기억하다[잊다]

② I <u>regret</u> **to inform** you that you're not accepted. 유감스럽지만 귀하는 채용되지 않았음을 알립니다.
  유감스럽지만 ~하겠다

  I <u>regret</u> **informing** her of the bad news. 나는 그녀에게 좋지 않은 소식을 알린 것을 후회한다.
  ~한 것을 후회하다

③ I didn't mean **to overhear** you on purpose. 일부러 당신의 말을 엿들을 의도는 아니었어요.
　　　　　　　~을 의도하다

Her surprise means **overhearing** what I said. 그녀가 놀랐다는 것은 내가 한 말을 엿들었다는 것을 의미한다.
　　　　　　　~을 의미하다

④ Jina stopped **to greet** him. 지나는 그들에게 인사하기 위해 멈췄다.
　　　　　　~하기 위해 멈추다

Jina stopped **greeting** people first after she became famous.
　　　　　　~을 그만두다
지나는 유명해진 후 사람들에게 먼저 인사하는 것을 그만두었다.

⑤ I tried **to persuade** the client. 나는 그 고객을 설득하려고 애썼다.
　　　~하려고 노력하다

I tried **persuading** my first client. 나는 시험 삼아 내 첫 번째 고객을 설득해 보았다.
　　　시험 삼아 ~해 보다

★ 동명사의 동사적 성질

1. 의미상의 주어

① 의미상의 주어를 따로 명시하지 않을 경우: 문장의 주어와 일치하거나 일반 사람인 경우

[주어와 일치] He finished **solving** the problem. 그는 그 문제를 푸는 것을 끝냈다.

[일반 사람] **Keeping** early hours is important. 일찍 자고 일찍 일어나는 것이 중요하다.

② 의미상의 주어를 따로 명시해야 하는 경우: 문장의 주어와 일치하지 않는 특정인

[소유격 또는 목적격] Do you mind my[me] **sitting** here? 여기에 앉아도 될까요?

　　　　　　　　She is proud of her son's[her son] **being** a lawyer.
　　　　　　　　그녀는 아들이 변호사인 것을 자랑스러워한다.

[목적격] The fact of the semester **being** over made us happy.
　　　　학기가 끝났다는 사실이 우리를 기쁘게 했다.

2. 동명사의 시제

① 단순 동명사: 술어 동사와 같은 시제 또는 그 이후의 시제를 나타냅니다.

Nell is sorry for **being** late. (= Nell is sorry that she **is** late.) 넬은 늦은 것에 대해 미안해한다.

Nell was sorry for **being** late. (= Nell was sorry that she **was** late.) 넬은 늦은 것에 대해 미안해했다.

I am sure of his **giving** me a present. (= I am sure that he **will give** me a present.)
나는 그가 나에게 선물을 줄 거라고 확신한다.

② 완료 동명사: 술어 동사보다 한 시제 앞선 시제를 나타냅니다.

Nell is sorry for **having been** late. (= Nell is sorry that she **was** late.)

넬은 늦었던 것에 대해 미안해한다.

Nell was sorry for **having been** late. (= Nell was sorry that she **had been** late.)

넬은 늦었던 것에 대해 미안해했다.

3. 태 / 부정

① 수동태 동명사: 타동사인 동명사가 목적어를 수반하지 않으면 수동태가 되어야 합니다.

They enjoyed **being treated** hospitably. 그들은 환대받는 것을 즐겼다.

② 동명사의 부정: 동명사 앞에 not이나 never를 둡니다.

Terry is ashamed of not **knowing** that piece of common sense. 테리는 그 상식을 모르는 것을 부끄러워한다.

4. 목적어 / 보어 수반 가능, 부사구의 수식 가능

[동명사+목적어] On **leaving** school, he entered into business. 그는 학교를 떠나자마자 사업을 시작했다.

[동명사+보어] Melisa soon began **feeling** lonely. 멜리사는 곧 외로움을 느끼기 시작했다.

[동명사+부사] I like **jogging** early in the morning. 나는 아침 일찍 조깅하는 것을 좋아한다.

★ 관용 표현

1. **There is no** knowing what will become of us.

우리가 어떻게 될지 아무도 알 수 없다. (there is no -ing: ~할 수 없다)

= It is impossible to know what will become of us.

2. **It is no use[good]** crying over spilt milk.

엎지른 물은 도로 담을 수 없다. (it is no use -ing: ~해도 소용없다)

= It is of no use to cry over spilt milk.

= There is no use (in) crying over spilt milk.

3. This movie **is worth** watching several times.

이 영화는 여러 번 볼 만한 가치가 있다. (be worth -ing: ~할 가치가 있다)

= It is worthwhile to watch this movie several times.

4. I **feel like** eating out today.

나는 오늘은 외식을 하고 싶다. (feel like -ing: ~하고 싶다)

= I would like to eat out today.

5. I **cannot help** believ**ing** his excuse.

나는 그의 변명을 믿지 않을 수 없다. (cannot help -ing: ~하지 않을 수 없다)

= I have no choice but to believe his excuse.

6. It goes without saying that love is necessary for a happy marriage.

행복한 결혼에는 사랑이 필요하다는 것은 말할 필요조차 없다. (it goes without saying that: ~은 말할 필요조차 없다)

= It is needless to say that love is necessary for a happy marriage.

7. They **never** meet **without** drink**ing** too much.

그들은 만나면 반드시 술을 많이 마신다. (never ~ without -ing: ~하면 반드시 …한다)

= Whenever they meet, they drink too much.

8. Her daughter **came near** be**ing** run over by a truck.

하마터면 그녀의 딸은 트럭에 치일 뻔했다. (come near -ing: 하마터면 ~할 뻔하다)

9. I **had difficulty[trouble / a hard time]** understand**ing** their conversation.

나는 그들의 대화를 이해하는 데 어려움을 겪었다. (have difficulty -ing: ~하는 데 어려움을 겪다)

10. My friends **are busy** prepar**ing** for the exam.

내 친구들은 그 시험을 준비하느라 바쁘다. (be busy -ing: ~하느라 바쁘다)

11. He **spent** all evening watch**ing** TV.

그는 TV를 보느라고 온 저녁을 보냈다. (spend -ing: ~하느라고 시간을 보내다)

12. On[Upon] hear**ing** the news, I changed my plans.

그 소식을 듣자마자 나는 계획을 바꾸었다. (on -ing: ~하자마자)

1. It is very difficult for me to prevent the plants in these pots from _____.
   (a) wither   (b) withering

2. My uncle is sorry for _____ lazy when he was young.
   (a) being   (b) having been

3. I'm looking forward to _____ from you soon.
   (a) hear   (b) hearing

4. My partner politely refused _____ the rival company's offer.
   (a) to accept   (b) accepting

5. Alice got angry at _____ invited to my housewarming party.
   (a) not having been   (b) having not been

6. Sam admitted _____ insulted by what other people said.
   (a) to feel   (b) feeling

7. I forgot _____ the book to the library, so I had to pay a fine.
   (a) to return   (b) returning

8. I really appreciate _____ me.
   (a) for you to help   (b) your helping

9. I had a hard time _____ the subway station.
   (a) to find   (b) finding

10. Are you sure of _____ to Emily's wedding ceremony?
    (a) being invited   (b) inviting

11. My husband and I are planning on _____ on a trip to the Maldives this summer.
    (a) to go   (b) going

12. My mother pretended not _____ us talking about the problem.
    (a) to listen to   (b) listening to

13. Brain suggested _____ for a drink after work.
    (a) to meet   (b) meeting

14. He always tells me that _____ for a rainy day is necessary.
    (a) save   (b) saving

15. I spent my winter vacation _____ detective novels.
    (a) to read   (b) reading

1.   A: Listen! I'm going to quit _____.

   B: Good for you! It's just a nasty habit.

   (a) smoke   (b) smoking

   (c) to smoke   (d) smoked

2.   A: Sorry, I'm late.

   B: Did you have any trouble _____ the way here?

   (a) to find   (b) find

   (c) to finding   (d) finding

3.   _____ is the best exercise that doesn't require any money.

   (a) Walks   (b) Walked

   (c) Walking   (d) To be walked

4.   I'm considering _____ business together with my best friend.

   (a) to do   (b) doing

   (c) of doing   (d) do

5.   (a) A: I heard your daughter won the first prize in the music contest.

   (b) B: Yes, that's right! Finally, she made it.

   (c) A: Congratulations! I'm really happy for you.

   (d) B: Thanks a lot. I'm very proud of she being my daughter.

6.   (a) Everyone has some bad habits that he or she would like to get rid of. (b) I am no exception. (c) I enjoy to eat too much every day. (d) This is a difficult habit to break, and I tried to go on a diet only to fail.

11 분사

★ 분사의 종류와 역할

1. 분사의 종류

현재분사(-ing): ~하고 있는(진행), ~하는(능동)	과거분사(-ed): ~된(완료), ~당한(수동)
a **falling** leaf (진행) 떨어지고 있는 나뭇잎 the **amusing** movie (능동) 재미있는 영화	a **fallen** leaf (완료) 떨어진 나뭇잎(낙엽) an **amused** audience (수동) 즐거워하는 청중

2. 분사의 형용사 역할 (1): 분사는 형용사처럼 명사를 앞 또는 뒤에서 수식하는 역할을 합니다.

① 분사가 단독으로 쓰이면 명사 앞에서 명사를 꾸며 줍니다.

They were looking at the **exciting** scene. 그들은 그 흥미로운 장면을 보는 중이었다. (scene과 exciting은 능동 관계)

There are a lot of **fallen** leaves in the yard. 마당에 떨어진 잎이 많다. (leaves와 fallen은 완료 관계)

② 분사가 목적어, 보어, 부사(구) 등을 동반하면 명사 뒤에서 명사를 꾸며 줍니다.

Do you know the girl **wearing** a pink sweater?

분홍색 스웨터를 입고 있는 그 소녀를 아십니까? (girl과 wearing은 능동 관계)

She had a cute dog **called** Mini.

그녀에게는 미니라는 이름의 귀여운 강아지가 있다. (dog과 called는 수동 관계)

③ 분사가 대명사를 수식하는 경우에는 대명사 뒤에서 대명사를 꾸며 줍니다.

Of those **invited**, almost everyone came to her wedding.

초대받은 사람 중에 거의 모든 사람들이 그녀의 결혼식에 왔다. (those와 invited는 수동 관계)

3. 분사의 형용사 역할 (2): 분사는 형용사처럼 주격 보어 또는 목적격 보어 역할을 합니다.

① 주격 보어로 사용되는 경우

Jamila sat **knitting**. 자밀라는 뜨개질을 하며 앉았다. (Jamila와 knitting은 능동 관계)

The teacher sat **surrounded** by her students.

그 선생님은 학생들에게 둘러싸여 앉았다. (the teacher와 surrounded는 수동 관계)

[비교하기] 감정 의미를 갖는 분사가 보어 역할을 할 때

명사가 감정을 유발하는 경우 – 현재분사		명사가 감정을 경험하는 경우 – 과거분사	
exciting 손에 땀을 쥐게 하는	shocking 충격적인	excited 신이 난	shocked 충격을 받은
amusing 재미있는	surprising 놀라운	amused 즐거워하는	surprised 놀란
interesting 흥미 있는	boring 지루한	interested 흥미를 가진	bored 지루한
amazing 놀라운	confusing 혼란스러운	amazed 놀란	disappointed 실망한
disappointing 실망스러운		confused 혼란스러운	

The game was very **exciting**. 그 경기는 매우 재미있다. (game과 exciting은 능동 관계)

We were very **excited** to watch the game. 우리는 그 경기를 보는 것에 매우 신이 났다. (we와 excited는 수동 관계)

② 목적격 보어로 사용되는 경우

I found him **ironing** a shirt. 나는 그가 셔츠를 다리고 있는 것을 보았다. (him과 ironing은 능동 관계)

I can't make myself **understood** in Chinese. 나는 중국어로 의사소통할 수 없다. (myself와 understood는 수동 관계)

★ 분사구문의 의미와 역할

1. 분사구문: 분사를 이용하여 절을 구로 줄인 표현으로서, 주로 부사절이 부사구로 축약됩니다.

① '접속사+주어(주절의 주어와 같은 경우)'를 지우고 동사를 분사형으로 고칩니다.

~~When she~~ arrived there, she found the jewelry missing.

거기에 도착했을 때 그녀는 보석이 없어진 것을 발견했다.

⇒ **Arriving** there, she found the jewelry missing.

② 분사구문의 being 또는 having been은 생략이 가능합니다.

(Being) Crossing the street, I met an old friend of mine.

길을 건너다가 오래된 친구를 만났다.

(Having been) Poor all his life, he doesn't know how to spend the money.

일생 동안 가난했기 때문에 그는 그 돈을 어떻게 써야 할지 모른다.

③ 분사구문의 뜻을 명확히 하기 위해 분사 앞에 접속사를 남겨두기도 합니다.

While **studying** for the final exam, she fell asleep. 기말고사를 공부하는 동안 그녀는 잠이 들었다.

2. 분사구문의 위치

① 주절보다 앞에 분사구문이 위치하는 경우

Taking a walk in the morning, he sprained his ankle. 아침에 산책하는 동안 그는 발목을 삐었다.

② 주절의 중간에 분사구문이 위치하는 경우

The girl, **smiling** brightly, offered her seat to an old lady. 소녀는 환하게 웃으며 노부인에게 자리를 양보했다.

③ 주절보다 뒤에 분사구문이 위치하는 경우

The police pursued the robber relentlessly, finally **catching** him.
경찰은 끈질기게 그 도둑을 쫓아서 마침내 그를 잡았다.

3. 분사구문의 의미

① 시간: when, while, as, after 등의 뜻을 나타냅니다.

Making sure he was at home, I knocked on the door. 그가 집에 있는 것을 확인한 후 나는 문을 두드렸다.

(= <u>After</u> I made sure he was at home, I knocked on the door.)

② 이유: because, since, now that, as 등의 뜻을 나타냅니다.

Having nothing more to do, I went out to play. 더 할 것이 없었기 때문에 나는 놀러 나갔다.

(= <u>As</u> I had nothing more to do, I went out to play.)

③ 조건: if의 뜻을 나타냅니다.

Keeping going down this way, you will find a post office. 이 길을 계속 따라 가면 우체국이 나올 거예요.

(= <u>If</u> you keep going down this way, you will find a post office.)

④ 양보: although, though, even if 등의 뜻을 나타냅니다.

Being young, he still has lots of experience. 그는 어리지만 경험이 많다.

(= <u>Though</u> he is young, he still has lots of experience.)

⑤ 동시 동작: '~하면서'의 뜻을 나타냅니다.

She was talking on the phone, **washing** the dishes. 그녀는 설거지를 하면서 통화를 하는 중이었다.

⑥ 연속 동작: '~하고 그리고'의 뜻을 나타냅니다.

Picking up some small stones, the child threw them at the barking dog.
그 아이는 돌멩이를 집어서 짖고 있는 개에게 던졌다.

★ 분사구문의 주어

1. **주절의 주어와 일치하는 경우: 분사구문의 주어를 지웁니다.**
   Being poor, I didn't have enough money to buy it. 나는 가난했기 때문에 그것을 살 충분한 돈이 없었다.
   (= As I was poor, I didn't have enough money to buy it.)

2. **주절의 주어와 일치하지 않는 경우: 문장의 구조를 바꾸어 주어를 맞춘 후 지울 수 있습니다.**
   Working hard, the report could be finished by her in time. (X)
   열심히 했기 때문에 그녀는 그 보고서를 제시간에 끝낼 수 있었다.
   ⇒ **Working** hard, she could finish the report in time. (O)
   (= As she worked hard, she could finish the report in time.)

3. **주어가 맞춰지지 않을 경우: 분사구문의 주어를 지울 수 없습니다.**
   Being fine, we'll go on a picnic. (X) 날씨가 좋으면 우리는 소풍을 갈 거예요.
   ⇒ **It being** fine, we'll go on a picnic. (O)
   (= If it is fine, we'll go on a picnic.)

4. **주어가 남아 있는 분사구문은 'with+명사(주어)+분사' 구문으로 바꿀 수 있습니다.**
   Nancy stood against the wall with her arms **crossed**. 낸시는 팔짱을 낀 채로 벽에 기대어 서 있었다.

★ 분사구문의 시제/부정

1. **분사구문의 시제**

   ① 단순 분사구문: 분사구문의 시제가 주절의 시제와 같은 경우
   Being very tired, the boy couldn't finish his homework.
   너무 피곤했기 때문에 그 소년은 숙제를 끝낼 수가 없었다.
   (= As he **was** very tired, the boy couldn't finish his homework.)

   ② 완료 분사구문: 분사구문의 시제가 주절보다 한 시제 앞선 경우
   Having been there before, I didn't have trouble finding the place.
   전에 가 본 적이 있었기 때문에 나는 어렵지 않게 그 장소를 찾았다.
   (= As I **had been** there before, I didn't have trouble finding the place.)

2. 분사구문의 부정은 분사 앞에 not이나 never를 두어야 합니다.

Not **knowing** where to go, I had to ask someone for directions.

어디로 가야 할지 몰라서 나는 누군가에게 길을 물어야 했다.

Never **having eaten** the food before, I was very embarrassed.

이전에 그 음식을 먹어 본 적이 없기 때문에 나는 매우 당황했다.

★ 관용적 분사구문

1. 분사+as+주어+do[be]: 강조를 위한 삽입구(= indeed, really)

Standing **as it does** on the beach, the hotel commands a fine view.

해변에 있기 때문에 그 호텔은 전망이 좋다.

Written, **as it is**, in plain English, the book is suitable for beginners.

정말 쉬운 영어로 쓰여 있기 때문에 그 책은 초급자에게 적합하다.

2. 기타 관용 표현

generally speaking 일반적으로 말해서

strictly speaking 엄격하게 말해서

roughly speaking 대략적으로 말해서

frankly speaking 솔직히 말해서

judging from[by] ~로 판단하건대

taking ~ into account ~을 고려하면

considering (that) ~을 감안하면

granting (that) 설령 ~한다 하더라도

speaking[talking] of ~ 얘기가 나왔으니 말인데

1. I felt refreshed after watching the _____ game.
    (a) exciting   (b) excited

2. My little brother spent all the money _____ to him by some relatives on buying toys.
    (a) giving   (b) given

3. He came back _____ after leaving home for a week.
    (a) exhausting   (b) exhausted

4. I caught my mother _____ my diary in my room.
    (a) reading   (b) read

5. She kept _____ day and night without eating or drinking anything.
    (a) crying   (b) cried

6. _____ the mountain, I happened to find a wonderful castle.
    (a) Climbing   (b) Climbed

7. All things _____, I think this is our only alternative.
    (a) considering   (b) considered

8. When _____ to attend the auction, I politely refused to accept that invitation.
    (a) asking   (b) asked

9. _____ doing the dishes beforehand, she didn't need to hurry up.

   (a) Finishing   (b) Having finished

10. _____ no cabs in that area, I had to ask my friend to pick me up.

    (a) Being   (b) There being

11. _____ to such a cold country, he was worried that he would be frozen to death.

    (a) Having not been   (b) Not having been

12. My sister often leaves her house with all the lights _____ on.

    (a) turning   (b) turned

13. _____ from the manner of his speaking, he must be really angry with us.

    (a) Judging   (b) Judged

14. While _____ to the radio, he heard the doorbell ring.

    (a) he is listening   (b) listening

15. _____ as it is on a high hill, this hotel overlooks the beach.

    (a) Locating   (b) Located

PRACTICE TEST

정답
P.27

1. A: You went to the amusement park yesterday, didn't you?

    B: Yes, but it was _____ except for a few rides.

    (a) very boring   (b) very bored

    (c) much boring   (d) much bored

2. A: Do you know the girl _____ the blue backpack?

    B: No, but she might be a newcomer.

    (a) who wear   (b) wearing

    (c) worn   (d) who is worn

3. _____ if he could join the bowling game, he nodded her head.

    (a) Ask   (b) Asked

    (c) Asking   (d) To ask

4. It is such an achievement, _____ that the publishing industry is on the wane.

    (a) consider   (b) considered

    (c) considering   (d) being considered

5. (a) A: What kind of job do you have?

    (b) B: I have been a stockbroker for more than a decade.

    (c) A: Wow! That must be a very interested job.

    (d) B: No way! It's more stressful than people think.

6. (a) In the near future, most of us will no longer put up with the torments of a suburban life: the long commutes, the choking pollutants out of tailpipes. (b) We'll demand areas where the air is pristine and places to work, shop and play are close at hand. (c) Some will work in their own houses or apartments, communicated through the Internet. (d) Others will make a short hop to work in a nearby office building.

Unit 12 명사 & 관사

★ 명사의 종류 및 용법

명사	보통 명사	가산 명사	a(n)+단수 명사
	집합 명사		(수사)+복수형
	물질 명사	불가산 명사	단수, 복수의 구별 없음
	추상 명사		
	고유 명사		

1. 보통 명사: 'a(n)+단수'와 '복수' 표현 가능

① 'a+보통 명사'가 추상 명사로 쓰일 수 있습니다.

He has **an ear** for music. 그는 음악을 들을 줄 안다.

② 'the+보통 명사'가 추상 명사로 쓰일 수 있습니다.

The pen is mightier than **the sword.** 글이 무력보다 더 강하다.
(펜 → 글)   (칼 → 무력)

2. 집합 명사

① family형 집합 명사 (단수/복수 가능)
committee 위원회 class 학급 audience 청중 team 팀 jury 배심원단 staff 직원 crew 승무원 people 민족

[단수 취급] The entire **staff** is working hard. 전 직원이 열심히 일하고 있다. (집합체를 하나의 단위로 간주)

[비교하기] 군집 명사: '구성원 개개인'에 중점을 둠 → 복수 취급
The **staff** were all present. 직원 모두가 참석했다.

② cattle형 집합 명사 (복수형이 없으며 그대로 복수 취급)
poultry 가금(닭, 오리, 거위 따위) people 사람들 the English 영국 국민 등 국민 전체를 일컫는 경우

Many **people** are in favor of the reform. 많은 사람들이 그 개혁에 찬성한다.

③ police형 집합 명사 (복수형이 없으며 the와 함께 쓰여 복수 취급)
clergy 성직자들 aristocracy/nobility 귀족 police 경찰

The police are alert to the possibility of the terrorists' attack.
경찰은 테러리스트들의 공격 가능성에 대비해 경계를 하고 있다.

3. 물질 명사

① 원칙적으로 불가산 명사

milk 우유   water 물   bread 빵   flour 밀가루

There is **water** all over the kitchen floor. 부엌 바닥에 온통 물이다.

> 수량을 나타낼 때는 관사나 수사 대신 특별한 표현이 필요합니다.
> a glass of water, two cups of coffee, three pieces of paper 등

② 집합적 물질 명사 (부정관사와 함께 사용할 수 없으며, 항상 단수 취급)

furniture 가구	clothing 의복	machinery 기계(류)	wild game 사냥감
luggage/baggage 짐	equipment 장비	mail 편지	junk food 정크 푸드

Furniture is chiefly made of wood. 가구는 주로 나무로 만들어진다.

[비교하기] She bought **three pieces of furniture**. 그녀는 세 점의 가구를 샀다.

③ 물질 명사의 보통명사화

[종류] They produce many **wines** in Korea. 그들은 한국에서 많은 와인을 생산한다.

[제품] She is dressed in **silks**. 그녀는 실크 옷을 입었다.

[단위] Waiter, two **coffees**, please. 웨이터, 커피 2잔 부탁합니다.

4. 추상 명사

① 원칙적으로 불가산 명사

pollution 오염	information 정보	evidence 증거	advice 조언	room 공간/여지
news 뉴스	weather 날씨	money[cash] 돈	nutrition 영양	

Beauty is only skin-deep. 아름다움은 피상적인 것일 뿐이다.

② 추상 명사의 보통 명사화

She is **a success** as a ballerina. 그녀는 발레리나로 성공한 사람이다.

5. 고유 명사

① 원칙적으로 불가산 명사

Mt. Everest is the highest mountain in the world. 에베레스트 산은 세계에서 가장 높은 산이다.

② 고유 명사의 보통 명사화

My little brother wants to be **an Edison**. 남동생은 에디슨 같은 발명가가 되고 싶어 한다.

★ 명사의 기타 주의 사항

1. 단수형과 복수형이 같은 명사

fish 물고기   salmon 연어   shrimp 새우   sheep 양   deer 사슴
aircraft 항공기   species 종   series 시리즈

This **species** is found only in South Africa. 이 종은 오직 남아프리카에서만 발견된다.

2. 복수형이 되면 뜻이 달라지는 명사

colors 군기, 국기   customs 관세   goods 상품   manners 예의   pains 노력, 수고
arms 무기   damages 손해 배상금   times 횟수, ~배, 시대

You won't be able to take the jewelry through **customs**. 당신은 그 보석을 갖고 세관을 통과할 수 없을 것입니다.

3. 항상 복수형이나 동사와의 수 일치에 주의해야 할 명사

① [복수 취급] scissors 가위   glasses 안경   pants 바지   socks 양말   gloves 장갑   chopsticks 젓가락

② [단수 취급] blues 우울증   measles 홍역   diabetes 당뇨병   rabies 광견병

③ [단수 취급] mathematics 수학   physics 물리학   economics 경제학   ethics 윤리학   politics 정치학

④ [단수 취급] the United States 미합중국   the Netherlands 네덜란드

⑤ [단수 취급] billiards 당구   bowls 볼링

4. 이중 소유격: 한정사는 두 가지가 함께 올 수 없기 때문에, 한정사인 소유격이 '또 다른 한정사+명사'를 수식해야 할 경우 명사 뒤에서 'of+소유 대명사'의 형태로 수식

Look at this **my brother's** car. (X)

⇒ Look at this car of my brother's. (O) 우리 형의 이 차를 좀 봐.

> 한정사란 관사, 소유격, 지시형용사(this, that), 부정형용사(some, any, no 등),
> 수량형용사(many, much, few, little 등)을 말한다.

★ 관사의 용법

1. 부정관사 a(n)의 용법

① 불특정한 하나의 대상을 의미할 때

She is **a brave woman.** 그녀는 용감한 사람이다.

② the same의 의미일 때

Birds of **a feather** flock together. 깃털이 같은 새들이 함께 모인다. (유유상종)

③ per(~당)의 의미일 때

Martin gets paid 5 dollars **an hour.** 마틴은 시간당 5달러를 받는다.

④ certain / some의 의미일 때

Stella slept on the sofa for **a time.** 스텔라는 소파에서 잠깐 잤다.

'a+첫 소리가 자음인 단어', 'an+첫 소리가 모음인 단어'

a university 대학　　an MA degree 석사 학위　　　an MP3 player MP3 플레이어
an hour 한 시간　　　an F in Chemistry 화학에서의 F 학점

---

2. 정관사 the의 용법

① 앞에 나온 명사를 반복할 때

I happened to meet a girl the other day. **The girl** asked me about something.
요전 날 한 소녀를 우연히 만났어. 그 소녀가 나에게 뭔가를 물었지.

② 전후 관계로 보아 명백히 알 수 있는 경우

Please pass me **the salt.** 소금 좀 건네주세요.

③ 뒤에서 한정하는 표현이 나올 때

The president of our company is very respectable. 우리 회사의 회장님은 매우 훌륭하시다.

④ 유일한 것을 가리킬 때

the sun 태양 the moon 달 the earth 지구 the sky 하늘 the Lord 하느님 the Bible 성경

⑤ 최상급의 형용사, 서수 및 very, only, same 등 한정의 의미가 강한 형용사 앞에

the tallest boy 가장 큰 소년 the first train 첫 기차 the only man 청일점

⑥ 계량의 단위를 나타낼 때

by the meter 미터 단위로 by the hour 시간 단위로

⑦ the+형용사 = 복수 명사

The rich <u>are</u> not always happy. 부자들이 항상 행복한 것은 아니다.

⑧ 소유격 대신 관용적으로 쓰이는 경우

He caught me **by the hand**. 그는 내 손을 잡았다.
He patted me **on the back**. 그는 내 등을 다독거렸다.
He looked me **in the eyes**. 그는 내 눈을 지그시 보았다.

⑨ the+고유명사

[강/바다] the Thames 템스 강 the Pacific 태평양
[배/항공기/열차/철로] the Titanic 타이타닉 호 the Flying Scotsman 플라잉 스코츠맨
[산맥/반도/군도] the Alps 알프스 산맥 the Korean Peninsula 한반도 the West Indies 서인도 제도
[일부 국가] the United States 미국 the Philippines 필리핀 the Netherlands 네덜란드

★ 관사의 위치

1. all[both / double]+the+(형용사)+명사
I will pay <u>double **the** usual price</u>. 평소의 두 배 가격을 드리겠습니다.

2. such[quite / rather / what]+a(n)+형용사+명사
I have never seen <u>such **a** high building</u>. 나는 이렇게 높은 건물을 본 적이 없다.

3. so[too / as / how]+형용사+a(n)+명사
This is <u>too good **a** chance to lose</u>. 이것은 잃기에 너무 아까운 기회이다.

★ 관사의 생략

1. 호격일 때

Officer, I think I was not speeding. 경찰 아저씨, 제 생각에 저는 과속을 하지 않았는데요.

2. 관직 / 칭호 / 신분을 나타내는 명사가 '동격'이거나 '보어'로 쓰일 경우

King Sejong was one of the greatest monarchs in the world.
세종대왕은 세계에서 가장 훌륭한 군주 중의 한 사람이었다.

The citizens elected him **mayor** of the city. 시민들은 그를 시장으로 선출했다.

3. '건물 / 장소'가 그 본래의 목적으로 사용됨을 나타낼 때

go to church 교회에 가다   go to prison 투옥되다   go to school 통학하다   go to bed 취침하다

go to sea 선원이 되다   at work 작업 중   at church 예배 중   at class 수업 중

in school 취학 중, 수업 중

4. 식사 / 질병 / 운동 / 학과목 이름의 경우

① [식사] breakfast 아침 lunch 점심 dinner 저녁

② [질병] fever 열 pneumonia 폐렴

③ [운동] play tennis 테니스를 치다

④ [학과목] like history 역사를 좋아하다

[비교하기] 식사 이름 앞에 형용사가 오면 관사가 붙습니다.
　　　　a good breakfast 충분한 아침 식사

5. 대조가 되는 두 가지의 명사 / 짝을 이루는 두 개의 명사로 된 관용구

day and night 주야로, 끊임없이   side by side 나란히   arm in arm 서로 팔짱을 끼고, 제휴하여
mother and child 어머니와 자녀   east and west 동서로

6. 교통 / 통신 수단

① [교통] by land 육로로 by sea 뱃길로 by air 항공기로 by taxi 택시로

② [통신 수단] by letter 편지로 by mail 우편으로

1.   _____ in this glass is good to drink.

     (a) Milk   (b) The milk

2.   Will you get me _____ so I can write my idea down?

     (a) a paper   (b) a piece of paper

3.   Cattle _____ grazing here and there in the field, and the shepherd is whistling.

     (a) is   (b) are

4.   My mother kept _____ on my children while I was away.

     (a) an eye   (b) the eye

5.   These days you've been very busy, so I think you need _____.

     (a) holiday   (b) a holiday

6.   A: I'm sorry for being late.

     B: Don't worry about it. It's not _____ big deal.

     (a) a   (b) the

7.   I have been studying English for 7 years, but I still have _____ speaking it fluently.

     (a) trouble   (b) a trouble

8.   Please send this letter by _____.

     (a) registered mail   (b) a registered mail

9. I really like _____ company I'm working for, but I want to have another experience.

   (a) a   (b) the

10. I'll have to skip lunch today because I had _____ this morning.

    (a) good breakfast   (b) a good breakfast

11. You'll need _____ for the entire staff.

    (a) double the amount   (b) the double amount

12. Have you seen _____ ?

    (a) his another car   (b) another car of his

13. He caught me by _____ and asked me to give him a break again.

    (a) an arm   (b) the arm

14. My friend made a photocopy of his notebook and gave _____ to me.

    (a) a copy   (b) the copy

15. I think she is not as _____ as my brother.

    (a) great a novelist   (b) a great novelist

PRACTICE **TEST**

정답
P.29

1. A: Have you talked to the Bates about their accident?

B: Yes. I heard they finally received _____.

(a) damage

(b) damages

(c) the damage

(d) a damage

2. A: I can't find Cindy anywhere.

B: A minute ago, she went to the library to gather _____.

(a) the information

(b) many informations

(c) a few information

(d) some information

3. The India government announced a massive crackdown on the emission of _____ from oil refineries.

(a) pollutions

(b) pollution

(c) pollutant

(d) pollutants

4. With a welcoming smile, he led me by _____ through the crowded ballroom.

(a) hand

(b) the hand

(c) my hands

(d) a hand

5. (a) A: Have you been to the shop on the corner of Baker St. and Collins Ave.?

(b) B: No. Have you? Maggie keeps asking me to go there with her.

(c) A: You should go. It's an one-stop shop for all your clothing needs.

(d) B: Okay, then I have to call Maggie.

6. (a) Over the past few years we've seen our "Hack'em" program becoming more and more utilized as it becomes increasingly popular. (b) Although the reference to hacking might sound negative, it is a great way of connecting the developer community by learning, working and experimenting with some of the advanced computer technologies. (c) And developers love it! (d) So come to be success and you'll get a lot of calls!

116

Unit 13 대명사

★ **It의 용법**

1. 앞에 언급된 특정 명사(구 / 절)나 문장 대신 사용되는 경우

I tried to find out the secret, but she never let me know about **it**.

나는 그 비밀을 알아내려고 노력했지만 그녀는 절대 그것에 대해 알려 주지 않았다.

You are sure to succeed and no one doubts **it**.

당신은 분명 성공할 것이고 아무도 그것을 의심하지 않아요.

2. 비인칭 주어 / 비인칭 목적어로서의 it

A: How's **it** going? 요즘 어떻게 지내세요?

B: Getting by. 그럭저럭 지내고 있어요.

How do you like **it** here in Canada? 캐나다에서 지내는 것이 어떠세요?

3. 가주어 / 가목적어로서의 it

It doesn't matter whether he comes or not. 그가 오든 오지 않든 중요하지 않다.

You will find **it** pleasant to talk with her. 그녀와 대화하는 것이 즐겁다는 것을 알게 될 거예요.

★ **재귀 대명사**

1. 재귀적 용법

주어와 목적어가 동일 대상을 가리킬 때 목적어로 쓰이며, 생략할 수 없습니다.

My father prides **himself** on his skill.

아버지는 자기의 기술을 스스로 자랑스러워한다.

She looked at **herself** in the mirror.

그녀는 거울 속의 자신을 바라보았다.

2. 강조적 용법

명사 / 대명사와 동격으로 쓰여 뜻을 강조하며, 생략이 가능합니다.

It was the murderer **himself** that said so.

그렇게 말한 건 살인자 그 자신이었다.

He **himself** did the work.

그는 스스로 그 일을 했다.

3. 관용적 용법

> for oneself(= without other's help, independently) 스스로, 자기 힘으로
>
> by oneself(= alone) 혼자서, 외톨이로
>
> in spite of oneself(= without consciousness) 자기도 모르게
>
> beside oneself(= mad, insane) 이성을 잃고
>
> of itself(= by itself, naturally) 자연히, 저절로
>
> in itself(= in its own nature) 그것 자체가, 본질적으로
>
> between ourselves(= between you and me) 우리끼리 이야기지만
>
> to oneself(= not shared with anyone) 혼자, 독점하여

★ 의문 대명사: Who, Which, What

1. 의문문에서 주어, 목적어, 보어 역할을 합니다.

[주어] **Which of you** knows the answer? 여러분 중 누가 정답을 알고 있습니까?

[목적어] **Whom(= who)** do you love most? 너는 누구를 가장 사랑하니?

[보어] **What** is your husband's name? 남편의 성함이 무엇입니까?

2. '의문사+to부정사'의 경우에도 의문 대명사는 부정사의 의미상의 주어, 목적어, 보어 역할을 합니다.

I don't know **whom(= who)** to go with. 나는 누구와 함께 가야 할지 모르겠어.

3. 해석으로 인해 의문부사와 혼동하지 말아야 합니다.

How do you think of my new hairstyle? (X)

⇒ **What** do you think of my new hairstyle? (O) 내 새 헤어스타일이 어때?

Why did he buy that computer for? (X)

⇒ **Why** did he buy that computer? (O)

⇒ **What** did he buy that computer for? (O) 그는 왜 그 컴퓨터를 샀니?

I don't know **how** to do. (X)

⇒ I don't know **what** to do. (O) 나는 무엇을 해야 할지 모르겠다.

★ 지시 대명사

1. 명사의 반복을 피하기 위한 that / those

The tail of a fox is longer than **that** of a cat. 여우의 꼬리는 고양이의 꼬리보다 길다.

His eyes appear to be **those** of a leopard. 그의 눈은 표범의 눈 같다.

2. 문장의 반복을 피하기 위한 this / that

A: Let's go camping this weekend. 이번 주말에 캠핑하러 가자.

B: **That**'s a good idea. 좋은 생각이야.

My son did not say anything, and **this(= that)** made me all the more angry.
아들은 아무 말도 하지 않았고, 그것이 나를 더 화나게 만들었다.

I want to tell you **this**: we have no time to lose.
나는 너에게 이 말을 하고 싶어. 우리는 허비할 시간이 없다고.

3. 관계대명사의 선행사가 되는 those

Heaven helps **those** who help themselves. 하늘은 스스로 돕는 자를 돕는다.

비교하기 **He[One]** who would search for pearls must dive deep. 호랑이 굴에 들어가야 호랑이를 잡는다.

4. 전자(that, the former) – 후자(this, the latter)

I learned English and Spanish; **this**(= Spanish) is not so difficult as **that**(= English).
나는 영어와 스페인어를 배웠는데, 스페인어는 영어만큼 어렵지 않다.

5. such

① as such '그 자체로'

I think they are as precious as you, so they have to be treated **as such**.
내가 생각하기에 그들은 당신만큼 소중하며, 따라서 그렇게 대접받아야 합니다.

비교하기 such as '가령, ~와 같은 것'

I'd like to have something sweet, **such as** ice cream or donuts.
나는 아이스크림이나 도넛 같은 단 음식이 먹고 싶다.

② such that '~와 같은 것'

The power of the hurricane was **such that** it destroyed the whole harbor.
그 허리케인의 위력은 항구 전체를 파괴시킬 만한 그런 것이었다.

③ such '그러한 것 / 그러한 것들'

Such are the results of his folly. 그의 어리석음의 결과물은 그러한 것들이다.

6. so / not

A: Do you think it will rain tomorrow? 내일 비가 올 것 같아요?

B: I think **so**. / I hope **so**. / I'm afraid **so**. 그렇게 생각해요. / 그랬으면 좋겠어요. / 그럴까 봐 걱정이에요.

A: Do you think it will rain tomorrow? 내일 비가 올 것 같아요?

B: I **don't** think **so**. / I hope **not**. / I'm afraid **not**.

그렇게 생각하지 않아요. / 그러지 않았으면 좋겠어요. / 그러지 않을까 봐 걱정이에요.

비교하기

A: Will he be able to come here on time? 그가 제시간에 여기 올 수 있을까요?

B: I doubt **it**. 그건 의문이에요.

7. the same

A: Thank you for helping me. 도와주셔서 감사해요.

B: You're welcome. I know you'll do **the same** for me. 천만에요. 당신도 저를 위해 똑같이 하실 거라는 거 알아요.

★ 부정 대명사

1. one

① 앞에 언급된 명사와 같은 종류의 명사를 의미합니다.

I don't have a camera, so I need to buy **one**. 저는 카메라가 없어서 하나 사야 해요.

② 형용사의 수식을 받는 경우

The subway was crowded, so we decided to catch a later **one**.

그 지하철이 너무 붐벼서 우리는 다음 지하철을 타기로 했다.

I raise a small dog, but my brother keep **three** big **ones**.

저는 작은 개 한 마리를 키우지만 제 남동생은 큰 개 세 마리를 키웁니다.

③ 관계대명사절의 수식을 받는 경우

These books are **the ones** that I really want to read. 이 책들은 내가 정말 읽고 싶은 책이야.

2. another / other

① another: 종류가 같은 '다른 것 하나 더'

I don't like this one. Show me **another** (one). 저는 이것이 마음에 들지 않아요. 다른 것을 보여 주세요.

Please give me **another** ten minutes. 10분만 더 주세요.

② one – the other: 순서에 관계없이 두 가지를 설명할 때

I have <u>two</u> caps; **one** is white and **the other** (is) black.

나는 모자가 두 개 있는데, 하나는 흰색이고 다른 하나는 검정색이다.

③ others: 범위가 정해져 있지 않은 '다른 사람들/다른 것들'

<u>Some</u> (people) like red wine; **others** (like) white wine.

어떤 사람은 적포도주를 좋아하고 또 어떤 이들은 백포도주를 좋아한다.

④ the others: 범위가 정해진 '나머지 사람들/나머지 것들'

<u>Some of the balls</u> are yellow and **the others** are blue.

공들 중 몇 개는 노란색이고 나머지 것들은 파란색이다.

⑤ the one(전자) – the other(후자)

I have a brother and a sister; **the one**(= brother) is a lawyer and **the other**(= sister) is a teacher.

나는 오빠 한 명과 언니 한 명이 있는데, 오빠는 변호사이고 언니는 선생님이다.

3. some / any

① some: 긍정문에서 '몇몇의/약간의'라는 의미를 나타낼 때

Some of them are interested in my offer. 몇몇은 내 제안에 관심이 있다.

> 비교하기 의문문에서의 some: 권유의 의미
>
> Will you have some more coffee? 커피 좀 더 드시겠어요?

② any: 부정문/의문문/조건문에서 '몇몇의/약간의'라는 의미를 나타낼 때

There wasn't **any** food left on the table. (= There was **no** food left on the table.)

테이블에 어떤 음식도 남아 있지 않았다.

> 비교하기 긍정문에서의 any: '어떤 ~든지'
>
> You can have any food if you want. 당신이 원하는 어떤 음식이든 드실 수 있습니다.

4. most / most of '대부분의'

Most people agreed to go volunteering. 대부분의 사람들이 자원봉사하러 가는 것에 동의했다.

(= **Most of** the people agreed to go volunteering.)

5. both / either / neither: 대상이 둘일 때

I invited Nancy and Paul, and **both** of them were at the wedding.
나는 낸시와 폴을 초대했고, 두 명 모두 결혼식장에 왔다.

I invited Nancy and Paul, and **either** of them was at the wedding.
나는 낸시와 폴을 초대했는데, 둘 중 한 명이 결혼식장에 왔다.

I invited Nancy and Paul, but **neither** of them was at the wedding.
나는 낸시와 폴을 초대했지만, 아무도 결혼식장에 오지 않았다.

6. all / none / no one: 대상이 셋 이상일 때

I invited Nancy, Liz, and Paul, and **all** of them were at the wedding.
나는 낸시, 리즈, 폴을 초대했고, 그들 모두가 결혼식장에 왔다.

I invited Nancy, Liz, and Paul, but **none** of them was[were] at the wedding.
나는 낸시, 리즈, 폴을 초대했지만 그들 중 아무도 결혼식장에 오지 않았다.

I invited Nancy, Liz, and Paul, but **no one** was at the wedding.
나는 낸시, 리즈, 폴을 초대했지만 아무도 결혼식장에 오지 않았다.

7. each '각각의' / every '모든': each나 every가 주어에 포함되면 항상 단수 동사와 일치

Every student and teacher was present at the ceremony. 모든 학생과 선생님이 그 행사에 참석했다.

Each of the students is very excellent. 각각의 학생들은 매우 훌륭하다.

아래의 대명사들이 of와 함께 명사를 수식하는 경우 명사 앞에 정관사 the를 써야 합니다.
some[several / most / many / much / one / all]+of the+명사

하지만 인칭대명사를 수식하는 경우 관사를 쓰지 않습니다.
some of the them (X)   most of the us (X)
→ some of them (O)   → most of us (O)

★ 대명사 관용 표현

To know is **one thing**, and to teach is **another**. 아는 것과 가르치는 것은 별개이다. (A와 B는 별개이다)

The planes took off **one after another**. 그 비행기들은 차례차례로 이륙했다. (차례차례로)

Buses run **every thirty minutes** in this town. 이 마을에서는 버스가 30분 간격으로 운행한다. (~마다, ~간격으로)

I wrote to my mother **every other day**. 나는 엄마에게 이틀에 한 번 편지를 썼다. (하루걸러)

They looked at **each other**. 그들은 서로 쳐다보았다. (= one another: 서로)

1. I lost my watch last week, which has made me very uncomfortable. Therefore, I need to buy _____.

    (a) it   (b) one

2. As both applicants have _____ merits and demerits, it is really difficult for me to choose.

    (a) his   (b) their

3. Before leaving home, her son promised to take care of _____.

    (a) him   (b) himself

4. The new products will be compared to _____ used previously.

    (a) that   (b) those

5. He thinks that he can finish the project _____, but I don't think so.

    (a) him   (b) himself

6. Both Linda and Kate want to join the camping trip, but as far as I know, _____ of them has time to spare.

    (a) either   (b) neither

7. Susie got the promotion, and all of us think she deserves _____.

    (a) one   (b) it

8. I'd like to exchange this silk blouse for _____ one.

    (a) another   (b) other

9. In the last few months, _____ companies have suffered a loss in their profits.

    (a) most   (b) most of

10. Jesse is _____ a kind young man that everybody loves him.

    (a) such   (b) so

11. My grandchildren call me every single day and visit me _____ other week.

    (a) each   (b) every

12. Would you like to have _____ more salad?

    (a) some   (b) any

13. I remember putting the rest of the cake in the refrigerator last night, but today there's _____ left.

    (a) no   (b) none

14. Having a lot of books in his library is one thing, but reading a lot of books is _____.

    (a) another   (b) the other

15. I have two sons, one is a doctor, but _____ is between jobs now.

    (a) another   (b) the other

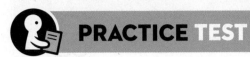

1.　A: Which part of Spain would you like to go, the northern or southern?

　　B: I like _____ part. I just love Spain itself.

　　(a) neither　　　　　　　　　　　(b) both

　　(c) another　　　　　　　　　　　(d) either

2.　A: Mom! I don't have anything to wear for the job interview tomorrow.

　　B: Honey, please calm down. Your sister will let you wear _____.

　　(a) her　　　　　　　　　　　　　(b) one of her

　　(c) her one　　　　　　　　　　　(d) hers

3.　_____ but James stepped up to help the girl and so she deeply appreciated his courage.

　　(a) Someone　　　　　　　　　　(b) No one

　　(c) Anyone　　　　　　　　　　　(d) Another

4.　When Frankie and Eugene were asked those difficult questions, _____ of them could answer them.

　　(a) neither　　　　　　　　　　　(b) not either

　　(c) not one　　　　　　　　　　　(d) no one

5.　(a) A: Most the people try to take a day off next Friday.

　　(b) B: Why is that? Is there something I don't know?

　　(c) A: Because getting a day off next Friday leads to a long weekend.

　　(d) B: I got it! Next Thursday is a national holiday.

6.　(a) With a wide variety of brands, what makes us choose one brand over other?

　　(b) According to Dr. Hirsch, our sense of smell actually has a huge effect on our buying decision. (c) Dr. Hirsch ran a careful and interesting study on choosing sneakers. (d) The result was that 82 percent of the consumers preferred the sneakers in the room with the floral scent.

Unit 14 형용사 & 부사

★ 형용사의 쓰임

1. 명사 수식 & 보어 역할

[명사 수식] He has a **wonderful** house. 그는 근사한 집을 가지고 있다.

[주격 보어] His house is **wonderful**. 그의 집은 근사하다.

[목적격 보어] I found his house **wonderful**. 나는 그의 집이 근사하다는 것을 알았다.

2. 명사 수식에만 쓰이는 형용사

the only 유일한   the very ~야말로   live 살아 있는   main 주된   mere 겨우 ~의

elder 연상의   lone 혼자인   sole 혼자의   drunken 술이 취한   former 예전의   latter

후자의   sheer 순전한 upper 더 위에 있는   utmost 최고의   this 이   that 저

I came across a **drunken** man near my house. 나는 집 근처에서 술에 취한 남자를 우연히 만났다.

3. 보어 역할만 하는 형용사

alive 살아 있는   alone 혼자   asleep 잠이 든   aware 알고 있는   awake 깨어 있는

ashamed 부끄러운   afraid 두려워하는   alike 비슷한   astray 길을 잃은   content 만족하는

glad 기쁜, 반가운   worth ~의 가치가 있는   fond 좋아하는   ignorant 무식한

My daughter is **afraid** of insects. 내 딸은 벌레를 무서워한다.

4. 명사 수식 & 보어 역할 두 가지 모두 가능하나 뜻이 달라지는 경우도 있습니다.

① late   [보어]   Mr. Berry was **late** for the meeting. 베리 씨는 회의에 늦었다. (늦은)
          [명사 수식]   I respect the **late** Ms. Louis. 나는 고(故) 루이스 씨를 존경한다. (고인이 된)

② present   [보어]   The chairperson was **present**. 그 의장이 참석했다. (참석한)
             [명사 수식]   I don't know the **present** chairperson. 나는 현재의 의장이 누구인지 모른다. (현재의)

③ certain   [보어]   It is quite **certain** that he likes you. 그가 너를 좋아한다는 것은 아주 확실해. (확실한)
             [명사 수식]   A **certain** man came to see you. 어떤 남자가 너를 보기 위해 왔다. (어떤)

5. 형용사가 여러 개일 때 적절한 어순

① 일반적인 순서: 주관적인 것에서 객관적인 것 순서로 수식

> 성질+대소+신구+색깔+재료

Look at those two **large stone** houses. 저 두 개의 큰 석조 집을 봐.
　　　　　　　　　　대소　　재료

② 분사 등 형용사구인 경우에는 명사 뒤에서 수식

This is a wedding dress **made only for you**. 이것은 오직 너만을 위해서 만들어진 웨딩드레스이다.

③ 어미가 −thing, −body로 끝나는 명사일 때는 형용사가 뒤에서 수식

I'd like to have something **cold** to drink. 차가운 마실 것이 먹고 싶어요.

★ 수량 형용사

1. many / much

① many[a great(= good) many]+복수 명사

There were **many** broken cups in the kitchen. 부엌에 깨진 컵이 많이 있었다.

A great many tourists visit Jeju Island all the year round.
아주 많은 관광객들이 일 년 내내 제주도를 방문한다.

[비교하기] many는 복수 명사 외에도 'a(n)+단수 명사'와 결합하여 '많은'이라는 의미를 나타낼 수 있다.

Many a student has to go through the difficult process. 수많은 학생들이 그 어려운 과정을 통과해야 한다.

② much[a great amount(= deal) of]+불가산 명사

There was **much** traffic on the road. 도로의 교통 정체가 심했다.

It takes **a great deal of** time to master a foreign language.
외국어를 완전히 익히는 데에는 아주 오랜 시간이 걸린다.

③ 관용 표현

Norman made five mistakes in **as many** lines. 노먼은 5개의 행에서 5개의 실수를 범했다. (같은 수의)

The doctor shook his head **as much as to say** "impossible."
그 의사는 마치 '불가능해'라고 말하듯이 고개를 저었다. (마치 ~라고 말하듯이)

She is **not so much** a singer **as** an actor. 그녀는 가수라기보다는 차라리 배우이다. (A라기보다는 차라리 B이다)

Edith can **not so much as** write her own name. 에디스는 자기 이름조차 쓰지 못한다. (~조차 못하다)

Sue is **not much of** a fashion model. 수는 그리 대단한 패션 모델은 아니다. (대단한 ~는 아니다)

2. few / little

① **few** 거의 없는 **a few** 약간 있는 **not a few**(= quite a few) 꽤 많은 **only a few**(= very few) 몇 안 되는

I bought **a few** <u>things</u> at the market. 나는 시장에서 몇 가지 물건을 샀다.

Very few of the <u>students</u> come from the rural areas. 시골에서 온 학생은 몇 되지 않는다.

② **little** 거의 없는 **a little** 약간 있는 **not a little**(= quite a little) 적지 않게 **only a little**(= very little) 몇 안 되는

I have **a little** <u>time</u> to spare. 나는 여유 시간이 조금 있다.

There is **little** <u>doubt</u> in my mind. 내 마음에 의심은 거의 없다.

3. 관용 표현

Jeff is **little more than** a homeless person. (= no better than = as good as, ∼와 다름없는) 제프는 노숙자나 다름없다.

Her success story was **a little short of** a drama.

(거의 ∼에 가까운) 그녀의 성공 스토리는 거의 한 편의 드라마에 가까웠다.

★ 부사의 형태 및 기능

1. 주의해야 할 부사의 형태

① 형용사와 부사가 형태가 같은 경우: low, much, early, long, enough 등

〔형용사〕 Diane has **enough** <u>money</u> to travel abroad. 다이앤은 해외여행을 갈 수 있을 만큼의 충분한 돈이 있다.

〔부사〕 Jason is <u>strong</u> **enough** to stay up for several nights.

제이슨은 여러 날 동안 밤을 샐 수 있을 만큼 충분히 건강하다.

[비교하기] –ly의 형태지만 형용사인 경우: friendly 친절한 lovely 사랑스러운 daily 매일 일어나는 deadly 치명적인

My sister is very **friendly** and funny. 여동생은 매우 친절하고 재미있다. (be동사의 보어로 쓰인 형용사)

② 둘 다 부사이지만 뜻이 다른 경우

hard 열심히, 심하게 – hardly 거의 ~하지 않는	late 늦게 – lately 최근에
high 높이, 높게 – highly 매우, 고도로	deep 깊이, 깊게 – deeply 매우
pretty 꽤, 매우 – prettily 예쁘게	near 가까이 – nearly 거의
sharp 정각에, 날카로운 – sharply 신랄하게	close 가깝게 – closely 밀접하게

Tim studies **hard** every day. 팀은 매일 열심히 공부한다.

Tim's brother **hardly** studies every day. 팀의 동생은 매일 공부를 거의 하지 않는다.

The task requires **highly** trained workers. 그 일은 고도로 훈련된 노동자를 필요로 한다.

She can jump very **high**. 그녀는 매우 높이 뛸 수 있다.

③ 명사와 형태가 같은 부사

go home 집에 가다	go downtown 시내에 가다
go upstairs 위층에 가다	go downstairs 아래층에 가다
fly south 남쪽으로 날아가다	travel abroad[overseas] 해외로 여행가다

A minute ago, I saw him going to home. (X)

⇒ A minute ago, I saw him going home. (O) 방금 전에 나는 그가 집에 가는 것을 보았다.

The birds fly to the south in winter. (X)

⇒ The birds fly south in winter. (O) 그 새들은 겨울에 남쪽으로 날아간다.

2. 부사의 기능

① [동사 수식] He came **late** for his friend's wedding. 그는 친구 결혼식에 늦었다.

② [형용사 수식] This bag is **too** expensive for me. 이 가방은 나에게는 너무 비싸다.

③ [부사 수식] Nate always talks **very** fast. 네이트는 항상 아주 빠르게 말을 한다.

④ [명사구 수식] It is a **rather** cold day, isn't it? 오늘 꽤 추운 날이죠, 그렇지 않나요?

⑤ [대명사 수식] He **alone** doesn't know it. 그 혼자만 그것을 몰라.

⑥ [부사구 수식] The man you're looking for is **right** over there. 당신이 찾고 있는 그 남자는 바로 저기에 있어요.

⑦ [절 수식] Martin arrived **soon** after she came. 마틴은 그녀가 온 직후에 도착했다.

⑧ [문장 수식] **Unfortunately**, his father was still unconscious. 불행히도 그의 아버지는 여전히 무의식 상태였다.

★ 부사의 위치

1. 일반적인 어순: 형용사나 부사는 앞에서 수식, 동사는 뒤에서 수식합니다.

Don't forget to call me **well** in advance. 훨씬 앞서서 나에게 전화하는 것 잊지 마세요.

It is difficult for me to get up **early**. 일찍 일어나는 것은 저에게 어렵습니다.

> well에는 '아주, 상당히'라는 뜻이 있어 간격을 뜻하는 부사 수식에 자주 쓰인다.
> **well** in advance 훨씬 앞서   **well** ahead of ~보다 한참 앞서
> **well** below 아주 아래에   **well** over ~을 상당히 넘어

2. 빈도부사의 어순: be동사 / 조동사 뒤, 일반동사 앞에서 수식합니다.

always, often, usually, sometimes, occasionally, hardly, scarcely, seldom, rarely, never

(be동사 뒤) She is **always** worried about something. 그녀는 항상 뭔가에 대해 걱정한다.

(조동사 뒤/일반동사 앞) I can **hardly** believe you. 나는 좀처럼 너를 믿을 수 없어.

(일반동사 앞) Ralph **often** spends his free time drawing. 랄프는 여가 시간에 종종 그림을 그리면서 보낸다.

3. 시간 / 장소 부사

① 시간 부사가 여러 개가 있을 경우: 짧은 기간 → 긴 기간의 순서

The doctor will be back at three in the afternoon. 의사 선생님은 오후 세 시에 다시 올 거예요.

Barbara had to go to her grandmother's house for a few days every month during her childhood. 바바라는 어린 시절 매달 며칠 동안 할머니 댁에 가야만 했었다.

② 장소 부사가 여러 개 있을 경우: 방향 부사 → 위치 부사 또는 좁은 장소 → 넓은 장소의 순서

Orlando was taking a walk around near his company. 올란도는 회사 근처에서 산책을 하고 있었다.

I got a job at one restaurant in New York. 나는 뉴욕의 한 식당에서 일자리를 얻었다.

③ 다른 성격의 부사와 함께 있을 경우

[도구, 수단 → 장소 → 시간] The brothers were playing with their toys in the living room all day long.
그 형제는 온종일 거실에서 장난감을 가지고 놀았다.

[장소 → 방법 → 시간] The refugees escaped from their country safely last week.
그 난민들은 지난주에 그들의 조국으로부터 무사히 탈출했다.

[방향(장소) → 빈도 → 기간] My mother came to my house several times this month.
우리 엄마는 이번 달에 여러 번 내 집에 오셨다.

4. 초점(제한) 부사: 일반적으로 수식하는 어구 앞에 놓입니다.

① only: 오직

Only you understand me. 오직 당신만이 저를 이해해 주시는군요.

We use **only** the best ingredients. 저희는 오로지 최상의 재료만을 사용합니다.

② even: ~조차도

Emily **even** offered to lend me some money without any interest.
에밀리는 이자도 받지 않고 나에게 돈을 빌려 주겠다는 제안까지 했다.

Nobody wants to help her, not **even** her best friends.
아무도, 심지어 그녀의 가장 친한 친구들조차 그녀를 돕길 원치 않았다.

5. '또한/역시'를 의미하는 부사

① also: 빈도부사 자리

More information is **also** available. 더 많은 정보 또한 이용 가능합니다.

Daniel **also** knows Sally. 대니얼도 역시 샐리를 알고 있다.

② too/as well/either: 문장의 끝에 위치

I had some delicious food, and some wine **too[as well]**.
나는 맛있는 음식을 먹었고, 와인 또한 마셨다.

I haven't seen the movie, and my sister hasn't **either**.
나는 그 영화를 보지 않았고, 내 여동생 또한 마찬가지이다.

★ 혼동하기 쉬운 부사

1. very와 much

① **very**: 형용사나 부사의 원급, 현재분사, 형용사화된 과거분사를 앞에서 수식
- 현재분사: boring 지루한 exciting 손에 땀을 쥐게 하는 surprising 놀라운 interesting 흥미로운
- 과거분사: tired 피곤한 pleased 기쁜 surprised 놀란 frightened 겁먹은 worried 걱정하는

It is a **very** <u>old</u> building. 그것은 매우 오래된 건물이다.

Her dramatic story was **very** <u>interesting</u>. 그녀의 극적인 이야기는 매우 흥미로웠다.

I was **very** <u>surprised</u> at the news. 나는 그 뉴스에 매우 놀랐다.

② **much**: 형용사나 부사의 비교급, 과거분사, 부사구를 앞에서 수식

Janet feels **much** <u>better</u> than yesterday. 재닛은 어제보다 기분이 한결 좋다.

I was **much** <u>interested</u> in his story. 나는 그의 이야기에 매우 관심이 있었다.

The ring was **much** <u>too expensive</u>. 그 반지는 지나치게 비쌌다.

2. enough와 too

① **enough**: '~할 만큼 충분히 …한'이란 의미로 형용사나 부사 뒤에 위치

Robin is <u>old</u> **enough** to take care of himself. 로빈은 자립할 만큼 나이를 먹었다.

② **too**: '너무 ~해서 …할 수 없는'이라는 의미로 형용사나 부사 앞에 위치

You are **too** <u>young</u> to drive a car. 너는 너무 어려서 운전할 수 없어.

3. so와 neither

① **so**: 긍정적 의미의 '나도 그렇다'를 뜻하는 문장의 맨 앞에 위치

A: I'm very hungry. 나는 너무 배고파.

B: **So** am I. (= Me, too) 나도 그래.

A: I have been to Europe. 나는 유럽에 가 봤어.

B: **So** have I. 나도 그래.

② **neither**: 부정적 의미의 '나도 그렇다'를 뜻하는 문장의 맨 앞에 위치

A: I'm not tired. 나는 피곤하지 않아.

B: **Neither** am I. (= Me, neither) 나도 그래.

A: I didn't do my homework. 나는 숙제를 하지 않았어.

B: **Neither** did I. 나도 그래.

Unit 14

4. already / yet / still

① already: 긍정문에서는 '이미/벌써'의 의미, 의문문에서는 놀라움의 표시 (빈도부사 위치 또는 맨 뒤)

② yet: 부정문에서는 '아직'의 의미, 의문문에서는 '벌써'의 의미 (문장의 맨 뒤)

　A: Has your husband come home **yet**? 남편이 벌써 집에 왔나요?

　B1: Yes, he has **already** come. 네, 벌써 왔어요.

　B2: No, he hasn't come **yet**. 아니요, 아직 안 왔어요.

③ still: 모든 문장에서 '아직도/여전히'의 의미 (긍정문에서는 빈도부사 위치, 부정문에서는 조동사 앞)

　It is **still** snowing. 아직 눈이 내리고 있어요.

　I **still** have a question about what you said. 나는 아직도 당신이 한 말에 대해 의문이 있어요.

　I **still** can't believe what you said. 나는 당신이 한 말을 여전히 믿을 수 없어요.

5. ago와 before

① ago: '(현재를 기준으로) ~전에'를 의미하므로 과거 시제와 함께

　My grandmother passed away two years **ago**. 할머니는 2년 전에 돌아가셨어요.

② before: 애매한 시점의 '~전에'를 의미하므로 과거 또는 완료 시제와 함께

　You looked just the same as **before**. 당신은 예전이랑 똑같아 보였어요.

　I have seen him somewhere **before**. 나는 전에 어딘가에서 그를 만난 적이 있어요.

6. almost와 most

① almost

　'거의/대부분(= very nearly)', '거의(= all but)'라는 의미로 명사구, 동사, 형용사, 부사 수식

　Clara can remember **almost** <u>the whole story</u>. 클라라는 거의 모든 이야기를 기억해 낼 수 있다.

　He drove me home **almost** <u>every day</u>. 그는 거의 매일 나를 집까지 태워다 주었다.

② most

　many와 much의 최상급으로 쓰이거나, a most의 형태로 '매우, 대단히(= very)'라는 의미

　Let's find out which system works **most** <u>effectively</u>. 어떤 시스템이 가장 효율적인지 알아보자.

　This is **a most** <u>beautiful</u> lake. 이 호수는 매우 아름답다.

1. There used to be _____ sparrows when I was young.

   (a) a good many   (b) good a many

2. There were so many cars on the road that it took _____ two hours to get home.

   (a) near   (b) nearly

3. The fan club members of the famous actor responded _____ to the news related to his scandal.

   (a) angry   (b) angrily

4. Children are said to be _____ vulnerable to any kind of addiction such as game, alcohol, and nicotine.

   (a) extreme   (b) extremely

5. I was so hungry that I found and ate up _____ apples at a time.

   (a) three big red   (b) red big three

6. As far as I know, this question is about _____, so you'd better not ask her.

   (a) personal something   (b) something personal

7. He _____ heard the shocking news before he passed out.

   (a) had hardly   (b) hardly had

8. A: I didn't like the movie at all. It was so boring.
   B: I didn't like it, _____.

   (a) too   (b) either

9. The new cell phone was way _____ expensive, so I had no choice but to give up buying that.

    (a) too   (b) enough

10. The toy helicopter is flying _____ in the sky.

    (a) high   (b) highly

11. A: I have never been to Hawaii.
    B: _____.

    (a) So have I   (b) Neither have I

12. Even though today is the last day of my vacation, I haven't finished a single assignment _____.

    (a) already   (b) yet

13. Hangul, the Korean Alphabet, was invented by King Sejong _____ back in 1443.

    (a) way   (b) much

14. I think it's _____ late to start a game, so you'd better go to sleep now.

    (a) too   (b) very

15. Prices had skyrocketed _____ fast that everybody in that city got into a panic.

    (a) so   (b) such

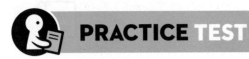

1.   A: Larry is truly adorable. I can't wait to see him again.

     B: I know. He is _____ man to be hated.

     (a) last   (b) the last

     (c) the latest   (d) not the last

2.   A: I met your friend Jenny in the conference. She was brilliant.

     B: Isn't she? She is a _____ woman.

     (a) high educating   (b) highly educating

     (c) high educated   (d) highly educated

3.   In fact, I like that he always thinks _____ me.

     (a) different   (b) differently

     (c) differently from   (d) different from

4.   He behaves himself _____ before the public.

     (a) well   (b) nice

     (c) good   (d) kind

5.   (a) A: I can't decide what to buy for my husband.

     (b) B: What is the occasion? Is it for his birthday?

     (c) A: No, recently he got promoted so I just want to celebrate his good fortune.

     (d) B: In that case, please be careful not to choose something too far expensive.

6.   (a) Most nothing in modern life escapes the influence of trends: food, sports, music, exercise, places to visit, even names go in and out of fashion. (b) For a while, it seems that all new parents are naming their babies Heather, Dawn, Eric, and Adam. (c) Then, suddenly, these same names are "out," and Tiffany, Amber, and Jason are "in." (d) It's almost impossible to write about specific fads because people's interests in something can change very quickly.

Unit 15 비교

★ 원급을 사용한 비교 표현

1. as ~ as …: '…만큼 ~한' / not as[so] ~ as …: '…만큼 ~하지 않은'

Barry is **as** prudent **as** Owen. 베리는 오웬만큼 신중하다.

Barry is **not as** flexible **as** Owen. (= Barry is **not so** flexible **as** Owen.) 베리는 오웬만큼 융통성이 있지는 않다.

2. 배수사+as ~ as …: '…배만큼 ~한'

Wilson has **three times as** many books **as** I do. 윌슨은 내가 가진 책의 세 배만큼 많은 책을 가지고 있다.

3. 원급으로 최상급의 의미 표현하기

Alvin is **as** smart **as any** student in his class.

앨빈은 그의 반에서 어느 학생 못지않게 똑똑하다. (as ~ as any …: 어느 … 못지않게 ~한)

Steve was **as** patient a teacher **as ever** (lived).

스티브는 지금까지의 그 누구 못지않게 매우 인내심 있는 교사였다. (as ~ as ever …: 지금까지 …한 것 못지않게 ~한)

4. 관용 표현

① as+원급+as possible = as+원급+as+주어+can: '가능한 한 ~하게'
   He skimmed through the morning newspaper **as fast as possible**.

   그는 가능한 한 빨리 조간신문을 훑어보았다.

② not so much A as B: 'A라기보다는 차라리 B에 가깝다'
   He is **not so much** a father **as** a friend to me.

   그는 내게 있어서 아버지라기보다는 차라리 친구에 가깝다.

★ 비교급을 사용한 비교 표현

1. -er+than: '…보다 더 ~한' / not -er+than: '…보다 ~하지 않은'

Mary is **taller than** Tom. 메리는 탐보다 더 크다.

Tom is **not taller than** Jessica. 탐은 제시카보다 크지 않다.

비교하기 Tony is **no taller than** Tom. = Tony is **as short as** Tom. 토니는 탐만큼 키가 작다.

2. 배수사+-er than …: …보다 ~배 ~한

Wilson has **three times more** books **than** I do. 윌슨은 내가 가진 책보다 세 배 더 많은 책을 가지고 있다.

3. The+비교급 ~, the+비교급 …: '~하면 할수록 점점 더 …해진다'

   The more we have, **the more** we want. 더 많이 가질수록 점점 더 많이 원하게 된다.

4. the+비교급+of the two: '둘 중에서 더 ~한'

   Andy is **the faster of the two** boys. 앤디는 두 소년 중에서 더 빠르다.

5. 비교급 수식하는 부사: much, still, even, far, by far, any, a lot, a little

   Are you feeling **any** <u>better</u> after taking some rest? 휴식을 취한 후에 조금이라도 더 좋아졌나요?

6. -or로 끝나는 비교급은 비교 대상 앞에 than 대신 to를 사용합니다.

   superior 뛰어난   inferior 열등한   senior 손위의   junior 손아래의   anterior 앞의, 전의
   posterior 뒤의, 이후의   exterior 외부의   interior 내부의

   This hotel is **superior to** that one. (= This hotel is **better than** that one.) 이 호텔은 저 호텔보다 더 우수하다.

7. 비교급으로 최상급의 의미 표현하기

   ① Monica is tall**er than any other** girl in her class. 모니카는 그녀의 반에서 다른 어떤 아이들보다 더 크다.

   ② Monica is tall**er than all the other** girls in her class. 모니카는 그녀의 반에서 모든 아이들보다 더 크다.

   ③ **No other** girl in her class is tall**er than** Monica. 반에서 모니카보다 더 큰 아이는 없다.

8. 관용 표현

   ① The matter is **nothing more than** an accident. 그 문제는 사고에 지나지 않는다. (~에 지나지 않은)

   ② It was **nothing less than** a disaster. 그것은 재앙이나 다름없었다. (적어도 ~ 이상, ~이나 다름없는)

   ③ I am **no more** tired **than** you are. 내가 피곤하지 않은 것은 네가 피곤하지 않은 것과 같다. (A가 ~이지 않은 것은 B가 …이지 않은 것과 같다)

   ④ Judy is **no less** beautiful **than** Matilda. 주디는 마틸다 못지않게 아름답다. (A가 B 못지않게 ~이다)

   ⑤ He has **no more than** $100. 그는 오직 100달러밖에 없다. (= only: 단지)

   ⑥ He has **no less than** $100. 그는 100달러만큼 가지고 있다. (= as much as: ~만큼, ~에 못지않게)

   ⑦ He has **not more than** $100. 그는 기껏해야 100달러를 가지고 있다. (= at most: 많아 봐야 ~인, 기껏해야 ~인)

   ⑧ He has **not less than** $100. 그는 적어도 100달러를 가지고 있다. (= at least: 적어도 ~인)

★ 최상급을 사용한 비교 표현

1. (the)+-est+비교 범위: '…중에서 가장 ～한'

This is **the most delicious** food **(that) I've ever eaten**.

이것은 내가 먹어 본 것 중에서 가장 맛있는 음식이다. (형용사의 최상급)

I'm sure Eric will win the race since he can run **fastest in his school**.

나는 에릭이 그의 학교에서 가장 빨리 달리기 때문에 경기에서 이길 거라 확신해. (부사의 최상급)

2. one of the+최상급+복수 명사: '가장 ～한 것들 중의 하나'

He is **one of the most famous chefs** in the world.

그는 세계에서 가장 유명한 요리사 중 한 명이다.

3. 최상급을 수식하는 부사: much, by far, the very, the second, the third 등

This is **by far** the fastest computer in our shop.

이것은 우리 가게에서 가장 빠른 컴퓨터입니다.

1. A: I appreciate your kind help.
   B: It's _____ I could do for you.

   (a) the least   (b) less

2. Michael Jordan is not _____ basketball player as he used to be, but he is still a hero to many people.

   (a) as a great   (b) as great a

3. A: How did your presentation go?
   B: I totally blew it. It couldn't have gone _____.

   (a) worse   (b) worst

4. Brian is one of the _____ boys I've ever met.

   (a) smarter   (b) smartest

5. The new school policy should have as much regard for students' interests _____ teachers'.

   (a) as   (b) than

6. William and Charles are brothers, and I think William is _____ handsome of the two.

   (a) more   (b) the more

7. I recommend Ron as the final relay race runner because he is faster than any other _____ in our school.

   (a) boy   (b) boys

8. At even the _____ prepared event, there might be some unexpected mistakes.

   (a) most careful   (b) most carefully

9. I felt very frustrated because Tim's computer is far superior _____ the new one which I recently bought.

   (a) than   (b) to

10. The more Sam learns and studies physics, _____ for him.

   (a) the more it has become difficult   (b) the more difficult it has become

PRACTICE TEST

정답
P.36

1. A: I can't believe Mary is 35 years old.

   B: Are you kidding? She looks _____ than that.

   (a) young   (b) much young

   (c) much younger   (d) most younger

2. A: How do you distinguish one from the other? They are twins.

   B: Gary is _____ of the two.

   (a) skinny   (b) skinnier

   (c) too skinnier   (d) the skinnier

3. China has more self-made female billionaires _____.

   (a) than any other countries   (b) as any other countries

   (c) than any other country   (d) as any other country as

4. According to a recent study, women are capable of sympathizing with others
   _____ men.

   (a) more deeply as twice   (b) twice as deeply as

   (c) twice as more deeply as   (d) twice as deeply than

5. (a) A: You look very upset. What's going on?

   (b) B: This morning someone hit my car in the parking lot and didn't let me know.

   (c) A: It appears that honest people are becoming less and less as time passes by.

   (d) B: I couldn't agree more.

6. (a) Getting knowledge and information might be most costly part of trying to live a
   healthy life. (b) In fact, it is expensive to learn about an advisable diet, reasonable stress
   management and other helpful information for good health. (c) However, libraries are
   free to use and open to everybody. (d) Furthermore, these days, most people have
   access to the Internet, which doesn't cost much.

Unit 16 관계대명사 & 관계부사

★ **관계대명사의 개념과 역할**

관계대명사는 '접속사+대명사'의 기능을 동시에 하는 연결사이며, 관계사가 이끄는 종속절은 선행사를 꾸며 주는 형용사절의 역할을 합니다.

This is [the house] and he lives in [it]. 이것이 집이고, 그가 이 집에 산다.
      사물 선행사   접속사   대명사

= This is [the house] **which** he lives in.
       사물 선행사   관계대명사+불완전한 구조의 절(in의 목적어가 없음)

= This is [the house] **in which** he lives.
       사물 선행사   전치사+관계대명사+완전한 구조의 절

[비교하기] 전치사+관계대명사

관계대명사 앞에 놓이는 전치사는 선행사 또는 종속절의 동사와 관련이 있습니다.

This is the way **in which** he solved the problem. 이것은 그가 그 문제를 푼 방법입니다. (in the way: 방법으로)

He is the one **with whom** I want to talk. 그가 내가 대화하고 싶은 그 사람이다. (talk with: ~와 대화하다)

★ **관계대명사의 종류 및 용법**

	주격	소유격	목적격
사람 선행사	who	whose	whom
사람이 아닌 선행사	which	whose/of which	which
모든 선행사	that	X	that
선행사를 포함하는 관계사	what	X	what

1. 선행사가 사람인 경우

① [주격] This is the player **who[that]** helped me the other day. 이 사람은 지난날 날 도와줬던 그 선수이다.

② [목적격] This is the player **whom[that]** I like best. 이 사람은 내가 가장 좋아하는 선수이다.

    This is the player **with whom** I took a picture. 이 사람은 내가 함께 사진을 찍었던 그 선수이다.

③ [소유격] This is the player **whose** glove was stolen. 이 사람은 자기 글러브를 잃어버린 그 선수이다.

    This is the player **whose** glove he gave me. 이 사람은 자기 글러브를 나에게 준 그 선수이다.

2. 선행사가 사람이 아닌 경우(동물, 사물 등)

① [주격]　This is the <u>building</u> **which(= that)** was built 100 years ago. 이 건물은 100년 전에 지어진 그 건물이다.

② [목적격] This is the <u>building</u> **which(= that)** my father built. 이 건물은 나의 아버지가 지으신 그 건물이다.

　　　　　This is <u>the building</u> **for which** you've been looking. 이 건물은 당신이 찾던 그 건물이다.

③ [소유격] This is the <u>building</u> **whose** rent is highest in Seoul. 이 건물은 서울에서 임대료가 가장 비싼 그 건물이다.

　　　　　= This is the <u>building</u> **of which the rent** is highest in Seoul.

　　　　　= This is the <u>building</u> **the rent of whic**h is highest in Seoul.

　　　　　This is the <u>building</u> **whose** design I came up with. 이 건물은 내가 디자인한 건물이다.

3. 관계대명사의 생략

① 목적격일 때(앞에 전치사가 오면 생략 불가능)

Is that <u>the man</u> **(whom[that])** you dated the other day? 저 남자가 네가 전에 데이트했던 그 사람이니?

② 주격일 때는 be동사와 함께

<u>The girl</u> **(who is)** playing with a cat is my cousin. 고양이와 놀고 있는 저 소녀가 내 사촌이다.

4. 주의해야 할 관계대명사 용법

① which가 계속적 용법(comma 뒤)에 쓰일 때는 앞의 단어, 구, 절 등이 선행사가 될 수 있습니다.

My husband often loses his belongings, **which** makes me very angry.

남편은 소지품을 자주 잃어버리는데, 그것이 나를 화나게 한다.

② 관계대명사 that은 소유격 자리, comma 뒤, 전치사 뒤에 쓸 수 없습니다.

This is <u>the person</u> **with that** I want to take a trip. (X)

⇒ This is <u>the person</u> **with whom** I want to take a trip. (O)

이 사람이 내가 함께 여행 가고 싶은 그 사람이다.

③ some[any/all/none] of **whom**의 형태에 주의하세요.

I met <u>many people</u> during my trip, **some of who** became my friends. (X)

⇒ I met <u>many people</u> during my trip, **some of whom** became my friends. (O)

나는 여행하는 동안 많은 사람들을 만났는데, 그들 중 몇몇은 친구가 되었다.

④ '전치사+관계대명사+명사'의 형태에도 주의하세요.

You may get lost there, **in which case** you can call me anytime.

너는 거기에서 길을 잃을 수도 있어. 그런 경우엔 언제라도 나에게 전화해.

★ 관계대명사 what의 특징

1. 선행사를 포함하고 있지만 종속절의 구조가 불완전하다는 점에서 관계대명사라고 볼 수 있습니다.

I have confidence in **what** my father says.

나는 아버지가 하신 말씀에 확신이 있습니다.

> 비교하기 what+명사
>
> I gave him **what money** I had at that time. 나는 그에게 그 당시 내가 가지고 있던 돈을 주었다.

2. 형용사절이 아닌 명사절을 이끕니다.

① [주어 역할] **What** he said yesterday is true.

그가 어제 말했던 것이 사실이다.

② [목적어 역할] I'll always give you **what** you need.

항상 네가 필요로 하는 것을 네게 줄게.

③ [보어 역할] This is not **what** I want to know.

이것은 내가 알고 싶은 것이 아니다.

3. what이 포함된 관용 표현

① People should be judged by **what they are**, not by **what they have**.

사람은 그가 가진 재산이 아니라 그 자체로서 판단되어야 한다. (what one is: 그 사람 자체, what one has: ~가 가진 재산)

② Martin is **what is called** a "walking dictionary."

마틴은 말하자면 '걸어 다니는 사전'이다. (= what we call, so to speak: 말하자면)

③ Reading **is to** the mind **what** food **is to** the body.

독서와 마음의 관계는 음식과 몸의 관계와 같다. (A is to B what C is to D: A와 B의 관계는 C와 D의 관계와 같다)

★ 의사 관계대명사(= 유사 관계대명사)

1. 선행사에 same, such, as+원급 등의 표현이 있으면 as가 관계대명사 역할을 합니다.

As many people **as** tried to enter the concert hall were injured.

콘서트홀로 들어가려고 했던 많은 사람들이 다쳤다.

> 비교하기 단어, 구, 절 등을 선행사로 받을 수 있습니다.
>
> He is late again, **as** is often the case. 흔히 있는 일이지만 그는 또 늦었다.

2. 선행사에 부정어(no, not, ever)가 있을 때 that ~ not의 의미로 but을 씁니다.

There is no rule **but** has some exceptions. 예외 없는 규칙은 없다.

= There is no rule **that doesn't** have any exceptions.

3. 선행사에 비교급 표현이 있으면 than이 관계대명사 역할을 합니다.

My father gave me more cash **than** I need. 아버지께서 내가 필요한 것 이상의 돈을 주셨다.

★ **관계부사의 개념 및 역할**

관계부사는 '접속사+부사'의 역할을 하는 연결사로서 선행사를 수식하는 형용사절을 이끈다는 점에서는 관계대명사와 유사하지만, 종속절의 구조가 완전한 절이라는 점에서는 다릅니다. 그리고 모든 관계부사는 '전치사+관계대명사'로 풀어 쓸 수 있습니다.

This is ｜the house｜ and he lives ｜there[in it]｜. 이 집은 그가 사는 집이다.
  　　　장소 선행사　접속사　　　　　　부사

= This is ｜the house｜ **where[in which]** he lives.
  　　　　장소 선행사　　　　관계부사　+　완전한 구조의 절

★ **관계부사의 종류**

장소 선행사	where+완전한 구조의 절	= in[at/on] which+완전한 구조의 절
시간 선행사	when+완전한 구조의 절	= in[at/on] which+완전한 구조의 절
the reason	why+완전한 구조의 절	= for which+완전한 구조의 절
(the way)	how+완전한 구조의 절	= in which+완전한 구조의 절

1. 선행사가 장소 관련 명사일 때

The police found out the place **where[in which]** the criminals hid themselves.

경찰은 범인들이 숨어 있던 그 장소를 찾아냈다.

2. 선행사가 시간 관련 명사일 때

The day will come **when[on which]** you will desperately need my advice.

내 충고가 몹시 필요하게 될 날이 올 것이다.

3. 선행사가 the reason일 때

I want you to tell me <u>the reason</u> **why[for which]** you refused my offer.

당신이 내 제안을 거절한 이유를 제게 말해 주시길 바랍니다.

4. 선행사가 the way일 때: 선행사인 the way와 관계부사 how는 둘 중에 하나만 써야 합니다.

This is the way[**how** / **the way that** / **the way in which**] the man stole the confidential document.

이것은 그 남자가 그 기밀문서를 훔쳐 간 방법이다.

★ **복합관계사의 특징**

관계사에 -ever가 붙은 형태를 말하며 선행사를 포함하기 때문에 형용사절이 아닌 명사절이나 양보 부사절로 활용됩니다.

1. 명사절인 경우: '～든지'의 의미

① [주어 역할] **Whoever[Anyone who]** wants to visit <u>my office</u> must make a reservation in advance.

제 사무실에 방문하고자 하는 분은 미리 예약하셔야 합니다.

② [목적어 역할] You may give it to **whomever[anyone whom]** you choose.

당신이 선택한 누구에게든지 그것을 주셔도 좋습니다.

I will buy you **whichever[anything that]** you like in this shop.

이 매장에서 마음에 드는 어떤 것이든지 제가 사 드릴게요.

2. 양보 부사절인 경우: '～일지라도'의 의미

Whoever [No matter who] may say so, I cannot believe it.

누가 그렇게 말할지라도 나는 그것을 믿을 수 없다.

Whichever [No matter which] you may choose, you will not be disappointed.

당신이 무엇을 고를 지라도 실망하지 않으실 거예요.

Wherever [No matter where] you are, don't forget I always miss you.

네가 어디에 있든 내가 항상 너를 그리워한다는 사실을 잊지 마.

However hard [No matter how hard] you may try, you cannot get a driver's license in a week.

당신이 아무리 열심히 노력한다 할지라도, 일주일 안에 운전면허증을 딸 수는 없다.

1. I have a friend _____ daughter wants to be a ballerina.

    (a) whom   (b) whose

2. He _____ can make other people smile is a happy man.

    (a) that   (b) which

3. Some adolescents addicted to violent games may have trouble sorting out
    _____ is real from fantasy.

    (a) which   (b) what

4. My little brother lost his new jacket, _____ was black and gray.

    (a) the color of which   (b) which of the color

5. He has smoked and drunk too much for a long time, to an extent _____
    may impair his health.

    (a) what   (b) which

6. This is the very French restaurant, _____ I happened to find while traveling.

    (a) which   (b) that

7. After the hurricane swept away the village, a few destroyed buildings were all
    _____ was left.

    (a) that   (b) what

8. Australia is a country _____ you can earn some money as well as learn
    English through a special program.

    (a) which   (b) where

9. April Fools' Day is the day _____ telling a small lie for pleasure is permitted.

(a) which (b) on which

10. The time will be at hand _____ you regret making such a decision and apologize to me.

(a) which (b) when

11. You can choose _____ you think is best qualified for the job.

(a) whoever (b) whomever

12. Keep in mind that any raw beef or pork that _____ thawed should be cooked as soon as possible.

(a) has been (b) have been

13. We always bear in mind that the next world war will be much more appalling _____ can be imagined.

(a) that (b) than

14. Young girls tend to choose _____ is colorful or prettily designed regardless of its quality.

(a) whoever (b) whatever

15. No matter how _____, don't forget to keep a diary before going to bed while traveling.

(a) you may be tired (b) tired you may be

1. A: Is there any particular movie you'd like to see?

    B: _____ you choose is fine by me.

    (a) Whatever   (b) Whomever

    (c) What   (d) One

2. A: Do you think Liam can make it on time?

    B: Don't worry. He is the only person on _____ I count.

    (a) who   (b) whom

    (c) what people   (d) which

3. David has an extensive collection of stamps, some of _____ are very expensive.

    (a) them   (b) those

    (c) which   (d) what

4. A donation, _____ small it may be, if it is made to a decent charity, will be spent usefully for those in need.

    (a) whichever   (b) however

    (c) whatever   (d) who

5. (a) A: I broke up with Cindy.

    (b) B: So you were absent from school.

    (c) A: Yes, and so I have trouble finding out what the history assignment was.

    (d) B: Sorry, I can't help you with that because I missed that the professor said.

6. (a) For many Britons, the ideal holiday home would be in southern England. (b) Yet they ignore the lesser-known and less crowded Gower Peninsula in south Wales, that combines unspoiled countryside and tranquil beaches. (c) The Gower Peninsula stretches 15 miles across and 6 miles from top to bottom. (d) On its eastern edge is Swansea, a former industrial city now cultivating a reputation as a cultural and administrative center.

Unit 17 접속사

★ **등위 접속사**

단어-단어, 구-구, 절-절을 연결하면서 병렬구조를 이루게 하는 접속사를 말합니다.

1. and

He didn't tell me where to go **and** when to leave.

그는 나에게 어디로 갈지, 그리고 언제 떠날지 얘기해 주지 않았다.

Read as many books as possible, **and** it will help your study.

가능한 한 많은 책을 읽어라, 그러면 너의 공부에 도움이 될 것이다. (명령문, and ~: ~해라, 그러면 ~할 것이다)

2. but / yet

I called him many times, **but** he didn't answer it.

나는 그에게 여러 번 전화했지만 그는 전화를 받지 않았다.

Garrison doesn't have a job, **yet** he always spends a lot of money.

개리슨은 직업이 없는데도 항상 돈을 많이 쓴다.

3. or

Which seat do you prefer, a window seat **or** an aisle seat?

창가쪽 좌석과 통로쪽 좌석 중에서 어떤 좌석을 원하세요?

Today is 95℉ **or** about 35℃.

오늘 기온은 화씨 95도, 즉 섭씨 약 35도이다. (즉, 다시 말하면)

Put on your sweater, **or** you will catch a cold.

스웨터를 입어라, 그렇지 않으면 감기 걸릴 것이다. (명령문, or ~: ~해라, 그렇지 않으면 ~할 것이다)

4. 기타

He went home earlier than usual, **for** he was too tired.

그는 평소보다 집에 일찍 갔다. 왜냐하면 너무 피곤했기 때문이다. (절-절 연결: 왜냐하면)

It snowed heavily last night, **so** you'd better take the subway this morning.

어젯밤에 눈이 많이 내렸다. 그러므로 오늘 아침에는 지하철을 이용하는 것이 좋겠다. (절-절 연결: 그래서, 그러므로)

I don't know, **nor** can I guess.

나는 모를뿐더러, 추측도 할 수 없다. (절-절 연결: ~도 역시 아니다)

★ **상관 접속사**

등위 접속사와 같은 역할이지만, 둘 이상의 단어가 짝으로 어울려 쓰입니다.

① I have been to **both** Italy **and** Spain. 나는 이탈리아와 스페인 두 나라 모두 가 본 적이 있다. (A와 B 둘 다)

② What I want to have is **not** money **but** honor. 내가 갖고 싶은 것은 재물이 아니라 명예이다. (A가 아니라 B)

③ Gloria is good **not only** at singing **but also** at dancing.
  (= Gloria is good at dancing **as well as** at singing.)
  글로리아는 노래뿐만 아니라 춤도 잘 춘다. (A뿐만 아니라 B도 역시)

④ The teacher had to choose **either** Max **or** Kelly for the prize.
  선생님은 맥스와 켈리 중에서 그 상을 받을 사람을 골라야 했다. (A, B 둘 중 하나)

⑤ I can believe **neither** you **nor** your brother. 나는 당신과 당신 동생, 둘 다 믿을 수 없습니다. (A, B 둘 다 아닌)

★ **종속 접속사**

'접속사+주어+동사 ~'의 절이 다른 절(= 주절)에 포함될 수 있는데 이때 주절 속에 포함되는 절을 이끄는 접속사를 종속 접속사라 하며, 명사절 접속사, 형용사절 접속사(= 관계사), 부사절 접속사의 세 가지 종류가 있습니다.

1. 명사절 접속사

① that / what: '~인 것'이라는 의미로 명사절을 이끕니다.
  I can't believe **that** you forgot to do it. 나는 네가 그것을 하는 것을 잊어버렸다는 걸 믿을 수 없다.
  I can't believe **what** you did. 나는 네가 한 일을 믿을 수 없다.

[비교하기] The news **that** he has a girlfriend is not true. 그에게 여자 친구가 있다는 그 소식은 사실이 아니다.
          (동격 명사절)

② whether / if: '~인지 아닌지'라는 의미로 명사절을 이끕니다.
  Whether she will agree (or not) is very doubtful. 그녀가 동의할지 안 할지 매우 불확실해요.
  I wonder **if** she will agree (or not). 나는 그녀가 동의할지 안 할지 궁금하다.

③ 간접 의문문
  Do you know **when** he will leave for Paris? 그가 언제 파리로 떠날지 아세요?
  When do you think he will leave for Paris? 그가 언제 파리로 떠날 것 같으세요?

2. 부사절 접속사

① 시간 부사절 접속사: when, while, as, since, after, before, until, as soon as, by the time

He **didn't** know the value of the book **until** he lost it. (not ~ until …: …하고 나서야 ~하다)

그는 책을 잃어버리고 나서 그제야 그 책의 가치를 알았다.

As soon as she said it, her mother left the room without a word. (as soon as: ~하자마자)

그녀가 말하자마자 그녀의 엄마는 말 한마디 없이 그 방을 나갔다.

By the time you find this memo, I will have left Seoul. (by the time: ~할 때쯤)

당신이 이 메모를 발견할 때쯤이면 나는 서울을 떠났을 거예요.

② 조건 부사절 접속사: if, unless(= if ~ not), as long as, in case, provided(= providing), once

If I get paid by the week, I can live without my parents' support.

만약 내가 주 단위로 급여를 받게 되면, 부모님의 지원 없이 살 수 있다.

Provided you keep the secret, I will forgive you.

당신이 그 비밀을 지켜준다면 나는 당신을 용서할 거예요.

③ 이유 부사절 접속사: because, since, as, now that

I don't believe him **since** he has deceived me several times.

나는 그가 나를 몇 번 속였기 때문에 그를 믿지 않는다.

Now that he is ill-prepared, he has to give up this chance.

그는 준비가 안 되어 있기 때문에 이번 기회를 포기해야 한다.

④ 양보 부사절 접속사: though, although, even if, even though, whether

Although I told him not to be late, he was 30 minutes late for the interview.

내가 그에게 늦지 말라고 당부했음에도 불구하고 그는 면접에 30분이나 늦었다.

Whether he is a singer **or** a dancer, it doesn't concern me.

그가 가수이든 댄서이든 나에게는 상관없다.

⑤ 대조 부사절 접속사: while, whereas

While Jamie likes going to an amusement park, her boyfriend doesn't.

제이미는 놀이공원에 가는 것을 좋아하지만, 그녀의 남자 친구는 좋아하지 않는다.

⑥ 목적/결과 부사절 접속사: so that, lest ~ should, so ~ that, such ~ that

I hurried up **so that** I might not be late for the concert. 나는 그 공연에 늦지 않기 위해 서둘렀다.

= I hurried up **lest** I **(should)** be late for the concert. (lest: ~하지 않도록)

Joan is **so** lovely (a girl) **that** everybody likes her. 조앤은 너무 사랑스러워서 모두가 그녀를 좋아한다.

= Joan is **such** a lovely girl **that** everybody likes her.

★ 접속사 vs. 접속부사 vs. 전치사

의미는 비슷하더라도 품사적으로 다르기 때문에 반드시 구분해야 하는 표현들입니다. 그중 (부사절) 접속사
는 절과 절을 이어주기 때문에 뒤에 '주어+동사'가 이어지며, 접속부사는 절과 절을 의미상으로만 연결해 주
며, 전치사는 명사(구)와 연결되어야 합니다.

1. '비록 ～일지라도'

① [접속사] **Though** he is very sick, he tries to live a happy life every day.

그는 매우 아플지라도 매일 행복하게 살기 위해 노력한다. (접속사+주어+동사 ～, 주어+ 동사 ～.)

② [접속부사] He is very sick. **Nevertheless**, he tries to live a happy life every day.

그는 매우 아프다. 하지만 그는 매일 행복하게 살기 위해 노력한다. (주어+동사 ～. 접속부사, 주어+동사 ～.)

③ [전치사] **Despite** his poor health, he tries to live a happy life every day.

그의 좋지 않은 건강에도 불구하고 그는 매일 행복하게 살기 위해 노력한다. (전치사+명사 ～, 주어+동사 ～.)

2. '～ 때문에'

① **Because** he was lucky, he could pass the examination.

그는 운이 좋기 때문에 시험에 통과할 수 있었다. (접속사+주어+동사 ～, 주어+동사 ～.)

② **Because of** his luck, he could pass the examination.

운 덕택에 그는 시험에 통과할 수 있었다. (전치사+명사 ～, 주어+동사 ～.)

1. The purpose of this lawsuit is to make the company either give up the plan
   _____ compensate us.

   (a) or   (b) nor

2. First of all, you should call the Lost and Found Office and see _____
   they have your bag.

   (a) if   (b) that

3. You should not give up the project _____ you cannot meet the
   deadline.

   (a) since   (b) even if

4. The tree that used to be around here was _____ big that no one could
   climb it easily.

   (a) so   (b) such

5. _____ you get accustomed to swimming, you'll enjoy it.

   (a) Since   (b) Once

6. Take care _____ you should slip and fall on the street since it snowed
   a lot last night.

   (a) lest   (b) that

7. _____ you will stay with me or leave from me, I will follow your
   decision.

   (a) Whether   (b) Either

8. I can't make it to your housewarming party tonight, _____ something
   unexpected came up.

   (a) for   (b) but

9. It was _____ a rainy day that we had no choice but to stay and watch
   TV at the hotel.

   (a) so   (b) such

10. It's unbelievable how quickly she's solved the difficult math problems
    _____ her young age.

    (a) even if   (b) despite

1. A: Let me tell you how to secure your data _____ your laptop is infected.

   B: I'm relieved to hear that. Thank you.

   (a) where   (b) and

   (c) so that   (d) now that

2. A: Is there anything else for me to bring?

   B: Don't forget a warm jacket _____ it gets cold at night.

   (a) in case   (b) while

   (c) even if   (d) after

3. We must work now to protect the future of the Earth; _____ it may be too late.

   (a) but   (b) and

   (c) unless   (d) otherwise

4. Philip did feed my cats _____ I was on a business trip to Chicago.

   (a) so that   (b) while

   (c) unless   (d) as long as

5. (a) A: It's boiling hot! I can't stand this hot weather anymore.

   (b) B: I know. It's too hot even though it's summer.

   (c) A: I need to take a vacation. By the way, how was yours in Los Angeles?

   (d) B: It was great. The weather was very nice that I enjoyed it the whole time.

6. (a) Another reason for the growing gap between rich and poor countries is protectionist policies. (b) In other words, many rich countries make governmental plans that give special help to their own people though trade isn't actually completely "open." (c) One example of a protectionist policy is an agricultural subsidy. (d) This is money that a government gives to its farmers; unfortunately, governments in poor countries can't pay these subsidies to their farmers.

Unit 18 전치사

★ 전치사구와 관련된 주의해야 할 어순

1. 전치사+한정사+(부사)+(형용사)+명사

She is looking **at** a very expensive necklace **in** a shop window.
그녀는 쇼윈도에 있는 매우 비싼 목걸이를 보고 있는 중이다.

2. 전치사+목적격 대명사

I'd like to talk **with** him. 나는 그와 얘기하고 싶다.

3. 전치사+동명사

I'm sure **of** his passing the bar examination. 나는 그가 변호사 시험을 합격할 것이라 확신한다.

4. 전치사의 생략: 'this[that / last / next / some / every]+시간 명사'의 경우

Let's go fishing **on** this Saturday? (X) ⇒ Let's go fishing this Saturday. (O) 이번 주 토요일에 낚시하러 가자.

★ 시간 관련 전치사

① (at+정확한 시간) at 7:30 7시 30분에 at noon[night / midnight / dawn] 정오에 / 저녁에 / 자정에 / 새벽에
   at the beginning[end] of the month 월초[말]에

② (in+긴 시간) in the morning[afternoon / evening] 아침에 / 오후에 / 저녁에 in May 5월에
   in Summer 여름에 in 2018 2018년에

③ (on+특정 시간) on Sunday 일요일에 on June 9th 6월 9일에 on New Year's Day 새해 첫날에
   on Tuesday afternoon 화요일 오후에

④ (in+시간: (현재를 기준으로) ~ 후에) I will be back **in** 10 minutes. 10분 후에 올게요.

⑤ (after+시간: (과거나 미래를 기준으로) ~ 후에)
   He said he would join us **after** 5, but he didn't show up until 6:30.
   그는 5분 뒤에 함께하겠다고 말했지만 6시 30분이 될 때까지 나타나지 않았다.

⑥ (within+시간: ~ 이내에) I will do the dishes and clean the house **within** 30 minutes.
   나는 30분 이내에 설거지와 집 청소를 할 것이다.

⑦ (for+시간: ~ 동안) She baked the cookies **for** 40 minutes. 그녀는 40분 동안 쿠키를 구웠다.

⑧ [during+기간: ~ 동안] Were there any phone calls for me **during** my absence?
제가 자리를 비운 동안 온 전화가 있나요?

⑨ [over / through / throughout+기간: ~ 동안 내내] It rained **through** the night. 밤새 내내 비가 왔다.

⑩ [until+시간: ~까지(계속)] This ticket is valid **until** December. 이 티켓은 12월까지 유효하다.

⑪ [by+시간: ~까지(완료)] Your report needs to be ready **by** next morning.
네 리포트는 다음 날 아침까지 준비되어야 해.

⑫ [from+시작 시점: ~부터] He always works hard **from** morning to night.
그는 항상 아침부터 밤까지 열심히 일한다.

⑬ [since+시작 시점: ~부터 (현재까지)] I've been waiting for her **since** 2 o'clock.
나는 2시부터 지금까지 그녀를 기다리는 중이다.

★ 장소 관련 전치사

① [at+특정한 지점이나 위치] at the mall 쇼핑몰에 at the intersection 교차로에

② [in+넓은 장소] in the living room 거실에 in Seoul 서울에 in Korea 한국에 in the world 세계에

③ [into: ~ 안으로] into the room 방 안으로 ⇔ [out of: ~ 밖으로] out of the house 집 밖으로

④ [on: (접촉해서) 위] on the desk 책상 위에 ⇔ [beneath: (접촉해서) 아래] beneath the pillow 베개 밑에

⑤ [over: (접촉되지 않은) 위] over the river 강 위에 ⇔ [under: (접촉되지 않은) 아래] under the table 탁자 아래에

⑥ [above: (~보다) 위] above the horizon 수평선 위에 ⇔ [below: (~보다) 아래] below 0℃ 0도 이하

⑦ [beside / next to: ~ 옆에] City Hall is **next to** the subway station. 시청은 지하철역 옆에 있다.

⑧ [across: ~을 가로질러] He swam **across** the Han River. 그는 한강을 가로질러 수영했다.

⑨ [along: ~을 따라] Keep going **along** this street, and you can't miss it.
이 거리를 따라 가세요. 그러면 분명 찾으실 거예요.

⑩ [through: ~을 통과하여] The train passed **through** the tunnel. 기차는 터널을 통과했다.

⑪ [around: ~의 주위에] Many people sat **around** the campfire. 많은 사람들이 모닥불 주위에 앉아 있었다.

⑫ [between / among: ~ 사이에]

I sat down **between** Tom and Jerry. 나는 탐과 제리 사이에 앉았다.
The birds are flying **among** the trees. 새들이 나무들 사이를 날고 있다.

★ 이유 / 양보 / 기타 의미를 나타내는 전치사

① (이유: because of, due to, owing to)

I had to get off the taxi and run **because of** the heavy traffic.

나는 교통 정체 때문에 택시에서 내려서 달려야 했다.

② (양보: despite, in spite of, regardless of)

Despite all my effort, my pet dog died last night.

온갖 노력에도 불구하고 내 강아지는 지난밤 죽었다.

③ (주제: about, on, as to, regarding, concerning)

The famous actress lied **about** her age.

그 유명한 여배우는 자기 나이에 대해 거짓말을 했다.

④ (정도: by)

The stock prices you're interested in rose **by** 5% this morning.

당신이 관심 있는 주가가 오늘 아침 5% 정도 올랐다.

⑤ (수단: by)

You can come here **by** bus or subway.

버스나 지하철을 타고 올 수 있습니다.

⑥ (대비: for)

Your mother looks very young **for** her age.

네 어머니는 나이에 비해 굉장히 동안이시다.

⑦ (찬성: for)

Are you **for** the plan?

당신은 그 계획에 찬성하나요?

1. My son has grown a lot _____ the summer vacation.
   (a) for   (b) during

2. What do you say to going camping _____?
   (a) on this Saturday   (b) this Saturday

3. How could he hang up _____ me without any apology last night?
   (a) for   (b) on

4. It's very thoughtful _____ him to drive you home.
   (a) of   (b) for

5. His mother looks so young _____ her age that people often take her for his sister.
   (a) of   (b) for

6. The building that you're looking for is the blue one _____ the road.
   (a) under   (b) down

7. The most effective way for you to lose weight is _____ reducing calorie intake and working out regularly.
   (a) by   (b) with

8. You have to finish your report _____ three o'clock because we need it before our presentation.
   (a) by   (b) until

9. My son's teacher gives students take-home assignments _____ midterm exams.
   (a) in spite of   (b) instead of

10. A: I'd like to speak to Ms. Smith.
    B: I'm afraid she's in a meeting. She'll be available _____ an hour.
    (a) after   (b) in

PRACTICE TEST

정답
P.43

1. A: Where did you buy the gorgeous vase?

   B: It's from the tableware store _____ the street.

   (a) into   (b) across

   (c) from   (d) for

2. A: Kelly will become a married woman _____ two weeks.

   B: Yeah, and she will be your sister-in-law.

   (a) in   (b) at

   (c) on   (d) for

3. Ms. Dwyer decided to leave town _____ a week because she wanted
   to visit her friend in Paris.

   (a) during   (b) for

   (c) at   (d) through

4. People easily make the mistake of judging others _____ appearances.

   (a) with   (b) to

   (c) by   (d) at

5. (a) A: I have two tickets to a wonderful exhibition at the municipal museum.

   (b) B: What is the exhibition about?

   (c) A: It is called "Chinese Treasure." There will be many cultural artifacts.

   (d) B: Wow, can I go with you? I'm very interested at Chinese history.

6. (a) Michael is a high school drop-out, and doesn't come from a wealthy family.
   (b) Back in 2006, he found out he had an incurable form of leukemia that requires
   ongoing treatment the rest of his life. (c) His treatment bill was more than $350,000 but
   thanks to his insurance, his out-of-pocket was only $4,500. (d) However, that's about to
   change because the new regulations announced last week.

160

Unit 19 특수구문

★ 부정부사에 의한 도치문

1. **Never**+동사+주어: '한 번도 ~해 본 적이 없다'
   Never <u>have I eaten</u> such delicious food. 나는 이렇게 맛있는 음식을 먹어 본 적이 없어.

2. **Little**+동사+주어: '꿈에도 ~ 못 하다'
   Little <u>did I dream</u> that I could see you in person. 당신을 직접 만날 거라고 꿈에도 생각 못 했어요.

3. **Not only**+동사+주어: '~일 뿐만 아니라'
   Not only <u>do the bus drivers require</u> a pay raise, but they want reduced working hours.
   버스 운전기사들은 임금 인상을 요구했을 뿐만 아니라 근무 시간 단축도 원했다.

4. **Under no circumstances**+동사+주어: '어떤 경우라도 ~해서는 안 된다'
   Under no circumstances <u>should you</u> be late for class. 어떤 경우라도 수업에 늦어서는 안 된다.

5. **No sooner**+had+주어+p.p. ~ than+주어+과거: '~하자마자 ~했다'
   No sooner <u>had I entered</u> the house **than** the electricity went out. 내가 집에 들어가자마자 전기가 꺼졌다.
   = **Hardly[Scarcely]** <u>had I entered</u> the house **before[when]** the electricity went out.
   = **As soon as** <u>I entered</u> the house, the electricity went out.
   = **The moment** <u>I entered</u> the house, the electricity went out.
   = **On[Upon]** <u>my entering</u> the house, the electricity went out.

6. **Not until**+시간의 명사(구)+동사+주어: '(시간)이 되어서야 비로소 ~하다'
   Not until the next day <u>did I know</u> that she left without a word.
   다음 날이 되어서야 나는 비로소 그녀가 말없이 떠난 것을 알았다.
   = It is **not until** the next day that <u>I knew</u> that she left without a word.
   = I **didn't** know that she left without a word **until** the next day.

7. **Not until**+주어+동사 ~+동사+주어: '~가 ~하고 나서야 비로소 …하다'
   Not until he told me about the story <u>did I understand</u> why he did it.
   그가 나에게 그 이야기를 해 주고 나서야 비로소 나는 그가 왜 그렇게 했는지 이해했다.

★ 기타 도치문

1. Only+부사[부사구/부사절]+동사+주어: '~가 되어서야 비로소 …하다'

① **Only** yesterday <u>did she tell</u> me the news. 어제서야 비로소 그녀는 나에게 그 소식을 말했다.

② **Only** when he left the party <u>did she arrive</u> there. 그가 파티를 떠나고 나서야 비로소 그녀가 도착했다.

2. 부사(구)+도치

① **Among** many travelers <u>was there</u> a famous actor.
유명 배우가 많은 여행자들 중에 있었다.

② Here does the bus come. (X)
Here <u>comes the bus</u>. (O) 버스가 왔다. (도치할 때 do 동사를 사용하지 않는다.)

[비교하기] 주어가 대명사이면 도치가 적용되지 않는다.
Here go you. (X)
Here <u>you go</u>. (O) 여기 있어.

3. 보어+동사+주어

Happy <u>is the man</u> who is satisfied with small things. 작은 것에 만족하는 사람이 행복하다.

4. '목적어+주어+동사' 또는 '목적어+동사+주어'

① **This book** <u>I am</u> going to read. 나는 이 책을 읽을 거야.

② **Not a word** <u>did he say</u> at the meeting. 그는 회의에서 아무 말도 하지 않았다.

5. 양보 부사절에서의 도치

Poor <u>as I am</u>, I won't do such a mean thing. 비록 나는 가난하지만 그런 영악한 짓은 하지 않을 거야.

= Though I am **poor**, I won't do such a mean thing.

★ 강조 용법

1. It is ～ that 강조 구문

<u>Sally</u> made <u>this cake</u> <u>at her house</u> <u>yesterday</u>. 샐리는 어제 그녀의 집에서 이 케이크를 만들었다.
  주어   목적어   장소 부사   시간 부사

① 〔주어 강조〕 **It was** <u>Sally</u> **that[who]** made this cake at her house yesterday.

② 〔목적어 강조〕 **It was** <u>this cake</u> **that[which]** Sally made at her house yesterday.

③ 〔부사 강조〕 **It was** <u>at her house</u> **that[where]** Sally made this cake yesterday.

④ 〔부사 강조〕 **It was** <u>yesterday</u> **that[when]** Sally made this cake at her house.

2. 동사 강조

① I **did** call you several times yesterday. 나는 어제 너에게 여러 번 전화했어. (조동사 do를 이용)

② She **desperately** hopes that her son will get better soon.
그녀는 아들이 곧 낫기를 간절하게 바란다. (부사 이용)

3. 기타 강조어

① the[this / that / 소유격]+very+명사: '바로 그 ～'
He is **the very** <u>man</u> that I want to meet. 그는 내가 만나고 싶어 한 바로 그 사람이야.

② 재귀대명사
<u>They</u> should do it **themselves**. = <u>They</u> **themselves** should do it. 그들 스스로가 그것을 해야 해.

③ 부정문 강조어구: at all, whatever[whatsoever], in the least
We have nothing **whatever** to eat. 먹을 게 전혀 없네.
I don't know him **at all**. 나는 그를 전혀 모른다.

④ 의문문 강조어구: ever, on earth, in the world
Who **on earth** said such a thing? 도대체 누가 그런 말을 했나요?
What **in the world** happened? 도대체 무슨 일이에요?

★ 반복을 피하기 위한 방법

1. 절에서의 생략

① [등위절] Tom became a doctor, **and** his brother **(became)** a teacher.
탐은 의사가 되었고 그의 동생은 선생님이 되었다.

② [부사절] **When (you are)** angry, count to ten before you speak. 화가 날 때는 말하기 전에 10까지 세어 보세요.

2. so / not을 이용한 반복 피하기

A: Will he come tomorrow? 그가 내일 오나요?

B1: I think **so**. 그렇게 생각해. / I hope **so**. 그러기를 바라지. / I'm afraid **so**. 그럴까 봐 걱정이야.

B2: I **don't** think **so**. 그렇게 생각하지 않아. / I hope **not**. 그러지 않기를 바라지. / I'm afraid **not**. 안 그럴까 봐 걱정이야.

3. 대동사 / 대부정사를 이용한 반복 피하기

① A: You must **be** tired now. 지금 피곤하시겠어요.

B: I **am**. 네, 피곤해요.

② I tried to recall who she is, but I **couldn't**.
나는 그녀가 누구인지 기억해 내기 위해 노력했지만 기억나지 않았다.

③ A: I made this cake for you. 이 케이크 너를 위해 만들었어.

B: You **shouldn't have**. 이러지 않아도 되는데.

④ A: Who broke the window? 누가 그 창문을 깼나요?

B: Harry **did**. 해리가 깼어요.

⑤ A: Let's go to a movie tonight. 오늘 밤 영화 보러 가자.

B: I'd love **to**, but I can't. 가고 싶지만 갈 수 없어.

4. '나도 그래': 앞서 언급된 내용 반복 피하기

① A: I like to watch documentary films. 나는 다큐멘터리 영화 보는 것을 좋아해.

B: **So do I.** 나도 좋아해.

② A: I don't want to go out. 나는 나가고 싶지 않아.

B: **Neither do I.** 나도 그래.

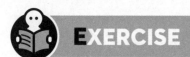

1. Under no circumstances _____ scissors or knives near your 5-year-old son or daughter.

   (a) you should put   (b) should you put

2. No sooner _____ to go to the concert than the tickets were sold out.

   (a) we had decided   (b) had we decided

3. Not only _____ food and blankets, but they also contributed a large amount of money for the flood victims.

   (a) they donated   (b) did they donate

4. Only after the last customer left the shop _____ some rest.

   (a) Maurice could take   (b) could Maurice take

5. _____ was the damage caused by the earthquake that nobody knew what to do first.

   (a) So   (b) Such

6. Sick _____, she had to finish her household chores before her family came back.

   (a) as she was   (b) as was she

7. Never _____ to such a luxurious hotel in my life.

   (a) have been I   (b) have I been

8. Disappointing _____ the artworks submitted to the exhibition this year.

   (a) was   (b) were

9. It was due to his willpower and devotion _____ he ended up becoming the vice-president of the company.

   (a) that   (b) which

10. He broke his promise not to be late again, but he _____.

    (a) shouldn't   (b) shouldn't have

11. _____ taking a walk in the park, Amy ran across her ex-boyfriend.

    (a) While   (b) During

12. A: I'd like to do some research on that topic.
    B: Sure. You can do it if you want _____.

    (a) to   (b) to do

13. A: Will Kate be here on time?
    B: I'm afraid _____. The traffic is so heavy that cars are bumper-to-bumper on the road.

    (a) so   (b) not

14. A: Are you able to do me a favor?
    B: Yes, I _____. What can I do for you?

    (a) do   (b) can

15. I heard that Jake _____ promoted to the general manager of the hotel.

    (a) did get   (b) did got

1. A: I have never been in a romantic relationship.

   B: Neither _____ I.

   (a) do   (b) was

   (c) have   (d) did

2. A: I enjoy climbing every Saturday, _____ does my brother.

   B: That's great! Next time let me join you guys.

   (a) neither   (b) nor

   (c) such   (d) so

3. In other words, there was no issue to discuss _____.

   (a) whichever   (b) whatsoever

   (c) whoever   (d) wherever

4. Not until Amanda broke up with Barney did she _____ how important he was to her.

   (a) realize   (b) realizes

   (c) realized   (d) has realized

5. (a) A: This was ten years ago that we first met.

   (b) B: A decade! Time really flies, doesn't it?

   (c) A: Yes, and now we share many wonderful memories together.

   (d) B: I'm sure we will make even better ones in the future.

6. (a) So long as most of the population remain as subsistence farmers, a modern industrial society cannot develop. (b) Those farmers cannot produce enough extra food to feed non-agricultural workers. (c) Nor a labor force can be released from farms to factories because so many hands are needed for cultivation. (d) Agriculture must, therefore, yield manpower to the new industrialized sectors in order for a modern economy to develop.

Unit 20 관용 표현 및 구어체 표현

★ 대명사/동사 관련 관용 표현

1. 대명사 관련 관용 표현

Love is **everything** to her. 그녀에게는 사랑이 가장 중요하다.
　　　　　　　가장 중요한 것

My boss thinks himself **something**. 우리 사장님은 스스로 대단한 사람이라고 생각한다.
　　　　　　　　　　상당한 사람

The actress considers herself **somebody**. 그 여배우는 스스로 대단한 사람이라고 생각한다(자부한다).
　　　　　　　　　　　　대단한 인물

Alex was **nothing** to Mina. 미나에게 알렉스는 보잘것없는 사람이었다.
　　　　보잘것없는 사람

2. tell 동사 관련 관용 표현

① tell A from B A와 B를 구별하다

How can you **tell** a fake handbag **from** the real thing?
당신은 어떻게 가짜 핸드백과 진짜 핸드백을 구별하나요?

② I'll tell you what (무엇인가를 제안하고자 할 때) 있잖아

I'll tell you what – let's have a picnic in the park. 있잖아, 공원에 소풍 가자.

③ to tell (you) the truth 사실대로 말하자면

I don't really want to go out, **to tell the truth**.
사실대로 말하자면 나는 정말 나가고 싶지 않아.

④ I'm telling you (믿기 어려운 상황이지만 그것이 사실이라는 것을 강조할 때) 정말인데

I'm telling you, I've never seen anything like it in my life.
정말인데, 나는 살면서 그것과 같은 것을 본 적이 없어.

⑤ You're telling me. (다른 사람이 방금 한 말에 대해 동의할 때) 맞아, 말 안 해도 알아.

A: He's such a pain to live with. 그는 같이 살기에 정말 고통스러운 사람이야.

B: **You're telling me!** 맞아!

3. say 동사 관련 관용 표현

① You can say that again. = You[You've] said it! (구어) 맞았어. 바로 그대로야.

　A: He seems kind of impolite. 그는 무례한 것 같아 보여.

　B: **You can say that again.** 맞아.

② You don't say (so)! 설마!

　A: Sarah is getting married next month. 새라는 다음 달에 결혼할 거야.

　B: **You don't say!** 설마!

③ You said it. (예의상 차마 못했던 말을 상대방이 했을 때) 그래, 맞아.

　A: Let's go home. 집에 가자.

　B: **You said it.** I'm tired, too. 그래. 나도 피곤해.

④ Whatever you say. (언쟁을 피하기 위해 마지못해 동의할 때) 뭐든지.

　A: Which movie do you want to see? 어떤 영화 보고 싶어?

　B: **Whatever you say.** 뭐든지.

★ 전치사를 포함한 관용 표현

1. 전치사구

① I could communicate with a foreigner **by means of** gestures.
나는 몸짓으로 외국인과 의사소통할 수 있었다. (~에 의해)

② The train was delayed **on account of** heavy rain. 폭우 때문에 열차가 연착되었다. (~ 때문에)

③ **Thanks to** his support, we finished our research. 그의 후원 덕택에 우리는 연구를 마쳤다. (~ 덕택에)

④ I'm not sure **as to** what he is going to do. 나는 그가 무엇을 하려고 하는지에 관해 모른다. (~에 관하여)

2. 동사+전치사

① The cause of your unhappiness **consists in** your greed.
네 불행의 원인은 너의 욕심에 있다. (~에 있다)

　The breakfast at that hotel **consists of** various kinds of local food.
그 호텔의 조식은 다양한 종류의 현지 음식들로 구성되어 있다. (~로 구성되어 있다)

② He **succeeded in** finding out the solution. 그는 해결책을 찾는 데 성공했다. (~에 성공하다)

　He **succeeded to** his father's business. 그는 아버지의 기업을 물려받았다. (~을 계승하다)

3. 형용사+전치사

① Brian is very **anxious about** his assignment. 브라이언은 과제에 대해 아주 걱정하고 있다. (~을 근심하는)

Cathy is **anxious for** Eliza to do well. 캐시는 엘라이자가 잘 하기를 갈망하고 있다. (~을 갈망하는)

② He is **possessed of** a big yacht. 그는 큰 요트를 소유하고 있다. (~을 소유하고 있는)

She is **possessed with** a dangerous delusion. 그녀는 위험한 망상에 사로잡혀 있다. (~에 사로잡힌)

③ I'm **sick and tired of** this boring life. 나는 이렇게 지루한 생활에 정말 싫증 난다. (~에 싫증 난)

I'm **tired from** walking all day. 나는 하루 종일 걸어서 피곤하다. (~로 피곤한)

4. 전치사+관사+명사

① He flew to Canada **by way of** Nagoya.
그는 비행기로 나고야를 경유해서 캐나다로 갔다. (~을 경유하여)

By the way, why is it dark here in this building?
그런데 이 건물은 왜 이렇게 어두운 거지? (그런데)

② **In a way** his presence was one of our greatest misfortunes.
그의 존재는 어느 정도 우리의 가장 큰 불운 중의 하나였다. (어느 정도, 다소)

Despite his good intentions, David is always **in my way**.
그가 좋은 의도로 그러는 건 알겠지만, 데이비드는 항상 내게 방해가 된다. (방해가 되는)

★ 생략된 표현을 포함한 관용 표현

1. What for? (= Why?) 왜요? 무엇 때문에요?

2. How come? 어째서?

3. What if ~? 만약 ~한다면 어떻게 될까?

4. The sooner the better. 빠를수록 더 좋다.

5. If any 있다고 할지라도

6. If ever 한다고 할지라도

7. If possible 가능하다면

8. It seems (to me) 내가 보기에는

★ **구어체 관용 표현**

1. **Why the long face?** 왜 우울한 거니?

2. Would you like coffee **or something**? 커피나 다른 것 드시겠어요?

3. I'd better **get going.** 저는 가는 게 좋겠어요.

4. **I can't help it.** 어쩔 수가 없어요.

5. It's a good place to visit **as far as I'm concerned.** 내 생각에 여기는 방문하기 좋은 곳이야.

6. **Fancy meeting you here!** 너를 여기서 만날 줄이야!

7. I'll **keep my fingers crossed for** you. 너를 위해 행운을 빌어 줄게.

8. **Make yourself at home.** 편히 앉으세요.

9. **Help yourself to** the cookies. 쿠키 많이 드세요.

10. Well, **speak of the devil,** here's Martin now. 음, 호랑이도 제 말하면 온다더니, 마틴이 드디어 왔네.

11. I thought you **would know better.** 나는 네가 그럴 만큼 어리석지는 않다고 생각했어.

12. **You couldn't have come at a more convenient time.** 때마침 잘 오셨습니다.

13. I can't **make myself understood** in French. 나는 프랑스어로 의사소통할 수 없어.

14. Beth is **cut out for** the job. 베스는 그 일에 적임자야.

15. It's **rain**ing **cats and dogs.** 비가 억수같이 내린다.

16. You're **pull**ing **my leg.** 나를 놀리는 거지.

17. **What are friends for?** 친구 좋다는 게 뭐야.

18. He always **puts on airs.** 그는 항상 잘난 체하더라.

19. The plans for our field trip are still **up in the air.** 우리의 현장 학습 계획은 아직 결정되지 않았다.

20. A: **The bill is on me.** 내가 낼게.
    B: **Let's split the bill.** 나눠서 내자.

1. Alfred always tells everybody that his son will be _____ in the near future.

   (a) anything (b) something

2. A: The food was great, but I didn't like their service.
   B: You can _____ that again.

   (a) say (b) tell

3. A: Do you mind if I sit here?
   B: I don't see _____.

   (a) why (b) why not

4. I'm not sure _____ who will be in charge of the project while I'm away.

   (a) thanks to (b) as to

5. Whether she will continue to study or not is _____.

   (a) put on airs (b) up in the air

6. My father seldom, _____, smokes or drinks.

   (a) if any (b) if ever

7. A: Linda! I'm afraid I can't make it to your party.
   B: _____?

   (a) How come (b) Who knows

8. A: _____?
   B: I lost my favorite pen on the way home.

   (a) Why the long face (b) What are friends for

9. A: Fancy _____ you here!
   B: Long time no see! What brought you here?

   (a) to meet (b) meeting

10. A: I'd like to have some pizza and pasta for lunch. How about you?
    B: _____ you say!

    (a) However (b) Whatever

1. A: Did I make myself _____?

   B: Completely. Your spoken English is good.

   (a) understand
   (b) understood
   (c) understanding
   (d) understands

2. A: Why _____ face?

   B: One of my classmates is being bullied.

   (a) the long
   (b) long the
   (c) a long
   (d) long a

3. _____ that the kids have left home, we've got a lot of extra space.

   (a) In
   (b) Now
   (c) By
   (d) From

4. You have to decide what proper action, _____ any, you should take.

   (a) if
   (b) while
   (c) although
   (d) despite

5. (a) A: Are you going to Susan's housewarming party?

   (b) B: I'm not sure yet. It depends.

   (c) A: If you decide to go, I'll give you a ride.

   (d) B: Thank you a lot. On the way, do you know any good photographer?

6. (a) Cher Ami (French for "Dear Friend") was a carrier pigeon who served during World War I. (b) At that time, the two-radio message transmitting was not yet available so carrier pigeons were often used. (c) They brought messages across the battle field in small canisters attached to their legs. (d) Cher Ami succeeded to fly 25 miles in only 25 minutes, thus bringing reinforcement and saving more than 200 American lives.

II

NEW TEPS
실전 모의고사

Actual Test

1

Grammar

Part I **Questions 1~10**

Choose the option that best completes each dialogue.

G

1. A: How about having a drink after work?
   B: I'd like _____, but I have a previous appointment.

   (a) to
   (b) to be
   (c) to do
   (d) to have

2. A: Why don't we stay at the hotel?
   B: I think that will cost _____ too much.

   (a) such
   (b) way
   (c) quite
   (d) pretty

3. A: What happened to Nick?
   B: He decided _____ from his current position.

   (a) resign
   (b) resigning
   (c) to resign
   (d) to be resigned

4. A: Do you know who broke the window?
   B: I did, _____ was my mistake.

   (a) that
   (b) what
   (c) when
   (d) which

5. A: How is your brother?
   B: A good job _____ to him, but he turned it down.

   (a) offers
   (b) offered
   (c) is offered
   (d) was offered

6. A: Hasn't the dog food I ordered yesterday arrived yet?
   B: No. It _____ at around 5 p.m.

   (a) delivers
   (b) was delivered
   (c) has delivered
   (d) will be delivered

7. A: Hello? I'd like to talk to Maurice.
   B: Sorry, but there's no one here _____ that name.

   (a) to
   (b) in
   (c) by
   (d) for

8. A: What did you see in her painting?
   B: There were _____ circles in it.

   (a) big purple two
   (b) two big purple
   (c) purple two big
   (d) big two purple

9. A: It looks like it's going to rain. Don't forget _____ an umbrella with you.
   B: Yes, I will.

   (a) take
   (b) taking
   (c) to take
   (d) taken

10. A: Will you vote for Melisa as our club leader?
    B: No way! There's _____.

    (a) a single thing about that I don't like her
    (b) not a single thing about her that I like
    (c) a single thing that I don't like about her
    (d) not about her that I like a single thing

Part II Questions 11~25

Choose the option that best completes each sentence.

11. Finding out the solution to the recent issue on the gender discrimination _____ a lot of time and effort we all should expend.

    (a) mean
    (b) means
    (c) is meant
    (d) are meant

12. Edward _____ Seoul several times, so he doesn't have a hard time finding his destination.

    (a) visits
    (b) has visited
    (c) had visited
    (d) will have visited

13. A hotel can refuse any guest _____ it considers to be a problem.

    (a) what
    (b) which
    (c) whom
    (d) whomever

14. Even today, older people in most Asian countries have a cultural preference _____ boy babies.

    (a) of
    (b) for
    (c) to
    (d) with

15. At our souvenir shop, if the amount you paid is above $50, you can have your purchase _____ for free.

    (a) wrap
    (b) wrapping
    (c) wrapped
    (d) to wrap

16. Experts have warned that fossil fuels such as coal or oil _____ at an alarming rate.

    (a) deplete
    (b) are depleted
    (c) are depleting
    (d) are being depleted

17. If you come out in a rash after _____ this ointment, stop using it and consult a dermatologist.

    (a) apply
    (b) applying
    (c) to apply
    (d) to applying

18. When _____ an essay, you should concern yourself with its content, not with anything else.

    (a) write
    (b) written
    (c) writing
    (d) you wrote

19. After his first movie was released, he regarded himself as _____ and became arrogant.

    (a) success
    (b) a success
    (c) the success
    (d) successes

20. _____ who believe in astrology are likely to accept that stars influence them and their future.

    (a) They
    (b) That
    (c) These
    (d) Those

21. _____ a firm vegetarian, Samantha doesn't eat any milk or eggs as well as meat.

(a) Be

(b) Being

(c) Been

(d) Having been

22. There _____ have been some problems between Sue and Mark because they haven't talked to each other since last Monday.

(a) can't

(b) must

(c) should

(d) ought to

23. _____ due to the preparation of her project, she didn't miss doing voluntary work every weekend.

(a) As she was busy

(b) As was she busy

(c) Busy as she was

(d) Busy as was she

24. Patients with chronic diseases must be encouraged to live _____ .

(a) a life as cheerful as possible

(b) a life as cheerfully as possible

(c) as cheerfully as life as possible

(d) as cheerful a life as possible

25. Due to their spicy flavors and unique aromas, Indian curries are _____ in the world.

(a) the best one of culinary delights

(b) one of the best culinary delights

(c) the best culinary one of delights

(d) one of the culinary delights the best

Part III   Questions 26~30

Read each dialogue or passage carefully and identify the option that contains a grammatical error.

26. (a) A: Oh, my! This is the better pasta ever!
    (b) B: Thanks. I learned this recipe from my mother.
    (c) A: Then, please send my appreciation to her, too.
    (d) B: I will. She'll be happy to hear that.

27. (a) A: You are very good at writing. I wish I can write as well as you do.
    (b) B: I'm so flattered. I'm also impressed with your writing.
    (c) A: Really? It's very kind of you to say so.
    (d) B: I mean it. Your ideas are very creative and your style is unique.

28. (a) The students at an elementary school in LA on Wednesday will have been in danger had it not been for the calm reaction of a teacher. (b) Jessica Parker, a teacher at the school, witnessed a strange guy with a gun entering an empty classroom during lunch time. (c) Instead of screaming or being embarrassed, she called the police. (d) It was later revealed that the man had come into the school with the intent to kill someone.

29. (a) Do you know the difference between potato chips and crisps? (b) A potato chip is a kind of appetizers, side dish, or snack made from thin slices of potato. (c) Even though crisps may also refer to a type of snack product, their main ingredient can be included maize, tapioca, or other cereals as well as potato. (d) Moreover, they are usually sold and enjoyed in the United Kingdom and Ireland.

30. (a) If you're allergic to dust, it is necessary to maintain good dust control. (b) There are some appliances that they help reduce allergens in your house and make you feel better. (c) However, not everyone can afford to have these appliances such as air purifiers, humidifiers or steam mops. (d) In this case, avoid carpets or rugs in your house, and make sure to vacuum and ventilate as often as possible.

You have reached the end of the (Vocabulary &) Grammar sections. Do NOT move on to the Reading Comprehension section until instructed to do so. You are NOT allowed to turn to any other section of the test.

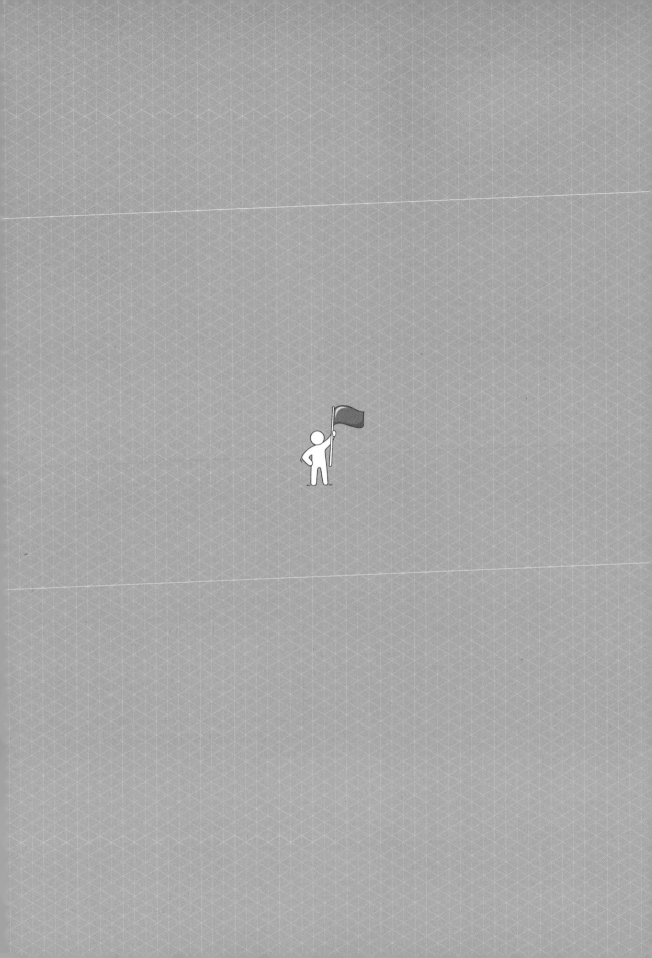

Actual Test

2

Grammar

Part I   Questions 1~10

Choose the option that best completes each dialogue.

1.   A: Have you confirmed the schedule?

B: Not yet. It is _____ consideration.

(a) for
(b) into
(c) under
(d) within

2.   A: How is your investment going?

B: Yeah, the stock prices _____ a lot since I bought.

(a) go up
(b) went up
(c) have gone up
(d) were going up

3.   A: This is the song we loved when we were in high school!

B: No. You must be mistaking it for _____.

(a) each other
(b) some other
(c) one another
(d) another one

4.   A: This picture is _____ more beautiful than I expected.

B: I knew you would love it!

(a) even
(b) many
(c) too
(d) so

5.   A: Miller wants to break up with me.

B: Not a surprise! You _____ him.

(a) shouldn't two-time
(b) shouldn't have been two-timing
(c) haven't been two-timing
(d) didn't two-time

6.   A: Please hurry up, _____ we will miss Jenny's graduation.

B: Don't worry! We've still got plenty of time.

(a) or
(b) and
(c) but
(d) as

7.   A: Do your best. This is the last chance!

B: I know. There is _____.

(a) left to lose nothing
(b) nothing to lose left
(c) left nothing to lose
(d) nothing left to lose

8.   A: Thank you for the fast delivery.

B: You're welcome. _____ you experience any problem, just contact us.

(a) Should
(b) Could
(c) Might
(d) Must

9.   A: I will let him know that you called.

B: Please _____. Thank you.

(a) to
(b) do
(c) done
(d) will do

10.   A: When did he quit smoking?

B: Only after his daughter said that he smelled bad _____.

(a) he stops smoking
(b) he did stop smoking
(c) did he stop smoking
(d) stop smoking he did

Part II   Questions 11~25

Choose the option that best completes each sentence.

11. It would be the best of all to vote for a person _____ you have the most confidence.

    (a) who
    (b) whose
    (c) in what
    (d) in whom

12. Some young animals, once _____, can be introduced back into protected zones in their original region.

    (a) wean
    (b) weaning
    (c) weaned
    (d) having weaned

13. In the 18th century, the Enlightenment made its influence _____ throughout Europe.

    (a) feel
    (b) feeling
    (c) to feel
    (d) felt

14. Food as a reward for children is likely to have them _____ habits leading to an unbalanced diet.

    (a) develop
    (b) developing
    (c) developed
    (d) to develop

15. The President was as competent a man _____ lived.

    (a) that ever
    (b) as any
    (c) than ever
    (d) as ever

16. I _____ all next weekend for the final exam.

    (a) study
    (b) studied
    (c) will be studying
    (d) have been studying

17. I have to scrape up _____ to Europe next summer.

    (a) enough money to go
    (b) to go enough money
    (c) enough to go money
    (d) money to go enough

18. I just tried hard to get an A in the group assignment, _____ make other members upset with me.

    (a) only to
    (b) so as to
    (c) about to
    (d) enough to

19. Consuming too much caffeine _____ me awake all night.

    (a) keep
    (b) keeps
    (c) keeping
    (d) kept

20. He _____ a new hat after he cashes a check.

    (a) buys
    (b) has bought
    (c) went to buy
    (d) is going to buy

21. Even if you spend time reading the ingredient label on a food item, chances are good there will be _____ ingredients that you don't actually recognize.

    (a) Any
    (b) Some
    (c) Any of
    (d) Some of

22. The young mother _____ when the crying of her baby woke her up.

    (a) has slept
    (b) has to sleep
    (c) had been sleeping
    (d) will have slept

23. I would rather my son _____ to that crazy party last night.

    (a) hasn't gone
    (b) hadn't gone
    (c) didn't go
    (d) doesn't go

24. I _____ expected to win over Michel in the math competition.

    (a) any
    (b) sort of
    (c) a lot of
    (d) very

25. The committee have been arguing over the problem _____ nine o'clock this morning.

    (a) since
    (b) for
    (c) by
    (d) at

Part III Questions 26~30

Read each dialogue or passage carefully and identify the option that contains a grammatical error.

26. (a) A: I'd like to make a few changes to my reservation.
(b) B: OK. What kind of changes do you mean?
(c) A: Am I possible to move the time to 8 o'clock instead of 7?
(d) B: No problem. What else do you want to change?

27. (a) A: I'm going to take some time off from work.
(b) B: Given the recent economy condition, I don't think that's good idea.
(c) A: I know, but my doctor advised me to.
(d) B: If it is related to your health, you should.

28. (a) Poison-arrow frogs are well known by their bright colors which warn other animal that they are poisonous. (b) Its poison is one of the most powerful substances and can cause paralysis or death. (c) It is so potent that an amount smaller than a grain of salt can kill a human. (d) Because one frog carries enough poison to kill about 100 people, native hunters use it on the tips of their arrows, which is how the frog got its name.

29. (a) The world has about 30 years left before temperatures rise to risky levels. (b) Greenhouse gas emissions caused by human activity such as burning fuels like coal and gas were responsible for the global warming. (c) Now they are on track to cause substantial shifts in global sea levels, ice cover and other parts of the global climate system. (d) In fact, the Earth has already undergone a progressive change which scientists said were "unprecedented" for thousands of years.

30. (a) The English Dictionary & Thesaurus combines dictionary entries and thesaurus entries on the same page. (b) This means that on the same page you can find all the standard dictionary information and different words with similar meanings. (c) However, it is not so convenient for those who just want to check the spelling of confused words. (d) Therefore, The English Dictionary & Thesaurus is truly informative but not to everyone's taste.

You have reached the end of the (Vocabulary &) Grammar sections. Do NOT move on to the Reading Comprehension section until instructed to do so. You are NOT allowed to turn to any other section of the test.

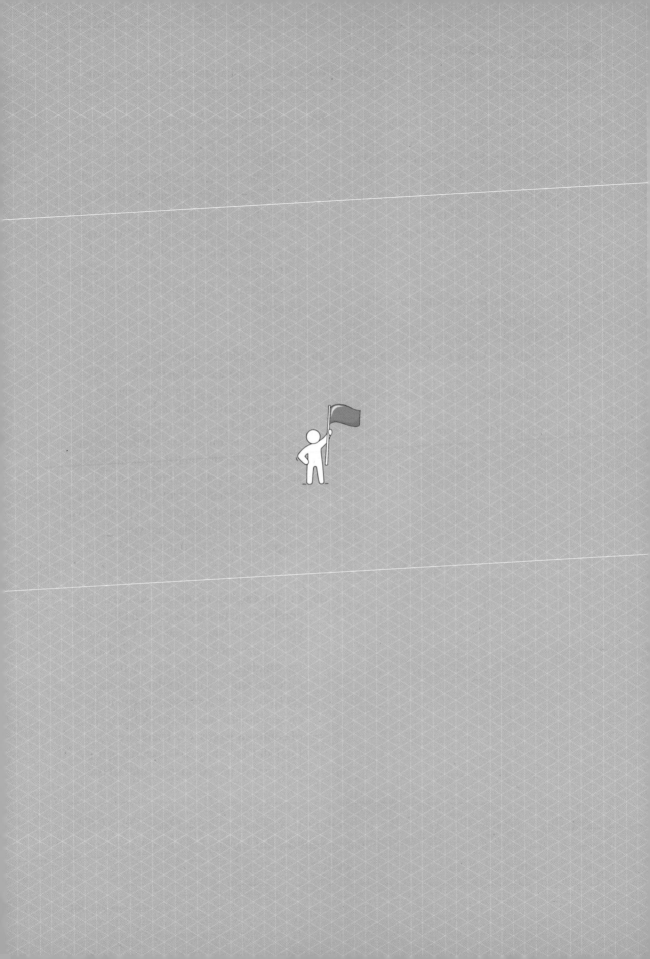

Actual Test

3

Grammar

Part I Questions 1~10

Choose the option that best completes each dialogue.

G

1. A: Have you ever read Jane Austen's books?

   B: Yes, I read "Emma," _____ of her famous novels last semester.

   (a) any
   (b) one
   (c) this
   (d) such

2. A: I can't believe how _____ at the restaurant.

   B: I don't want to go there anymore.

   (a) the people were loud
   (b) were the people loud
   (c) loud the people were
   (d) loud were the people

3. A: Have you tried the pie I recommended you?

   B: Absolutely. It is _____ the best I've ever eaten.

   (a) as ever
   (b) by far
   (c) such
   (d) very

4. A: I'm sorry to have kept you _____.

   B: If you're going to give a silly excuse again, don't even think about it!

   (a) wait
   (b) to wait
   (c) waiting
   (d) have waited

5. A: Where is the nearest post office?

   B: It's _____ next to the City Hall.

   (a) very
   (b) right
   (c) much
   (d) such

6. A: How are sales of your new product?

   B: It _____ quite well.

   (a) was selling
   (b) has been sold
   (c) was being sold
   (d) has been selling

7. A: Sarah, can you spare me some time?

   B: Sorry. You _____ me at a bad time.

   (a) catch
   (b) caught
   (c) would catch
   (d) had caught

8. A: Why don't you stop doing your homework and have some snack?

   B: No. It'll take just another 10 minutes before I _____ it.

   (a) finish
   (b) finished
   (c) will finish
   (d) will have finished

9. A: The senator was opposed to _____ taxes, but now he supports it.

   B: What did he say about his change in attitude?

   (a) raise
   (b) raising
   (c) be raised
   (d) being raised

10. A: Angela _____ complaining.

   B: You're telling me!

   (a) is always
   (b) was always
   (c) will always be
   (d) had always been

Part II   Questions 11~25

Choose the option that best completes each sentence.

11. Gina gave up her plan for a trip with her friends because she is busy with work and will have _____ time for the time being.

(a) no
(b) any
(c) few
(d) a few

12. Carl wore his red pants to his first blind date even though his mother _____.

(a) urged him not to
(b) urged him not
(c) urged to not
(d) urged not

13. Despite their colossal size, the diet of blue whales _____ of remarkably small sea creatures named krill.

(a) consist
(b) consists
(c) is consisted
(d) are consisted

14. The depression of the 1930s _____ for the American economy, but for the world economy.

(a) not only was disastrous
(b) was not only disastrous
(c) not was only disastrous
(d) was disastrous not only

15. It is important that everybody in our class _____ exposed to dangerous situations during the field trip.

(a) is not
(b) not is
(c) not be
(d) be not

16. The Internet has made _____ students to find information or confirm facts more easily and quickly.

(a) possible it for
(b) it possible for
(c) it for possible
(d) for it possible

17. Bob could sleep so soundly last night since he _____ up all night the previous day.

(a) stays
(b) stayed
(c) has stayed
(d) had stayed

18. You can get a full refund at our shop within seven days of a purchase _____ you have a receipt.

(a) unless
(b) by the time
(c) even though
(d) as long as

19. Our employees _____ helping the poor in our community by donating some of their earnings to the charity.

(a) take part in being asked
(b) asked to take part in being
(c) take part in asked to be
(d) are asked to take part in

20. We are short-handed now, so I will choose _____ I think is qualified for this work as soon as possible.

(a) who
(b) whom
(c) whoever
(d) whatever

21. Mr. Burton may retire next month on the grounds of his poor health, _____ you will take over the position.

(a) which case
(b) in which case
(c) of which the case
(d) the case of which

22. If Henry had not made such a careless investment, he _____ on the verge of bankruptcy now.

(a) was not
(b) were not
(c) wouldn't be
(d) wouldn't have been

23. Tom often loses his temper over trivial problems _____ them.

(a) overcoming too much time and spends
(b) and spends too much time overcoming
(c) overcoming and spends too much time
(d) and spends overcoming too much time

24. The rising room temperature adversely affected the people waiting in line, _____ in several heated arguments.

(a) result
(b) to result
(c) resulted
(d) resulting

25. During her vacation, Alice didn't feel like going on a trip anywhere, _____ to stay home.

(a) nor she wanted
(b) nor wanted she
(c) nor did she want
(d) nor she did want

Part III Questions 26~30

Read each dialogue or passage carefully and identify the option that contains a grammatical error.

26. (a) A: Is this the first time to visit our dental clinic?
(b) B: No, I came here three years ago.
(c) A: Well, seeing your several decayed teeth, you should've been here more often.
(d) B: I know, but getting my teeth checked regular is not that easy.

27. (a) A: How was your date with Angela last night?
(b) B: Do you want to know what happened? She stood up me.
(c) A: Really? How come?
(d) B: I have no idea, and that drives me crazy.

28. (a) Born with asthma, Joseph H. Pilates was determined to be strong, and finally achieved his goal and helped other people. (b) While working as a nurse, he began designing exercise devices for physically disabled patients. (c) In 1926, he opened his first Pilates studio in New York and the fitness techniques he devised has become famous all over the world since then. (d) Today, his methods are recommended as one of the healing programs for those who are stressed out.

29. (a) Some kinds of bottom-living fish can change their body colors to camouflage them. (b) The secret of their ability lies in the fact that the pigment cells in their skin occur in layers. (c) When they need to be hidden, these cells can be clumped together, and when they don't need to be, these cells may be spread out. (d) Surprisingly, it takes about a minute for these fish to change their color.

30. (a) Many people have long known that vitamin D necessary for healthy bones. (b) In addition, recent research shows that vitamin D may also help prevent such ailments as cancer, diabetes, and high blood pressure. (c) However, it doesn't mean that we should take as much vitamin D as possible from the food we eat and from sun exposure. (d) Too much vitamin D for a long time can bring about some undesirable results such as poor appetite and weight loss.

You have reached the end of the (Vocabulary &) Grammar sections. Do NOT move on to the Reading Comprehension section until instructed to do so. You are NOT allowed to turn to any other section of the test.

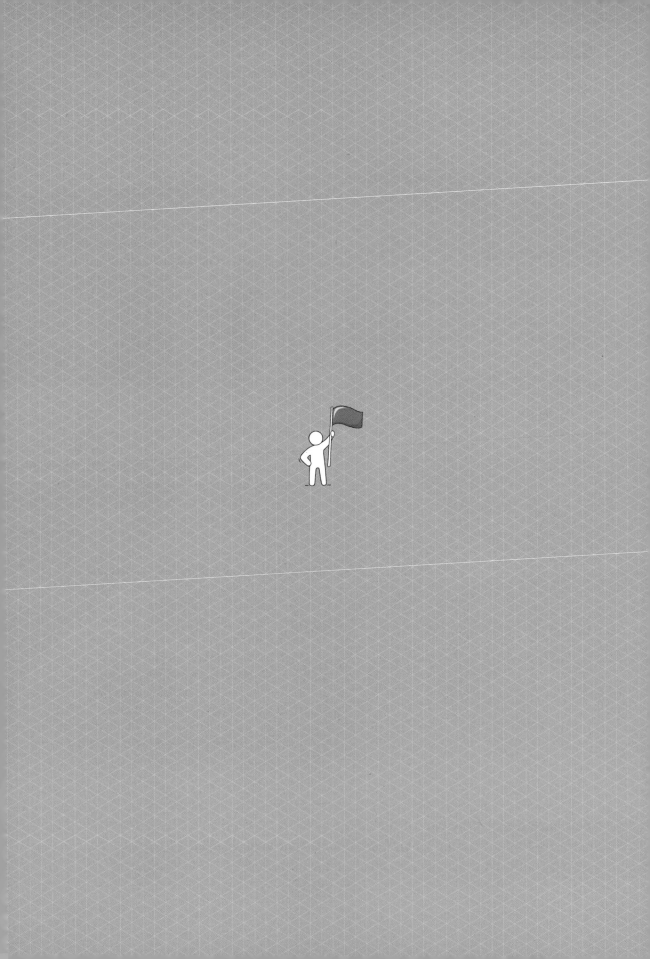

Actual Test

4

Grammar

Part I   Questions 1~10

Choose the option that best completes each dialogue.

G

1. A: Is the bank within the walking distance?

    B: No, it's _____ far from here.

    (a) so
    (b) that
    (c) way
    (d) much

2. A: I put the leftover cake in the fridge last night, but there is _____ left now.

    B: Sorry. I ate it up this morning.

    (a) any
    (b) none
    (c) some
    (d) neither

3. A: I'll contact you sooner or later.

    B: OK. _____ to you.

    (a) Nice it's been to talk
    (b) It's been nice talking
    (c) Nice it's been talking
    (d) It's nice to talk

4. A: I was wondering if you could lend me some money. I'm broke this month.

    B: You _____ have spent so much money on clothing.

    (a) couldn't
    (b) wouldn't
    (c) shouldn't
    (d) mustn't

5. A: Why are you so late?

    B: I'm sorry. There was _____ a long line in front of the ATM.

    (a) so
    (b) too
    (c) such
    (d) much

6. A: Let's go to Osaka during this vacation.

    B: Not this time. If we go there once again, we _____ there five times.

    (a) were
    (b) will be
    (c) have been
    (d) will have been

7. A: This camera doesn't work.

    B: You'll have to _____.

    (a) it get again repaired
    (b) again get repaired it
    (c) get repaired it again
    (d) get it repaired again

8. A: I don't understand why our manager got angry with us.

    B: _____. It's so embarrassing.

    (a) Either I don't
    (b) Either don't I
    (c) Neither I do
    (d) Neither do I

9. A: Did you take care of the complaints of _____ who visited our store this morning?

    B: Yes. He returned home fully satisfied.

    (a) customer
    (b) a customer
    (c) the customer
    (d) any customer

10. A: Can I speak to Dr. Hamilton?

    B: Sorry, but he is _____.

    (a) available not at the moment
    (b) at the moment not available
    (c) not at the moment available
    (d) not available at the moment

Part II   Questions 11~25

Choose the option that best completes each sentence.

11. If Marion had not prepared extra cash for her trip, she _____ much more embarrassed when she lost her credit card.

    (a) was
    (b) had been
    (c) could be
    (d) could have been

12. More than two thirds of the jewelry in the shop _____ when robbers broke into it last Friday.

    (a) was stolen
    (b) were stolen
    (c) has been stolen
    (d) have been stolen

13. A dreadful civil war _____ in this region in 1910 and lasted until the 1950s.

    (a) occurred
    (b) was occurring
    (c) was occurred
    (d) has occurred

14. No matter _____ you buy at a duty-free shop, you should avoid impulsive shopping.

    (a) how
    (b) where
    (c) what
    (d) which

15. The attorney presented irrefutable evidence of the innocence of the accused _____ on forensic science.

    (a) based
    (b) basing
    (c) to base
    (d) having based

16. It is very necessary that every member _____ at the airport at least three hours earlier than the departure time.

    (a) is
    (b) be
    (c) will be
    (d) has been

17. _____ that you are hardworking and flexible, you will be able to get promoted to the position you want.

    (a) Shown
    (b) To show
    (c) Showing
    (d) Having shown

18. As the result of the massive reduction, almost 100 employees _____ the company in the last six months.

    (a) left
    (b) will leave
    (c) have left
    (d) had left

19. Especially in winter, starting swimming without warming-up _____ a heart attack.

    (a) risks you of having put
    (b) puts risk at you to have
    (c) risks you of putting to have
    (d) puts you at risk of having

20. This research provides evidence for the nutritional benefits of tuna, _____ are summarized on page 160.

    (a) the details
    (b) details of which
    (c) of which the details
    (d) details of the which

21. Neither the food nor the service at that Italian restaurant _____ us satisfied since the place opened last month.

    (a) was made
    (b) were made
    (c) has made
    (d) have made

22. _____ the murder case for two months, the police reached the conclusion that there must have been at least more than one accomplice.

    (a) To investigate
    (b) Being investigated
    (c) Having investigated
    (d) Having been investigated

23. Not only _____ an F in physics, but she also failed in chemistry and sociology.

    (a) she did get
    (b) did she get
    (c) does she get
    (d) does she have get

24. All of the staff should arrive at the conference hall thirty minutes ahead of schedule _____ you are otherwise told.

    (a) if
    (b) unless
    (c) now that
    (d) even though

25. If you are into musicals, it might be a good idea to go to Broadway in America, for the number of musicals produced there is _____.

    (a) higher than other places
    (b) that of other places higher than
    (c) other than higher of other places
    (d) higher than that of other places

Part III Questions 26~30

Read each dialogue or passage carefully and identify the option that contains a grammatical error.

26. (a) A: Jessica, are you going to take part in the debate competition?
    (b) B: I'd love to, but I haven't found a partner yet. How about you?
    (c) A: Neither do I. Then, if you don't mind, why don't we do it together?
    (d) B: Of course not! I think we'll be the best team.

27. (a) A: Would it be all right if I open the window?
    (b) B: I'm afraid you'd not rather. I have a cold now.
    (c) A: But it stinks in here! We need to let some fresh air in.
    (d) B: Sorry. My nose is really blocked and I can't smell anything.

28. (a) Astronauts need food, clean water, and a fresh oxygen supply in their spaceship to survive. (b) However, future spaceships will not be able to store everything they need because of a lack of room. (c) As one of the possible alternatives, it can be required for astronauts to grow plants in their spaceship. (d) Plants are expected to provide them with which they need.

29. (a) Do you want to relieve stress caused by your busy life? (b) Then, yoga is one of the best ways to stay fit and healthy as well as to relax. (c) At first, it may be very difficult to get accustomed to the various positions, but they will soon become natural through regular practice. (d) Yoga also benefits you even though it helps your body become flexible and balanced.

30. (a) Hotel rates in Korea continue to rise, which makes many travelers hesitate to stay at a hotel. (b) For example, standard rooms at one hotel that recently opened in Busan can cost up to $500 a night. (c) According to the hotel owners, the increase is inevitable because of increasing maintenance expenses. (d) However, it is ironic that there are fewer hotel guests satisfying with their services, facilities, food and so on.

You have reached the end of the (Vocabulary &) Grammar sections. Do NOT move on to the Reading Comprehension section until instructed to do so. You are NOT allowed to turn to any other section of the test.

Actual Test 4 • 197

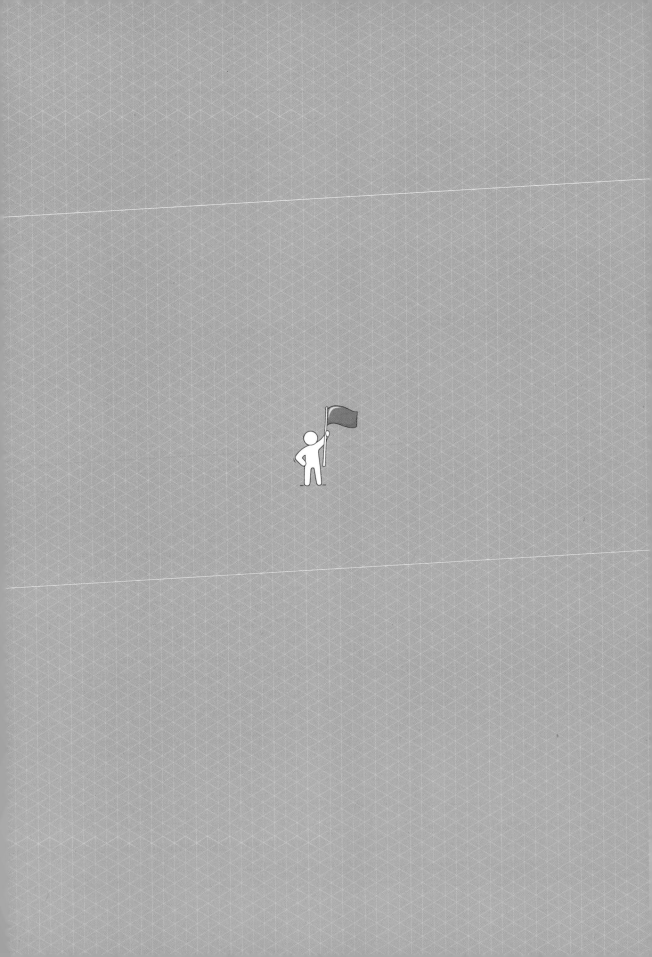

Actual Test

5

Grammar

Part I Questions 1~10

Choose the option that best completes each dialogue.

G

1. A: Who's in charge of the next event?
   B: Well, it's _____ given that Cindy will be involved.
   (a) every
   (b) any
   (c) the
   (d) a

2. A: I think I need to try even _____ to lose weight.
   B: Please, don't! You look great.
   (a) hard
   (b) hardly
   (c) harder
   (d) hardest

3. A: Aren't you from New Zealand?
   B: Yes. My parents and sister _____.
   (a) is there still
   (b) are still there
   (c) there are still
   (d) still is there

4. A: You should be careful with those vases.
   B: Sure, I know you don't want them _____.
   (a) break
   (b) breaking
   (c) broken
   (d) to break

5. A: Do you feel like fast food for lunch?
   B: I guess I have no choice. That's _____ I can afford.
   (a) what
   (b) which
   (c) where
   (d) when

6. A: I think you need to buy a desk.
   B: Actually, I need two. One is for me, and _____ is for my wife.
   (a) other
   (b) the other
   (c) another
   (d) one another

7. A: Kate is out for dinner.
   B: I thought she _____ in her room.
   (a) studies
   (b) studied
   (c) was studying
   (d) had studied

8. A: How's the job interview going?
   B: Not bad. Actually I found _____.
   (a) it pretty easy
   (b) pretty easy it
   (c) that is pretty easy
   (d) easy that pretty

9. A: Do you know how Carl is doing these days?
   B: He got fired a week ago. I think he is _____ jobs.
   (a) in
   (b) among
   (c) for
   (d) between

10. A: What do you think about the book awarded the Publishers Award?
    B: It doesn't come to _____.
    (a) any kind of a natural end
    (b) a natural end of any kind
    (c) an end of any natural kind
    (d) any natural kind of an end

Part II   Questions 11~25

Choose the option that best completes each sentence.

11. Our company will hire any candidate who is proficient in several languages, _____ age or gender.

(a) ahead of
(b) by way of
(c) in favor of
(d) regardless of

12. After analyzing the user satisfaction survey and reflecting its result, the product was improved _____ the needs of its customers.

(a) to better accommodate
(b) as a better accommodation
(c) as better to accommodate of
(d) to a better accommodation of

13. The busier you are, _____ you remain calm.

(a) it is more important that
(b) that it is more important
(c) it is important more
(d) the more important it is that

14. Gloria stopped responding to her brother's silly remarks because he is stubborn and _____ not listen.

(a) might
(b) would
(c) should
(d) shall

15. The new novel by Elliot Hendrick reminded me of _____.

(a) my childhood of memories what had been
(b) what memories my childhood had been
(c) memories of what my childhood had been
(d) which my childhood memories had been

16. Unemployment is the biggest fear for graduates _____ paying off their student loan is a top priority.

(a) of which
(b) in that
(c) of whose
(d) for whom

17. For quite some time now, Mr. Klein _____ for the country life.

(a) yearns
(b) yearned
(c) yearning
(d) has been yearning

18. _____ couple of months, the principal of St. Martin High School conducts a survey on bullying.

(a) A
(b) Any
(c) Every
(d) Each of

19. You need a written consent from your supervisor in order to gain _____ to the company's confidential documents.

(a) access
(b) accesses
(c) an access
(d) accessing

20. When you feel sick, you need to consult your family doctor before requesting to _____ a specialist.

(a) refer to
(b) be referred to
(c) be referring to
(d) referred to

21. Jenny and Janet are _____ opposite of the other, although they are twins.

    (a) much
    (b) every
    (c) the very
    (d) the most

22. Nelly Brown _____ more scared than when he was attacked by the man with a gun.

    (a) haven't been
    (b) has been never
    (c) had never been
    (d) has to be

23. Pamela was quite worried about having a sleep endoscopy _____.

    (a) is unable to wake up
    (b) that is not able to wake up
    (c) not being able to wake up
    (d) was unable to wake up

24. _____ six thousand species of this class alive in New Guinea.

    (a) There is said to be
    (b) There it is that
    (c) It is said there to be
    (d) There are said to be

25. _____ informed of the massive layoff than the union leader decided to go and confront the management.

    (a) As soon as had they been
    (b) Hardly they had been
    (c) Whenever they had been
    (d) No sooner had they been

G

Part III **Questions 26~30**

Read each dialogue or passage carefully and identify the option that contains a grammatical error.

26. (a) A: Did you hear about how did Julia do on her physics final?
(b) B: Not directly from her, but rumor has it that she got very disappointing grade.
(c) A: Really? What a pity! She needs an 'A' to win a scholarship.
(d) B: Tell me about it. She should've studied much harder.

27. (a) A: May I speak to Mr. Crown?
(b) B: He just stepped out. Would you like to leave a message?
(c) A: I'm Catherine. I return his call about a house for sale.
(d) B: Okay. I'll make sure he gets your message.

28. (a) A few months ago, "Occupy Wall Street" has come along and changed a friend of mine's life. (b) That friend is *New York Times* contributor and overall fantastic human being, Rosemary Kite. (c) She got involved in Occupy and began to listen, read and take notice. (d) She realized that she had a voice and a desire to have it heard.

29. (a) One day, Lucia got in an argument with her boyfriend because of his repeated tardiness. (b) In the end, her boyfriend, Tommy apologized but it wasn't enough for her. (c) She thought about what her life would be if he had not encouraged her in many ways. (d) Then she decided to forgive him again.

30. (a) Dinosaur fossils had been known for centuries as "dragon bones" or the remains of giants. (b) However, it wasn't until Dean William Buckland of Oxford described the carnivorous "lizard" Megalosaurus which they were formally studied as an extinct group of giant reptiles. (c) After that, the English country doctor Gideon Mantell succeeded in describing Iguanodon. (d) Today there are more than 800 known types of non-avian dinosaurs.

You have reached the end of the (Vocabulary &) Grammar sections. Do NOT move on to the Reading Comprehension section until instructed to do so. You are NOT allowed to turn to any other section of the test.

NEW TEPS 시행

국가공인영어시험 텝스가 새롭게 출발합니다!

NEW TEPS로 평가 효율성 **UP**, 응시 피로도 **DOWN**

주요 변경사항

총점	문항 수	시험시간
600점	**135문항**	**105분**

세부내용

청해 | 대화형 문항은 실제 영어생활환경을 고려하여 1회 청취
종합적 청해 지문 이해력 평가를 위한 1지문 2문항 출제 (4문항)

어휘/문법 | 수험자 부담 완화를 위한 어휘&문법영역 시험시간 통합

독해 | 실제 영어사용환경을 고려한 일부 실용지문 (이메일, 광고 등) 구성
종합적 독해 지문 이해력 평가를 위한 1지문 2문항 출제 (10문항)

· 응시료 : 39,000원(정기접수 기준)   ※ 취소 및 환불규정, 시험 관련 자세한 사항은 **TEPS홈페이지**에서 확인하세요.

서울대학교 TEPS관리위원회   www.teps.or.kr   📞 02-886-3330   **TALK** @teps   teps4u

출제 원리와 해법, 정답이 보이는 뉴텝스 문법

NEW TEPS

기본편 실전 300+ 문법

장보금·써니 박 지음

Grammar

정답 및 해설

NEXUS Edu

NEW
TEPS

기본편
실전 300+ 문법

Grammar

정답 및 해설

NEXUS Edu

Part I

Unit 01 자동사와 타동사

Exercise   p.36

01 (b)	02 (b)	03 (b)	04 (a)	05 (a)
06 (b)	07 (b)	08 (a)	09 (b)	10 (a)
11 (b)	12 (a)	13 (b)	14 (a)	15 (b)

01

해석   그는 어제 런던에 도착했다.

해설   London 앞에 전치사 in이 있으므로 자동사를 필요로
한다. reach는 타동사이고 arrive는 자동사이다.

정답   (b)

02

해석   네가 시드니에서 안전하게 출발했다는 소식을 듣고 안심
했다.

해설   start는 '출발하다, 길을 떠나다'라는 뜻의 자동사로 장소
를 나타내는 명사가 있을 경우 전치사를 필요로 한다. 타
동사일 때는 '어떤 일을 진행시키다, 시작하다' 등의 의미
가 된다.

정답   (b)

03

해석   최근에 발견된 증거에는 의심의 여지가 없다.

해설   admit은 타동사로 '인정하다, 받아들이다'라는 뜻이며,
자동사로 '~의 여지가 있다, 허용하다'라는 의미이다. '~
의 여지가 있다'라는 의미일 때는 주로 사물을 주어로 하
며 전치사 of와 함께 쓰인다.

정답   (b)

04

해석   우리는 모든 손님들을 따뜻하게 맞이합니다.

해설   await은 타동사이고 wait은 자동사이다. wait이 답이
되려면 전치사 for를 붙여 wait for로 써야 한다. 이 문
장은 광고나 초대장에 자주 쓰이므로 문장 전체를 외워
두도록 한다.

정답   (a)

05

해석   내 딸은 자기 동료들 중 한 명과 결혼했다.

해설   '~와 결혼하다'는 'marry+목적어', 'get(be) married
to+목적어'의 형태로 표현한다.

정답   (a)

06

해석   그는 2017년에 대학을 졸업했다.

해설   graduate는 타동사로 '~을 졸업시키다, 학위를 수여하
다', 자동사로 '졸업하다'라는 의미이다. 특히 '~을 졸업하
다'라는 표현은 graduate from을 쓴다.

정답   (b)

07

해석   그 지연에 대해서 진심으로 사과드립니다.

해설   apologize는 자동사이므로 목적어를 취할 경우 전치사
가 필요하다.

정답   (b)

08

해석   그녀는 자기 이모와 매우 닮았다.

해설   resemble은 타동사이므로 전치사가 필요하지 않다.

정답   (a)

09

해석   이 책은 다섯 개의 챕터로 구성되어 있다.

해설   consist는 자동사이므로 목적어를 취하기 위해서는 전
치사가 필요하다. 해석상 '구성되다'이기 때문에 수동태로
착각하기 쉬운 동사이다.

정답   (b)

10

해석   그는 화학 과목에서 다른 사람들보다 뛰어나다.

해설   excel은 타동사로 '~보다 뛰어나다'라는 의미이므로 전
치사가 필요하지 않다.

정답   (a)

11

해석 나는 그녀의 의견에 반대했다.

해설 object는 자동사이므로 목적어를 취할 때 전치사가 필요하다.

정답 (b)

12

해석 유리 깨지는 소리가 나를 잠에서 깨웠다.

해설 arouse(arouse-aroused-aroused)는 타동사로 '깨우다, 자극하다'라는 뜻이고 arise(arise-arose-arisen)는 자동사로 '(사건이) 발생하다, 일어나다'라는 의미이다.

정답 (a)

13

해석 네 결정은 너에게 어울리지 않아.

해설 문맥상 become은 '~에 어울리다'라는 뜻으로 타동사이다. 따라서 전치사가 필요하지 않다.

정답 (b)

14

해석 나는 내 가족에 대해서 더 이상 말하고 싶지 않다.

해설 mention은 타동사이므로 전치사가 필요하지 않다.

정답 (a)

15

해석 그 자리에 있는 지갑은 내 아버지의 것이다.

해설 belong은 자동사이므로 목적어를 취하려면 전치사가 필요하다.

정답 (b)

Practice Test p.38

01 (a)	02 (a)	03 (c)	04 (c)	05 (c)
06 (d)				

01

해석 A 어제 널 찾을 수가 없었어. 어디 있었니?
B 난 루이지애나에 있었어. 연례 회의에 참석했거든.

해설 attend는 '참석하다'라는 의미의 타동사이므로 전치사를 쓰지 않는다.

어휘 annual 연례의, 해마다의 conference 회의, 학회

정답 (a)

02

해석 A 아빠! 저 문에 손잡이가 없어요.
B 가까이 가면 자동으로 열린단다.

해설 빈칸 앞의 it은 door를 지칭하므로 자동사로 '열리다'라는 의미가 필요하다. 따라서 수동태로 쓰인 (d)는 적절하지 않다. 그리고 빈칸 뒤에 부사가 오므로 전치사를 동반한 (c)도 어울리지 않는다. 또한, 현재 열리고 있다는 동작 상황이 아니라 문의 특징을 설명하고 있으므로 진행형 시제가 아닌 현재 시제가 알맞다.

어휘 knob 손잡이

정답 (a)

03

해석 드와이어 씨는 이사회에서 그의 행동에 대한 해명을 요구받았다.

해설 account for는 '~에 관해 설명하다, (공간이나 비율 등을) 차지하다'라는 의미로 문맥상 가장 적절하다.

어휘 board meeting 이사회

정답 (c)

04

해석 박물관 가까이에 가면 오른편에 커다란 동상이 보일 것이다.

해설 approach는 타동사이므로 전치사가 필요하지 않다. (b)의 approach to는 '~에 가깝다'라는 뜻이다.

어휘 sculpture 동상, 조각상

정답 (c)

05

해석 **A** 넌 왜 우울한 거야?
      B 내 친구 하나가 학교에서 따돌림을 당하고 있어.
      A 상담 선생님과 그 문제에 관해 논의해 봤니?
      B 해 보고 싶었지만 내 친구가 그러고 싶지 않대.

해설 discuss는 타동사로 전치사를 필요로 하지 않는다. (d)
      의 refuse는 to부정사를 목적어로 취하는 동사이며 뒤
      에는 앞에서 언급한 discuss 이하가 생략되었다.

어휘 **have a long face** 우울해 하다 **bully** 괴롭히다
      counselor teacher 상담 교사

정답 (c) discussed about → discussed

06

해석 (a) 유머는 개성의 일부다. (b) 어떤 사람들은 유머 감각
      이 있지만 다른 사람들은 없다. (c) 유머 감각이 없는 사
      람은 삶의 재미있는 면을 볼 수도 없고, 삶의 고통도 줄일
      수 없다. (d) 이런 경우, 우리는 그 사람의 인생에서 매우
      중요한 무언가가 없다고 생각한다.

해설 lack은 타동사로 쓰지만 동사의 특성상 수동태로는 쓰
      지 않는다. 자동사로는 전치사 in과 함께 쓰여 lack in
      또는 be lacking in으로 사용한다. (b)에서 some과
      others는 짝을 이루어 '일부' 그리고 '그와 다른 일부'를
      지칭하며, others가 아닌 the others를 쓰면 '일부'와
      '그 나머지들'을 말한다.

어휘 **character** 성격, 특성 **sense of humor** 유머 감각
      alleviate 완화하다 **lack** 결핍되다, 부족하다

정답 (d) is lacked → lacks 또는 lacks in
      또는 is lacking in

Exercise   p.44

01 (a)	02 (a)	03 (a)	04 (b)	05 (b)
06 (a)	07 (b)	08 (b)	09 (a)	10 (b)
11 (b)	12 (b)	13 (a)	14 (b)	15 (b)

01

해석 이 텐트는 야외 캠핑에 적당하지 않다.

해설 do는 자동사로서 '충분하다, 적합하다'라는 뜻이 있다.

정답 (a)

02

해석 내가 그 치즈를 집어 들었을 때, 약간 좋지 않은 냄새가
      났다.

해설 smell은 자동사이며 보어로 형용사를 취한다.

정답 (a)

03

해석 저희 부모님을 소개하겠습니다.

해설 introduce는 3형식 동사로 쓰이며 4형식으로 쓸 수 없
      다.

정답 (a)

04

해석 어려운 일이 있으시면 언제든지 제게 연락 주세요.

해설 contact는 타동사이므로 전치사가 필요하지 않다.

정답 (b)

05

해석 고등학교 스승인 데이어 선생님께서 지금의 나를 만드셨
      다.

해설 '~을 …로 만들었다'는 make의 5형식 용례로 빈칸에는
      목적어가 필요하다. what I am은 목적보어로 쓰였다.

정답 (b)

06

해석 이 새로운 만능 조리기는 내 시간을 많이 절약해 줄 것이다.

해설 save가 'save+간접 목적어+직접 목적어' 형태의 4형식 동사로 쓰이면 '~에게 …을 덜어 주다'라는 뜻이다.

정답 (a)

07

해석 나는 아들이 장차 변호사가 되기를 바란다.

해설 동사 hope는 목적어로 to부정사나 절을 취한다. 그러나 'hope+목적어+to부정사'의 구조로는 쓰지 않는다.

정답 (b)

08

해석 그 도난 자전거는 언덕 기슭에 버려진 채 발견되었다.

해설 find 동사가 5형식으로 쓰이면 'find+목적어+목적보어 (형용사, 과거분사, 현재분사)'의 형태로 쓰인다. 능동태로는 'found+the stolen bicycle+abandoned(과거분사)'인데 수동태가 되어 목적어인 the stolen bicycle이 주어로 가고 보어인 abandoned는 그대로 남았다.

정답 (b)

09

해석 의학 용어를 남발하여 그의 환자들이 혼란스러워 했다.

해설 동사 leave가 5형식으로 쓰이면 'leave+목적어+목적 보어(형용사, 과거분사, 현재분사)'의 구조를 이룬다. 목적어인 his patients가 혼란스러운 상태이므로 과거분사인 confused가 옳다.

정답 (a)

10

해석 결국 경찰은 그 유력한 용의자를 풀어 주었다.

해설 목적보어 자리에 동사원형인 go가 있으므로 사역동사인 let을 선택하여야 한다. suspect는 '용의자'라는 뜻으로, prime suspect라고 하면 '유력한 용의자'가 된다. 참고로 permit이 5형식으로 쓰이면 'permit+목적어+to부정사'의 형태로 쓰인다.

정답 (b)

11

해석 시장은 목소리를 가다듬고 청중들에게 어떻게 벌어진 일인가를 설명하기 시작했다.

해설 explain은 4형식으로 착각하기 쉬운 3형식 동사이다. 목적어인 how it happened가 뒤에 있어 얼핏 착각하기 쉬운 문제이다. 'explain+how it happened+to the audience'라는 3형식 문장에서 목적어와 부사구의 위치를 살짝 바꿔 놓은 것이다.

정답 (b)

12

해석 이 고속도로는 도심에서 외곽으로 가는 통근자들의 시간을 많이 절약해 준다.

해설 save가 4형식 동사로 쓰였다. 다만 목적어에 수식구 traveling from city to suburb가 길게 붙어서 쉽게 알아볼 수 없을 뿐이다. 빈칸 안에는 직접 목적어가 들어가야 하므로 앞에 전치사를 써서는 안 된다.

정답 (b)

13

해석 아기가 엄마를 찾아 울다가 잠들었다.

해설 fall의 보어로 형용사 asleep이 필요하다. sleep은 명사나 동사의 역할만 한다. fall asleep '잠이 들다'라는 관용구로 익혀 둔다.

정답 (a)

14

해석 여동생과 나는 여동생의 새 드레스에 어울릴 모자를 사러 쇼핑을 갔다.

해설 go well with '~와 잘 어울리다'라는 관용구이다.

정답 (b)

15

해석 프랭크는 모든 직원들이 연례 야유회에 참석하도록 권장했다.

해설 encourage는 5형식 동사로 to부정사를 목적보어로 가지는 대표적인 동사이다.

정답 (b)

01

해석 A 제임스는 네가 자기의 새 룸메이트가 되길 원해.
　　B 알아. 이미 나에게 제안을 했어.

해설 suggest는 3형식 동사이다. 'suggest+목적어', 'suggest+that절' 또는 'suggest+-ing' 구조로 쓰인다. 따라서 '~에게'는 전치사 to를 써서 부사구로 표현한다. 이 문제에 쓰인 that은 절을 이끄는 접속사가 아니라 앞서 언급된 내용을 받은 대명사로서 suggest의 목적어이다.

정답 (c)

02

해석 A 창문을 열어 두어도 괜찮을까요?
　　B 상관없어요. 신선한 공기가 좋아요.

해설 동사 leave가 5형식으로 쓰이면 'leave+목적어+목적보어(형용사, 과거분사, 현재분사)'의 구조를 이룬다. 따라서 (a)나 (c) 중에서 정답을 골라야 한다. 문맥상 '창문을 열어둔 채로 둔다'는 뜻이 필요하다. 현재분사를 사용한 (c)는 내가 아니라 '창문이 스스로 연다'는 뜻이 되므로 적절하지 않다.

정답 (a)

03

해석 역사 선생님인 베이커 선생님은 학생들에게 추가 숙제를 냈다.

해설 assign은 3형식과 4형식에 모두 쓰일 수 있다. 따라서 3형식인 'assign+목적어+부사구'나 4형식인 'assign+간접목적어+직접목적어' 형태로 쓰인 것을 찾는다.

어휘 assign 배정하다　extra 추가의

정답 (a)

04

해석 여동생은 도시 최고의 의사로 말해진다.

해설 능동태인 refer to A as B 구조에서 목적어인 A가 주어로 나가 수동태가 되면 A be referred to as B가 된다. 따라서 가장 적절한 선택지는 (c)이다.

정답 (c)

6

05

해석 A 우체국 옆에 있는 식당에 가 봤니?
　　B 그 이탈리아 식당? 아직. 넌 가봤어?
　　A 아니, 왜냐면 거긴 금연 시설이거든.
　　B 요즘은 흡연이 가능한 식당 찾기가 어려워.

해설 allow가 3형식으로 쓰이면 'allow+-ing'처럼 동명사를 목적어로 취한다. 하지만 5형식으로 쓰이면 'allow+목적어+to부정사' 형태를 쓴다. 따라서 (d)의 allows to smoke는 문법상 맞지 않다.

어휘 non-smoking place 금연 지역

정답 (d) allows to smoke → allows smoking

06

해석 (a) 우리는 자존심을 상하게 하지 않는 한, 자신을 상처 입히는 사람들을 미워하지 않는다. (b) 그러나 우리는 자기 생각에 스스로를 끌어내리게 하는 사람들을 용서할 수 없다. (c) 우리는 사람들의 악덕보다는 그들의 미덕 때문에 종종 그들을 싫어한다. (d) 그 이유는 스스로를 혐오하게 만드는 것은 무엇이든 싫어하는 게 당연하기 때문이다.

해설 동사 make가 5형식으로 쓰이면 목적보어 자리에 부정사나 동명사가 아니라 동사원형을 사용한다. (d)에서 목적격 보어 자리에 to부정사인 to despise를 동사원형인 despise로 바꿔야 한다. (a)의 those who는 '~하는 사람들'이라는 뜻으로 복수이므로 who 이하의 동사 수 일치에 유의한다. 수 일치를 위해 복수 동사인 injure를 썼다. (b)에서 whoever는 복합관계대명사로 선행사가 필요 없다. (c)에서 not A but B 'A가 아니라 B' 구문은 병렬구조를 이루어 각각 'for+명사구'가 왔다.

어휘 injure 상처 입히다　as long as ~하는 한　wound 상처 입히다　self-respect 자존심　lower 낮추다　dislike 싫어하다　vice 악덕　virtue 미덕　despise oneself 스스로를 혐오하다

정답 (d) makes us to despise → makes us despise

03 시제 파악하기: 기본&진행 시제

Exercise p.50

01 (a)	02 (b)	03 (a)	04 (a)	05 (b)
06 (b)	07 (a)	08 (b)	09 (b)	10 (b)
11 (a)	12 (a)	13 (b)	14 (a)	15 (b)

01
해석 그가 오면 내가 두 시에 돌아온다고 전해 주시겠어요?
해설 시간과 조건의 부사절에서는 현재 시제가 미래를 대신한다.
정답 (a)

02
해석 일본에 갈지 말지 결정했니?
해설 if는 조건 부사절이 아니라 decide의 목적어인 명사절을 이끌므로 문맥에 맞는 미래 시제를 쓴다.
정답 (b)

03
해석 우리 아버지께서는 시간은 화살처럼 빠르게 지나간다고 말씀하시곤 했다.
해설 속담, 격언, 불변의 진리, 객관적 사실 등은 현재 시제로 표현한다.
정답 (a)

04
해석 이 조각상이 얼마나 오래 전에 만들어진 것인지 알고 싶다.
해설 ago는 명백한 과거를 뜻하므로 과거 시제를 사용한다.
어휘 statue 조각상
정답 (a)

05
해석 그곳에 도착하자마자 전화 주세요.
해설 as soon as는 시간 부사절을 이끄는 접속사이므로 미래 시제 대신 현재 시제를 사용한다.
정답 (b)

06
해석 호주에는 이 꽃들이 야생 상태로 여전히 존재한다.
해설 exist는 존재를 나타내는 동사(be, consist 등)이므로 진행형을 쓰지 않는다.
정답 (b)

07
해석 이 목걸이는 바바라의 것이다.
해설 belong은 소유 동사(have, own, contain 등)이므로 진행형을 쓰지 않는다.
정답 (a)

08
해석 내 딸은 자기 아버지를 닮았다.
해설 resemble은 상태동사(appear, depend, remain, seem 등)이므로 진행형을 쓰지 않는다.
정답 (b)

09
해석 그녀는 파티에서 일어났던 일을 또렷하게 기억한다.
해설 remember는 상태동사(forget, hate, like, suppose, want 등)이므로 진행형을 쓰지 않는다.
정답 (b)

10
해석 나는 매일 아침 새들이 지저귀는 소리를 듣는다.
해설 hear는 지각동사 중 무의지 동사(feel, see, smell, taste 등)이므로 진행형을 쓰지 않는다. 또한, 매일 아침 벌어지는 반복적인 행위이므로 현재 시제를 쓴다.
정답 (b)

11
해석 크리스티나가 왔을 때, 나는 TV를 보고 있었다.
해설 watch는 지각동사이지만 '텔레비전·경기 등을 보다'와 같이 관람의 의미일 경우 진행형이 가능하다. 크리스티나가 왔을 때 TV를 보고 있었으므로 동시 동작을 나타내는 진행형이 적절하다.
정답 (a)

12

해석 여행객들은 가이드가 하는 말에 귀 기울이고 있다.

해설 see와 hear는 진행형을 쓸 수 없지만, look at과 listen to는 진행형이 가능하다.

정답 (a)

13

해석 새로운 세탁기는 남편이 자기 옷을 스스로 빨 수 있게 해 준다.

해설 enable은 상태동사(능력)이므로 진행형을 쓸 수 없다.

정답 (b)

14

해석 남동생은 전화벨이 울렸을 때 인터넷 서핑을 하고 있었다.

해설 전화벨이 울렸을 때의 상황을 묘사해야 하므로 과거진행형이 적절하다.

정답 (a)

15

해석 나는 다가오는 금요일에 주요 고객과의 회의에 참석할 것이다.

해설 this coming Friday가 미래 시점을 가리키고 있으므로 미래 시제가 와야 한다.

정답 (b)

Practice Test   p.52

01 (a)   02 (a)   03 (b)   04 (b)   05 (b)

06 (c)

01

해석 A 우리 쌍둥이들은 지금 뭐하고 있어요?
   B 당신이 생일 선물로 준 책들을 읽고 있어요.

해설 현재진행 시제로 지금 뭐하고 있는지 물었으므로 특별한 사유가 없는 한 현재진행으로 답한다.

정답 (a)

02

해석 A 하이디가 누굴 사귀는 것 같아.
   B 맞아. 그의 이름은 타이슨이야.

해설 여기에서 see는 '보다'라는 지각동사가 아니라 '~와 사귀다'라는 의미로 진행형으로 쓸 수 있다.

정답 (a)

03

해석 나는 그가 집에 오기 전에 집 청소를 끝낼 것이다.

해설 before가 이끄는 시간 부사절에서는 현재 시제가 미래를 대신한다.

정답 (b)

04

해석 물은 산소와 수소로 구성되어 있다.

해설 consist는 상태동사이므로 진행형을 쓸 수 없다. 또한 자동사이므로 수동태도 될 수 없다.

어휘 hydrogen 수소 oxygen 산소

정답 (b)

05

해석 A 어제 뭐했어요?
   B 곧 있을 연례 회의 준비를 했어요.
   A 그 회의에 사람들이 많이 오나요?
   B 그러기를 바라죠.

해설 어제 한 일을 묻고 있으므로 B는 과거 시제를 써서 답해야 한다. 따라서 (b)의 현재완료 have prepared를 prepared로 바꿔야 한다. (c)의 'be going to+동사원형'은 미래를 나타내므로 앞으로 열릴 회의에 관해 말할 때 적절한 시제이다. (d)의 will be 다음에는 going to be many people이 생략된 것으로 be는 대동사로 쓰였다.

어휘 upcoming 다가오는

정답 (b) have prepared → prepared

06

해석 (a) '고려풀' 매미는 1인치가 조금 넘지만, 그 크고 맑은 울음소리는 1마일 밖에서도 들린다. (b) 매미가 가까이 앉아 있을 때조차도 그 소리의 위치를 찾아내기가 힘들다. (c) 하지만 아마도 이 아주 작은 곤충 소리를 듣는 사람이 그 어느 때보다 많을 것이다. (d) 성숙한 수컷만이 울 수 있으며, 우는 것은 놀랄 만한 볼거리이다.

해설 (c)의 hear는 지각동사 중 무의지 동사로서 진행형으로 쓰지 않는다. 따라서 현재 시제로 바꾸어야 한다. (a)에서 call은 동사가 아니라 '울음소리'를 뜻하는 명사로 문장의 주어로 쓰였다. (d)에서 amazing은 동사가 아니라 현재분사로 쓰였으며 명사 sight를 수식한다.

어휘 cicada 매미 locate ~의 위치를 찾아내다 creature 창조물, 생명체 nearby 가까이에 tiny 아주 작은 full-grown 성숙한 performance 공연, 연주 amazing 놀랄 만한 sight 광경

정답 (c) people are hearing → people hear

Unit 04 시제 파악하기: 완료 & 완료진행 시제

Exercise   p.56

01 (b)	02 (a)	03 (b)	04 (b)	05 (a)
06 (b)	07 (a)	08 (a)	09 (b)	10 (b)
11 (b)	12 (a)	13 (a)	14 (b)	15 (b)

01

해석 케이트의 가족은 그녀가 지난달 아프리카로 간 이후로 그녀로부터 소식을 듣지 못했다.

해설 since는 과거로부터 현재까지 계속됨을 나타내므로 주절에는 현재완료 시제가 적합하다.

어휘 hear from ~로부터 소식을 듣다

정답 (b)

02

해석 그가 사무실을 나서자마자, 비가 억수같이 쏟아졌다.

해설 as soon as는 '~하자마자'라는 의미로 명확한 시점과 함께 쓰이는 접속사이므로 완료 시제는 알맞지 않다. 주절의 rained에 맞추어 과거 시제가 적절하다.

어휘 rain cats and dogs 비가 억수같이 내리다

정답 (a)

03

해석 나는 하와이에 가 본 적이 있으니까 다른 곳에 가고 싶어.

해설 have been to는 '~에 가 본 적이 있다'라는 경험을 뜻하므로 문맥상 적절하다. have gone to는 '~에 가서 현재 (이곳에) 없다'라는 결과를 의미하므로 3인칭 주어와 어울린다.

어휘 somewhere else 그 밖에 다른 곳

정답 (b)

04

해석 로라는 예전에 조카의 사진을 본 적이 있기 때문에 그를 알아볼 수 있다.

해설 because가 이끄는 종속절 시제가 has seen, 즉 현재완료 시제이므로 과거 시제와 함께 쓰이는 ago가 아닌 before가 적합하다.

어휘 recognize 알아보다

정답 (b)

05

해석 탐은 온종일 담벼락에 페인트칠을 하고 있기 때문에 매우 피곤하다.

해설 주절에 현재 시제가 사용되었으므로 종속절에는 과거에서 현재로 이어짐을 뜻하는 현재완료진행 시제가 적절하다.

정답 (a)

06

해석 나는 다음 달이면 이 집에 산 지 10년째가 된다.

해설 by next month가 미래의 완료 시점을 의미하므로 미래완료 시제가 필요하다.

정답 (b)

07

해석 나는 신디가 20년 전에 이 집에서 태어난 이후로 그녀를 알아 왔다.

해설 since가 이끄는 종속절에 과거를 뜻하는 ago와 함께 사용하려면 과거 시제가 적절하다.

정답 (a)

08

해석 그는 예전에 그 곤충을 한 번도 본 적이 없기 때문에 그 곤충에 대해 매우 궁금해 한다.

해설 곤충에 대해 궁금해 하는 시점이 현재이고 because가 이끄는 종속절에 before가 사용되었으므로 과거에서 현재까지의 경험을 나타내는 현재완료 시제가 필요하다.

정답 (a)

09

해석 지난 몇 년 사이에 연예 산업은 빠른 성장을 일궈냈다.

해설 over the last few years는 현재완료 시제와 함께 사용되는 표현이다.

어휘 make progress 발전하다 rapid 빠른, 급한

정답 (b)

10

해석 아서는 3년 동안 중국어 공부를 해 왔었다고 내게 말했다.

해설 말한 시점이 과거이고 공부를 시작한 시점은 그보다 먼저이므로 과거완료 시제가 적절하다.

정답 (b)

11

해석 그녀가 달리기를 끝냈을 무렵, 대부분의 사람들은 이미 그곳을 떠나고 없었다.

해설 달리기를 끝낸 시점이 과거인데 사람들이 이미 그곳을 떠난 상태라고 했으므로 과거보다 한 시제 앞선 대과거, 즉 과거완료 시제가 필요하다.

정답 (b)

12

해석 너는 보고서 작성을 언제 끝냈니?

해설 when은 명확한 시점을 요구하는 의문사이므로 현재완료 시제와 함께 쓸 수 없다.

정답 (a)

13

해석 내가 공항에 도착했을 때 그 비행기는 벌써 이륙해버렸다.

해설 공항에 도착한 시점이 과거인데 비행기는 그보다 먼저 이륙했다고 했으므로 과거완료 시제가 필요하다.

어휘 take off (비행기가) 이륙하다

정답 (a)

14

해석 아버지는 3년 전부터 계속 편찮으시다.

해설 since가 3년 전부터 현재까지 쭉 이어진 상황을 의미하므로 주절에는 현재완료 시제가 적합하다.

정답 (b)

15

해석 네가 슈퍼마켓에 도착할 무렵이면, 그들은 영업을 시작했을 것이다.

해설 by the time이 이끄는 종속절에 미래를 대신하는 현재 시제가 사용되었으므로 주절에는 미래에 이미 완료되어 있을 상황, 즉 미래완료 시제가 필요하다.

정답 (b)

Practice Test   p.58

01 (b)	02 (d)	03 (c)	04 (a)	05 (a)
06 (a)				

01

해석 A 년 언제 조부모님을 뵈었니?
　　 B 작년에 찾아 뵌 이후로 지금껏 한 번도 만나지 못했어.

해설 when은 과거나 미래의 어느 일정한 시점을 묻는 의문사이므로 완료 시제와 함께 쓸 수 없다.

정답 (b)

02

해석 나는 졸업 논문을 이달 말까지 끝낼 것이다.

해설 동작이 현재부터 미래의 일정 시점까지 계속되므로 미래완료를 써야 한다. 특히 미래완료 시제는 by '~까지', if '~하면', in '~후에'와 함께 잘 쓰인다.

어휘 graduation thesis 졸업 논문

정답 (d)

03

해석 이번 여름 이제껏 하루도 빠짐없이 매일 비가 왔다.

해설 so far(지금까지)라는 부사구가 현재까지 계속되는 상황임을 알려 준다. 과거부터 지금까지 계속되는 상황이므로

현재완료를 써야 한다.

정답 (c)

04

해석 그녀는 그 소식을 듣자마자 와락 울음을 터뜨렸다.

해설 소식을 들은 후에 눈물을 흘렸으므로, 소식을 들은 것이 과거완료로 쓰였을 때 눈물을 흘렸다는 것은 과거 시제로 표현해야 한다. 'No sooner had+주어+p.p.+than+주어+과거'는 '~하자마자 …했다'라는 관용 표현이므로 익혀 둔다. burst는 원형과 과거형, 과거분사형이 같다.

어휘 burst into tears 와락 울음을 터뜨리다

정답 (a)

05

해석 A 그저께부터 계속 비가 퍼붓고 있어.
B 일기예보는 확인해 봤어?
A '수지'라는 태풍이 접근하고 있대.
B 그러면 우리는 이럴 때 뭘 해야 하지?

해설 (a)에서 그저께부터 비가 계속 내리고 있다고 했으므로 현재완료 또는 현재완료진행 시제를 써야 한다.

어휘 pour 붓다 typhoon 태풍

정답 (a) is pouring
→ has poured 또는 has been pouring

06

해석 (a) 전 세계적으로 인터넷이라 불리는 새로운 기술의 도입 이후 삶은 완전히 바뀌었다. (b) 특히 대학생들에게 인터넷은 삶에 없어선 안 될 부분이 되었다. (c) 일부 교수들은 학생들에게 과제를 오직 인터넷으로만 제출할 것을 요구한다. (d) 또한, 수강 신청도 종종 인터넷을 기반으로 하는 시스템을 이용해서 행해진다.

해설 (a)에서 인터넷 기술의 도입 이후부터 지금까지를 뜻하는 since가 있으므로 주절의 시제는 현재완료를 사용해야 한다. (c)에 쓰인 ask는 5형식 동사로 'ask+목적어+to부정사' 형태로 쓰여 '~에게 …을 요청하다'라는 뜻이 된다. (d)에서 using은 분사구문으로 쓰였다.

어휘 introduction 도입, 소개 indispensable 필수불가결한 summit 제출하다 assignment 과제 application 신청

정답 (a) was changed → has been changed

Unit 05 태

Exercise   p.63

01 (a)	02 (b)	03 (a)	04 (b)	05 (b)
06 (b)	07 (a)	08 (a)	09 (b)	10 (a)
11 (b)	12 (b)	13 (a)	14 (b)	15 (a)

01

해석 그 위원회는 10명의 회원으로 구성되어 있다.

해설 consist of는 수동태로 사용할 수 없는 자동사이다.

어휘 committee 위원회

정답 (a)

02

해석 이 오래된 건물은 여태까지 우리 아버지에 의해 관리되어 왔다.

해설 주어인 building은 타동사인 take care of의 대상이므로 동사는 수동태여야 한다.

어휘 so far 여태까지

정답 (b)

03

해석 유명한 역사학자가 쓴 그 역사책은 쉽게 잘 읽힌다.

해설 read는 주로 타동사로 쓰이지만 부사 easily와 함께 쓰이면 능동태이면서 수동의 의미를 갖게 된다.

정답 (a)

04

해석 그 대회의 우승자는 자신의 상금을 자선 단체에 기부할 것이라고 한다.

해설 say는 to부정사를 목적어로 취하지 않으며, 'be said+to부정사'는 동사 say의 단문 수동태 형식이다.

어휘 donate 기부하다 charity 자선 단체

정답 (b)

05

해석 새로운 소설이 그 유명한 작가에 의해서 쓰여지고 있다.

해설 주어인 novel은 동사 write의 대상이므로 수동태로 표현하는 것이 적절하다. 수동태의 진행형은 be being p.p.이다.

어휘 author 작가

정답 (b)

06

해석 그녀는 동료들에 의해서 차별당해 왔다.

해설 discriminate는 전치사 against와 함께 '~을 차별하다'라는 의미로 쓰인다. 수동태가 되어도 against와 함께 쓴다.

어휘 colleague 동료

정답 (b)

07

해석 지난 분기 때 소매 가격이 3% 올랐다.

해설 rise(rise-rose-risen)는 자동사이므로 수동태로 사용할 수 없다.

어휘 retail price 소매가 quarter 분기

정답 (a)

08

해석 그는 대낮에 차를 도난당했다.

해설 주어가 사람인 경우 '~을 도난당하다'는 be robbed of를 써야 하며, 주어가 물건인 경우에는 be stolen을 쓴다.

어휘 in the daytime 대낮에

정답 (a)

09

해석 그는 밸런타인데이에 초콜릿 한 상자를 받았다.

해설 give는 4형식 동사로 간접 목적어와 직접 목적어를 취한다. 주어진 문장에서는 직접 목적어만 있으므로 간접 목적어가 주어로 간 수동태 문장으로 볼 수 있다.

정답 (b)

10

해석 나는 그녀가 그 장난감들을 가지고 놀도록 허락했다.

해설 allow 동사는 능동태에서 '목적어+to부정사 보어'를 취하는 5형식 동사이다. 수동태 뒤에 목적어 her가 올 수 없다.

정답 (a)

11

해석 너의 자동차는 수리를 받을 필요가 있다.

해설 동사 need의 목적어 자리에 능동 형태의 동명사가 오면 to be p.p.와 같은 수동의 의미를 갖는다.

어휘 repair 수리하다

정답 (b)

12

해석 내 강아지가 누군가를 향해 짖는 소리가 들렸다.

해설 5형식 문장의 능동태에서는 지각동사의 목적격 보어로 원형부정사가 쓰이지만, 수동태가 되면 원형부정사가 to부정사로 바뀐다.

어휘 bark 짖다

정답 (b)

13

해석 이 노래는 한국에서 거의 모든 사람들에게 알려져 있다.

해설 문맥상 '~에게 알려져 있다'라는 의미가 되어야 하며, 이에 해당하는 표현은 be known to이다.

정답 (a)

14

해석 그 실종된 개를 어디에서 찾았니?

해설 주어인 the missing dog은 타동사 find의 대상이므로 수동태가 적절하다.

어휘 missing 실종된

정답 (b)

15

해석 검은 옷을 입은 남자는 군중 속으로 사라졌다.

해설 disappear는 자동사이므로 수동태로 사용할 수 없다.

어휘 in black 검은 옷을 입은

정답 (a)

Practice Test

p.65

01 (d)	02 (d)	03 (a)	04 (c)	05 (d)
06 (b)				

01

해석 A 공공 수영장에 가는 게 어때?
　　B 난 한 번은 거의 익사할 뻔해서 수영을 좋아하지 않아.

해설 drown은 자동사, 타동사 둘 다 가능하므로 '익사하다'라는 뜻으로 drown과 be drowned 모두 표현할 수 있다.

정답 (d)

02

해석 A 내가 태워다 줄게!
　　B 고맙지만 수리공이 고장 난 내 차를 벌써 고쳤대.

해설 고장 난 것이 수리한 것보다 앞선 시제이므로 대과거를 써야 하고, 관계대명사 that절의 주어는 선행사인 my car이므로 수동태가 적절하다.

정답 (d)

03

해석 대부분의 학교 폭력 문제들은 과거에 그것들을 예방하기 위한 적절한 조치가 취해지지 않았기 때문에 일어난다.

해설 take action '조치를 취하다'에서 take의 목적어인 action이 주어이므로 단수 동사이며 수동태가 와야 한다. 문장 마지막에 in the past라고 하므로 과거 시제가 필요하다.

정답 (a)

04

해석 길고 격렬한 선거 운동 후에, 나이트 씨가 결국 주지사로 당선되었다.

해설 얼핏 보면 빈칸 뒤에 목적어가 있어 능동태를 답으로 고르기 쉽지만 elect는 5형식 동사로 'elect+목적어+목적보어(명사)'의 형태로 쓰이며, 목적어(Mr. Knight)가 주어 자리에 가고 수동태가 되어도 목적보어인 명사는 그대로 뒤에 남는다.

어휘 fierce 격렬한, 사나운 governor 주지사 in the end 결국에는

정답 (c)

05

해석 A 지난번의 그 구직 면접은 어땠어?
　　B 오! 잘되어서 취직했어.
　　A 정말 다행이다.
　　B 고마워, 그렇지만 근무 시간에는 그렇게 만족할 수가 없네.

해설 '~에 만족하다'라는 표현은 전치사 by가 아니라 with를 써서 be contented with로 표현한다. by를 쓰지 않는 수동태는 한 단어처럼 외우는 것이 좋다.

어휘 job interview 구직 면접 the other day 지난번, 저번에 get a job 일자리를 구하다 office hours 근무 시간

정답 (d) contented by → contented with

06

해석 (a) 지난 십 년간 터키와 브라질은 훌륭한 경제 주역으로서 칭송받아 왔다. (b) 그러나 지난 3개월 동안 양국은 그들 정부의 성과에 대한 깊은 불만을 표출하는 대규모 시위로 인해 마비 상태로 지내 왔다. (c) 이제 누구도 언제 이 나라들이 제자리로 돌아갈지 알 수 없다. (d) 여기에서 무슨 일이 벌어지고 있는 것일까? 그리고 더 많은 나라들이 비슷한 격변을 겪게 될까?

해설 paralyze는 '마비시키다, 무력하게 하다'라는 타동사이다. 대규모 시위로 인해 양국이 마비되었으므로 수동태로 고쳐야 한다. (a)의 have been celebrated 또한 칭송을 받는 대상인 터키와 브라질이 주어 자리에 있으므로 수동태로 표현되어 있다. (b)에서 expressing은 demonstrations를 수식하는 분사이다.

어휘 decade 십 년 star 인기 있는, 유명한 paralyze 마비시키다 massive 거대한, 대규모의 demonstration 시위 discontent 불만족 get back on the track 제자리로 돌아오다 upheaval 격변

정답 (b) have paralyzed → have been paralyzed

06 수 일치

Exercise   p.68

01 (b)	02 (a)	03 (a)	04 (a)	05 (b)
06 (a)	07 (b)	08 (b)	09 (b)	10 (b)

01

해석 그녀뿐만 아니라 너도 그 사고에 대해 비난받아야 한다.

해설 as well as가 주어에 있을 경우, 동사의 수는 앞에 오는 명사에 일치시켜야 한다.

어휘 be to blame 비난받다

정답 (b)

02

해석 당신과 당신의 파트너 둘 다 어제 모임에 참석하지 않았습니다.

해설 neither A nor B가 주어인 경우 동사의 수는 B에 일치시켜야 한다.

어휘 be present at ~에 참석하다

정답 (a)

03

해석 500달러가 저의 마지막 제안입니다.

해설 금액을 나타내는 명사가 주어이고 그것이 단위를 의미할 때는 단수 취급한다.

어휘 offer 제안

정답 (a)

04

해석 물리학은 내가 가장 좋아하는 과목이지만, 나는 지난 학기에 물리학에서 낙제했다.

해설 과목을 뜻하는 명사는 -s로 끝나도 단수 취급한다.

어휘 have an F 낙제를 하다 semester 학기

정답 (a)

05

해석 이번 디자인의 패턴들이 지난번 것의 패턴들보다 훨씬 더 아름답다.

해설 비교 대상이 the patterns이므로 대명사로 받을 때도 복수로 받는다.

어휘 previous 예전의

정답 (b)

06

해석 수입 자동차의 수가 요즘 계속 증가하고 있다.

해설 the number of가 문두에 있을 경우 주어는 number 이므로 동사의 수는 단수여야 한다.

어휘 imported 수입된

정답 (a)

07

해석 공부만 시키고 놀도록 하지 않으면 아이는 바보가 된다.

해설 A and B의 형태라도 그 의미가 하나의 단일 개념을 뜻할 때는 단수로 취급한다.

어휘 dull 우둔한

정답 (b)

08

해석 전 직원이 이번 대회에 참가 요청을 받고 있다.

해설 personnel은 항상 복수로 취급해야 하는 명사이다.

어휘 participate in ~에 참가하다

정답 (b)

09

해석 많은 양들이 한 양치기의 보살핌을 받고 있었다.

해설 sheep은 단수형과 복수형이 같은 명사이지만, a lot of 의 수식을 받고 있으므로 복수 취급해야 한다.

어휘 shepherd 양치기, 목동

정답 (b)

10

해석 수많은 이론들이 발표되지만, 그들 중 대부분은 쉽게 잊힌다.

해설 a number of는 '많은'이라는 뜻으로 뒤에 오는 명사는 복수 형태이다. 따라서 동사는 복수 취급해야 한다.

어휘 release 발표하다

정답 (b)

Practice Test

p.69

| 01 (c) | 02 (c) | 03 (d) | 04 (c) | 05 (d) |

06 (a)

01

해석 A 지난주 베를린 필하모닉 오케스트라 연주회는 어땠어?

B 굉장했어, 그리고 청중들이 엄청 많았어.

해설 집합체를 하나로 볼 때 '집합 명사'라 하고 단수 취급하며, 집합체를 구성하는 구성원에 중점을 둘 때 '군집 명사'라 하고 복수 취급한다. 청중 전체를 하나의 집단으로 보고 enormous '거대한'이라고 표현하고 있으므로 단수 취급한다. 또한, 지난주의 일에 대해 묻고 있으므로 과거 시제를 사용한 (c)가 가장 적절하다.

어휘 enormous 거대한, 막대한

정답 (c)

02

해석 A 할머니가 돌아가신 지 3년이 지났어.

B 할아버지는 어떻게 지내시니?

해설 since와 함께 쓸 때 주절에는 현재완료 시제가 적절하다. 시간, 거리, 무게, 금액 등이 단위 표시인 경우 복수형이라 해도 단수 취급하지만 시간의 경과를 나타낼 때는 복수 동사와 일치시킨다. 할머니가 돌아가신 후의 시간 경과를 이야기하고 있으므로 복수 동사가 적절하다.

정답 (c)

03

해석 그는 수학 시험을 통과한 몇 안 되는 학생들 중 하나이다.

해설 의미상 시험을 통과한 학생이 한 명 이상이므로 관계대명사 who의 선행사는 the few students가 된다. 따라서 동사는 복수형인 have가 알맞다.

정답 (d)

04

해석 이사회 임원들 절반이 현재 CEO에 찬성한다고 케이틀린이 나에게 말해 주었다.

해설 that절의 주어인 half는 부분 표시 명사이므로 half of 뒤에 오는 명사의 수에 동사를 일치시킨다.

어휘 in favor of ~에 찬성하여 current 현재의

정답 (c)

05

해석 A 이런 일이 실제 일어나다니!

B 왜 그렇게 화가 난 거야?

A 내 친구 한 명이 어제 학교에서 강도를 당했는데 아무도 도와주지 않았대.

B 강도들과 맞서는 건 쉬운 일이 아니야.

해설 주어는 to stand against muggers로, to부정사가 이끄는 주어는 단수 취급하므로 are를 is로 바꾸어야 한다.

어휘 mug 노상강도 짓을 하다 stand against 대항하다 mugger 노상강도

정답 (d) are not easy → is not easy

06

해석 (a) 한 국제 사회학자 단체는 전 세계적으로 12세 이하의 어린이들이 근본적으로 같은 과목을 배운다는 것을 알아냈다. (b) 마그다 교수가 이끄는 그 단체는 UN 자료를 이용하여 125개국의 교육에 대한 정보를 분석했다. (c) 그 결과 그 단체는 전 세계의 초등학교 어린이들이 실질적으로 같은 과목을 배운다는 것을 알아냈다. (d) 그러나 고등학교에서는 매우 달랐다.

해설 (a)의 주어는 단수인 An international group이지 sociologists가 아니다. 따라서 동사도 단수형을 취한다. '명사+of+명사' 구가 주어 자리에 있을 때 of 앞의 명사에 동사를 일치시킨다는 사실을 명심하라. (c)에서 found는 3형식 find의 과거형으로 that절을 목적어로 취한다.

어휘 sociologist 사회학자 determine 알아내다, 밝히다 essentially 필수로, 근본적으로 utilize 이용하다 head ~을 이끌다 as a result 그 결과로 practically 실질적으로

정답 (a) have determined → has determined

Exercise p.74

01 (a)	02 (b)	03 (b)	04 (a)	05 (b)
06 (a)	07 (b)	08 (a)	09 (b)	10 (a)
11 (a)	12 (b)	13 (b)	14 (b)	15 (a)

01

해석 이 사무실 안에서 담배를 피우시면 안 됩니다.

해설 문맥상 '~할 필요 없다(don't have to)'보다 금지를 나타내는 '~하면 안 된다(must not)'가 적합하다.

정답 (a)

02

해석 그 뉴스는 사실일 리가 없으므로 나는 그것을 믿지 않는다.

해설 문맥상 '~일 리가 없다'라는 의미의 can not이 적절하다.

정답 (b)

03

해석 그가 우리에게 거짓말을 했음에 틀림없다.

해설 문맥상 '~했었어야 했는데(should have p.p.)'보다는 '~했음에 틀림없다(must have p.p.)'가 더 적절하다.

정답 (b)

04

해석 너는 좀 더 조심했었어야 했어. 그건 너의 잘못이었어.

해설 문맥상 '~했음에 틀림없다'보다 '~했었어야 했는데'가 적합하다.

정답 (a)

05

해석 너는 내가 이사하는 것을 도와줄 필요가 없어.

해설 need not은 조동사로 뒤에 동사원형이 와야 하는데 빈칸 뒤에 to부정사가 있으므로 일반동사인 don't need가 알맞다.

정답 (b)

06

해석 그녀는 시시한 일을 하느라 시간을 낭비하면 안 된다.

해설 ought to의 부정은 ought not to이다.

어휘 trifle 사소한 일

정답 (a)

07

해석 그가 건강 검진을 받는 것이 필요하다.

해설 주절에 necessary가 있을 경우 종속절인 that절에는 should 혹은 '(should)+동사원형'을 쓴다.

어휘 check up ~의 건강 검진을 하다

정답 (b)

08

해석 그녀가 박사 학위를 딴 아들을 자랑스러워하는 것은 당연하다.

해설 문맥상 '~하는 것이 낫다(may as well)'보다는 '~하는 것이 당연하다(may well)'가 적절하다.

어휘 doctor's degree 박사 학위

정답 (a)

09

해석 그 돈을 그녀에게 빌려 주느니 차라리 그냥 버리는 게 낫다.

해설 '~하느니 차라리 …하는 게 낫다'는 would rather … than ~으로 쓴다.

정답 (b)

10

해석 우리 가족은 화창한 토요일이면 소풍을 가곤 했다.

해설 '~하곤 했다'는 'used to+동사원형'을 쓴다. be used to는 '~에 사용되다'라는 의미로 적절하지 않다.

정답 (a)

11

해석 그녀의 아버지는 그녀가 음악을 공부하러 외국에 가야 한다고 주장했다.

해설 주절의 동사가 insist '주장하다'일 경우 종속절인 that 절에는 should가 생략되어 동사원형이 온다.

정답 (a)

12

해석 그 사람에 대한 이야기를 듣고 나서 나는 그를 천재라고 생각하지 않을 수 없었다.

해설 '~하지 않을 수 없다'라는 의미의 관용 표현은 cannot help -ing이다.

어휘 think of A as B A를 B라고 여기다

정답 (b)

13

해석 내 비밀을 그녀에게 털어놓지 않는 것이 더 좋겠다.

해설 '~하지 않는 것이 더 낫다'라는 표현은 'would rather not+동사원형'이다.

어휘 confess 고백하다

정답 (b)

14

해석 모든 학생들은 다음 주 월요일에 과제를 제출해야 할 것이다.

해설 두 개의 조동사를 연달아 사용할 수 없으므로 will 뒤에는 의무를 나타내는 have to가 적절하다.

어휘 submit 제출하다 assignment 과제

정답 (b)

15

해석 어머니가 그 교활한 여행 가이드에게 바가지를 쓸 것을 생각하니 분하다.

해설 문맥상 '틀림없이 ~할 것이다'라는 추측의 의미가 필요하므로 should가 적절하다.

어휘 shame 아쉬운 일 rip off 바가지를 씌우다 sly 교활한

정답 (a)

Practice Test   p.76

01 (b)	02 (c)	03 (a)	04 (a)	05 (d)
06 (d)				

01

해석 A 제이슨이 올 수 없었다니 안타까워.
     B 난 파티에서 그를 봤어. 그는 틀림없이 왔었어.

해설 제이슨이 파티에 오지 못했다는 말에 대해 파티에서 그를 보았다고 했으므로 과거 사실에 대한 확신을 뜻하는 must have p.p.가 가장 적절하다.

어휘 make it 해내다, 도착하다

정답 (b)

02

해석 A 입학 위원회가 추천장 하나를 수요일까지 제출하라고 요청했어.
     B 걱정하지 마! 내가 알아서 할게.

해설 주장, 명령, 요구, 제안의 동사라 불리는 것들은 '주어+insist[demand/ order/ suggest/ propose/ urge/ require]+that+주어+(should)+동사원형'의 문형을 가진다. should는 생략이 가능하기 때문에 that절의 주어가 몇 인칭이든 상관없이 동사원형을 쓴다. 여기에서는 주어가 letter이기 때문에 submit의 수동태가 알맞다.

어휘 admission 입학 committee 위원회 recommendation letter 추천장

정답 (c)

03

해석 그가 마음을 바꾸길 기대하느니 차라리 태양이 서쪽에서 뜨는 걸 기다리겠다.

해설 'may(might) as well+A(동사원형)+as+B(동사원형)'는 'B하느니 차라리 A하겠다'라는 뜻으로 as 뒤에 동사원형이 온다.

정답 (a)

04

해석 자, 이제 데이터를 출력할까요?

해설 let's로 시작하는 문장의 부가 의문문은 shall we를 쓴다.

정답 (a)

05

해석 **A** 여동생이 스페인으로 출장을 가.
　　 B 유럽을 처음 가는 거야?
　　 A 아니, 이탈리아만 빼고 유럽 전역을 여행했었어.
　　 B 이탈리아는 정말 아름다운 나라야. 그녀가 거기 가 봤
　　　　어야 했는데.

해설 (d)에서 여동생이 가 보지 않은 나라에 대해 말하고 있으
　　 므로 could have been이 아닌, 과거 사실에 대한 유
　　 감을 드러내는 '~했어야만 했다'라는 의미의 should
　　 have been을 써야 한다. (a)에서 현재진행형인 is
　　 going은 미래의 대용 표현으로 쓰였다.

어휘 go on a business trip 출장을 가다

정답 (d) could have been → should have been

06

해석 (a) 우주 탐험 프로그램과 같은 거창한 것이 있기 전에도
　　 우주 관측은 가능했다. (b) 사람들은 달의 자세한 모습을
　　 볼 수 있었고 토성 고리의 기하학적인 아름다움을 연구할
　　 수 있었다. (c) 이 모든 것은 천문 미술가라는 소수의 그
　　 룹에 의해 가능했다. (d) 그들은 우주의 다른 세계들이 어
　　 떻게 보이는지 표현하는 것을 직업으로 삼았다.

해설 문맥상 (d)의 내용은 '어떻게 보이는가'이지 '어떻게 보여
　　 야만 한다'는 것은 아니므로 should의 쓰임새가 어색하
　　 다. 따라서 should를 might 혹은 would로 바꾸어야
　　 한다. 조동사 본래의 의미를 해석상 알맞게 사용하는가
　　 하는 문제도 자주 출제된다.

어휘 observation 관측, 관찰　detailed 자세한
　　 geometric 기하학의　Saturn 토성　artist-
　　 astronomer 천문 미술가　illustrate 삽화를 넣다.
　　 분명히 보여 주다

정답 (d) should look → might look 또는 would look

Exercise　　　　　　　　　　p.81

01 (b)	02 (b)	03 (b)	04 (a)	05 (b)
06 (b)	07 (a)	08 (b)	09 (a)	10 (b)
11 (a)	12 (b)	13 (b)	14 (b)	15 (b)

01

해석 그가 나에게 그 비밀을 말해 준다면, 나는 그에게 큰돈으
　　 로 보상할 텐데.

해설 조건절에 told가 있으므로 가정법 과거가 알맞다.

어휘 reward A with B A에게 B로 보상하다

정답 (b)

02

해석 내게 이메일 주소를 알려주었더라면, 네게 이메일을 보냈
　　 을 텐데.

해설 조건절에 had let이 있으므로 가정법 과거완료가 적절하다.

정답 (b)

03

해석 그가 진정한 변호사라면 공정한 판단을 내릴 수 있을 텐데.

해설 주절에 could make가 있으므로 가정법 과거이다. 가정
　　 법 문장에서 be동사는 인칭에 관계없이 were를 쓴다.

어휘 make a judgment 판단하다　impartial 공정한

정답 (b)

04

해석 그 당시에 네가 좀 더 신중하게 투자했더라면 지금 어떠
　　 한 의심도 없을 텐데.

해설 조건절에 had invested가 있어서 가정법 과거완료처럼
　　 보일 수 있으나 조건절의 과거 표시 부사 at that time
　　 과 주절의 now를 통해 혼합 가정법임을 알 수 있다.

어휘 suffer 고통받다　doubt 불신, 의심

정답 (a)

05

해석 당신의 충고가 없었더라면 아내와 저는 화해하지 못했을

겁니다.

해설 주절에 would not have made가 있으므로 가정법 과거완료가 적절하다.

어휘 make up 화해하다

정답 (b)

06

해석 그는 훨씬 전에 항공권을 예약해 두었는데, 그렇지 않았더라면 형의 결혼식에 참석할 수 없었을 것이다.

해설 항공권을 미리 예약해 두었다는 과거 사실이 언급되어 있으므로, 조건절을 대신하는 otherwise가 이를 반대로 가정하므로 가정법 과거완료가 알맞다.

어휘 well in advance 훨씬 전에 attend 참석하다

정답 (b)

07

해석 만약 복권에 당첨된다면 무엇을 할래?

해설 주절에 would do가 있으므로 가정법이다. 그런데 조건 접속사 If가 없으므로 If you should에서 도치되었음을 알 수 있다.

어휘 win the lottery 복권에 당첨되다

정답 (a)

08

해석 너무나 바빠서 휴가를 갈 수 없지만 하와이에 갈 수 있다면 얼마나 좋을까.

해설 현재 갈 수 없는 사실에 대한 가정이므로 I wish 가정법 과거가 필요하다.

정답 (b)

09

해석 내가 그 소문을 들었더라면, 너에게 알려 주었을 텐데.

해설 주절에 would have let이 있으므로 가정법 과거완료이고 조건절에 도치가 적용되었으므로 Had가 필요하다.

정답 (a)

10

해석 어머니가 이 편지를 안 읽으시는 게 좋겠는데.

해설 would rather 가정법이므로 과거 시제가 적절하다.

정답 (b)

11

해석 당신의 도움이 없었더라면 내 딸이 목표를 달성할 수 없었을 거예요.

해설 주절에 couldn't have achieved가 있으므로 가정법 과거완료임을 알 수 있다. 따라서 조건절 if it had not been for를 대신하는 전치사 without이 필요하다.

어휘 despite ~에도 불구하고

정답 (a)

12

해석 내 동료 중 하나인 해리는 대학 때 유럽을 여러 번 가 본 적이 있는 것처럼 얘기한다.

해설 when he was a university student라는 표현을 통해서 과거 사실을 가정하고 있음을 알 수 있으므로 as if 가정법 과거완료가 적절하다.

어휘 colleague 동료

정답 (b)

13

해석 다시 태어난다면 나는 탐험가가 될 것이다.

해설 빈칸 뒤에 be born이 있으므로 가정법 미래인 were to가 적절하다.

어휘 explorer 탐험가

정답 (b)

14

해석 이제 너는 중간고사 대비를 시작해야 할 때이다.

해설 It is time 가정법이므로 과거 시제가 필요하다.

어휘 mid-term examination 중간고사

정답 (b)

15

해석 샐리가 올해 동창회에 오지 않았어. 그녀가 거기에 왔더라면 얼마나 좋을까.

해설 과거 사실을 반대로 가정해야 하는 상황이므로 I wish 가정법 과거완료가 적절하다.

어휘 show up 나타나다 reunion 동창회

정답 (b)

01 (a)	02 (d)	03 (d)	04 (a)	05 (b)
06 (d)				

01

해석 A 내가 운동을 규칙적으로 했더라면, 지금 더 건강할 텐데.
　　 B 그렇게 늦지 않았어. 운동 시작해!

해설 if절의 시제가 had taken, 즉 가정법 과거완료이므로 주절에는 would[could/ should/ might] have p.p.를 쓰는 것이 일반적이다. 하지만 주절에 있는 시간 부사 now를 통해 혼합 가정법임을 알 수 있다.

정답 (a)

02

해석 A 만약 네가 더 어려진다면 뭘 하고 싶어?
　　 B 그런 경우라면 난 전 세계를 여행할 거야.

해설 were to 가정법은 미래의 실현 불가능한 상상을 할 때 쓰며 'If+주어+were to+동사원형, 주어+조동사 과거+동사원형'의 형태로 쓰인다.

정답 (d)

03

해석 줄리가 내게 솔직했더라면 그녀를 도울 수도 있었는데.

해설 주절이 would[could/ should/ might] have helped이므로 가정법 과거완료임을 알 수 있다.

정답 (d)

04

해석 할아버지께서 돈을 좀 빌려 주셨어. 그렇지 않았다면 여행을 갈 형편이 안 되었을 거야.

해설 otherwise는 조건절을 대신하는 부사구로 쓰인다. 여기서는 if he hadn't lent me some money라는 의미이다.

어휘 afford ~할 여력이 되다

정답 (a)

05

해석 A 특별한 휴가 계획이라도 있니?

B 아니, 하지만 이제 뭔가 결정해야 할 때야.
A 그러면 우리 여름 별장에 오는 건 어때?
B 좋아. 꼭 그럴게.

해설 조건의 의미가 없는 가정법 중에서 '~할 때다'라는 뜻의 'It is (high/ about) time (that)+주어+과거 동사 ~'를 묻는 문제다. 따라서 (b) will decide가 아니라 과거형이 와야 한다.

정답 (b) will decide → decided

06

해석 (a) 마침내 그 중년 부부는 새 집을 사게 되었다. (b) 그래서 그들은 가전제품을 사러 시내로 갔다. (c) 그들은 몇 가지 물품들을 샀지만, 그들이 원하던 멋진 가구를 살 여력이 되지 않았다. (d) 그들이 수중에 충분한 돈이 있었다면 멋진 가구 몇 점을 구입했을 것이다.

해설 (d)에서 had they had는 if they had had의 if가 생략되어 주어와 동사가 도치된 것이다. 따라서 가정법 과거완료의 주절에 어울리도록 would buy를 would have bought로 바꿔야 한다. 전체 내용이 과거 시제를 사용하여 과거에 벌어진 일에 대해 기술하고 있으므로, 주절을 그대로 두고 조건절을 가정법 과거로 바꾸는 것은 현재의 일에 대한 가정이므로 적절치 않다.

어휘 household appliance 가전제품

정답 (d) would buy → would have bought

Unit 09   부정사

Exercise   p.89

01 (b)	02 (a)	03 (b)	04 (b)	05 (b)
06 (b)	07 (a)	08 (a)	09 (a)	10 (b)
11 (b)	12 (a)	13 (b)	14 (a)	15 (a)

01

해석 에이미와 한 시간 정도 얘기를 나눈 후, 나는 그녀와 대화하는 것이 재미있다는 것을 알게 되었다.

해설 빈칸 뒤에 있는 to부정사 부분이 found의 진목적어에 해당되므로 빈칸에는 가목적어와 형용사 보어가 필요하다.

정답 (b)

02

해석 이번에는 누구와 함께 가야 할지 결정할 수 없다.

해설 술어 동사인 decide의 목적어 자리에 '의문사+to부정사'의 명사구가 적절하다.

정답 (a)

03

해석 친구들은 내가 우연히 보고 사랑에 빠진 그 소녀에게 연락해 보라고 재촉했다.

해설 술어 동사 urge는 5형식에서 to부정사를 목적격 보어로 취하는 동사이다.

어휘 get in touch with ~와 연락하다 happen to 우연히 ~하다 fall in love with ~와 사랑에 빠지다

정답 (b)

04

해석 나는 항상 의지할 수 있는 누군가가 필요한데, 그게 바로 우리 아버지이다.

해설 빈칸 앞에 있는 명사인 somebody를 수식하는 to부정사의 형용사적 용법이다. 동사 depend는 자동사이므로 somebody를 수식하려면 전치사 on이 있어야 한다.

정답 (b)

05

해석 피카소 작품 전시회가 이 박물관에서 다음 달에 열릴 예정이다.

해설 next month가 있기 때문에 현재 열리고 있는 것이 아니라 앞으로 '열릴 예정이다'라는 의미이며 이를 나타내기 위해서 be to 용법이 필요하다.

어휘 exhibition 전시회

정답 (b)

06

해석 그에게 나를 어떻게 생각하냐고 내가 직접 물어보면 무례한 걸까?

해설 부정사의 의미상의 주어를 고르는 문제인데 보어 자리에 impolite, 즉 사람의 성격을 나타내는 형용사가 있으므로 'of+목적격'이 적절하다.

정답 (b)

07

해석 나는 그를 설득하려고 노력했지만, 결국 내 제안을 받아들일 수 없다는 그의 말을 들었다.

해설 문맥상 '~하기 위해서(in order to)'보다는 '결국 ~하고야 말았다(only to)'가 적절하다.

어휘 persuade 설득하다 accept 받아들이다

정답 (a)

08

해석 당장 그를 만나실 수 없으세요. 왜냐면 그가 몇 분 전에 나가는 것을 봤거든요.

해설 see가 지각동사이기 때문에 목적격보어 자리에는 동사원형이 필요하다.

정답 (a)

09

해석 티나의 남편은 주말마다 하루 종일 잠만 잔다.

해설 'do nothing but+동사원형'은 '~하기만 한다'라는 의미의 관용 표현이다.

정답 (a)

10

해석 조셉은 다시는 컴퓨터 게임을 하지 않겠다고 약속했지만 그 약속을 지키지 않았다.

해설 to부정사를 부정할 때는 to 앞에 not을 둔다.

어휘 keep one's word 약속을 지키다

정답 (b)

11

해석 나는 그 노인이 당장 치료받아야 한다고 분명히 말했지만 아무도 내 말을 들으려고 하지 않았다.

해설 the old man은 타동사 treat '~을 치료하다'의 대상이므로 수동태 부정사가 적합하다.

정답 (b)

12

해석 A 오늘 밤에 외식하러 나가자.
　　　B 그러고는 싶은데, 너무 피곤해.

해설 원래 I'd like to eat out tonight이 필요하지만 동사

의 반복을 피하기 위해 eat out tonight은 생략하고 to 만 남겨두는 대부정사가 적절하다.

정답 (a)

13

해석 그 대학은 100년 전에 설립되었다고 한다.

해설 대학이 설립된 시점이 술어 동사의 시제보다 먼저이므로 완료 시제를 포함한 to have p.p. 완료 부정사와 수동 태 be p.p.가 결합된 (b)가 적절하다.

어휘 found 설립하다

정답 (b)

14

해석 여동생은 다이어트를 하는 것이 쉽다고 항상 말하면서 계속 밤마다 먹는다.

해설 to부정사의 의미상의 주어를 묻는 문제이며 사람의 성격을 나타내는 형용사 보어가 없으므로 'for+목적격'이 적합하다.

어휘 go on a diet 다이어트를 하다 keep -ing 계속 ~하다

정답 (a)

15

해석 동료들은 사장님을 만족시키기가 어렵다는 점에 동의한다.

해설 종속절 부분은 원래 It is difficult to please the boss에서 the boss가 주어로 오면서 변형된 것이므로 따로 please의 목적어를 쓸 필요가 없다.

어휘 colleague 동료 please ~을 즐겁게 하다

정답 (a)

Practice Test				p.91
01 (c)	02 (b)	03 (d)	04 (d)	05 (d)
06 (d)				

01

해석 A 도움이 필요해 보이는군요. 이 영사기를 제가 설치할까요?
　　 B 오! 당신 정말 천사예요.

해설 would like은 그 자체가 동사구로 3형식일 경우 to부정사를 목적어로 취하고 5형식일 경우 목적보어 자리에 to부정사를 쓴다. 문맥상 도움이 필요한 사람에게 '내가 해 줄까?'라고 물어보는 5형식 구문이 필요하다.

어휘 projector 영사기

정답 (c)

02

해석 A 우리 토론 클럽에 온 걸 환영해!
　　 B 이 클럽에 가입이 되어 정말 기뻐요.

해설 감정의 형용사 뒤에 to부정사를 써서 '…해서 (기분이) ~ 하다'라고 감정의 원인을 나타낼 수 있다. 문장의 주어와 to부정사의 의미상 주어가 일치하므로 '받아들여졌다'라는 수동의 부정사 to be p.p.가 정답이다.

정답 (b)

03

해석 그가 그 일자리 제안을 받아들인 것은 현명한 일이었다.

해설 'It is+형용사+to부정사 ~' 구문에서 to부정사의 의미상 주어는 일반적으로 'for+목적격'으로 쓰나. It is 다음에 나오는 형용사가 사람의 성격을 나타내는 경우에는 'of+목적격'으로 의미상 주어를 표현한다. clever는 사람의 성격을 나타내는 형용사이므로 (d)가 가장 적절하다.

정답 (d)

04

해석 FBI 국장은 테러범들과의 협상을 거부했다.

해설 refuse는 목적어로 to부정사를 취하는 동사이므로 (b)와 (d) 중에서 정답을 고른다. FBI의 국장이 협상하는 주체이며 이를 거부하는 것이므로 수동태인 (b)는 적절하지 않다.

어휘 negotiate 협상하다

정답 (d)

05

해석 A 테일러 박사와의 심층 면접은 어땠어?
　　 B 난 너무 긴장해서 질문 몇 개는 다시 해 달라고 요청해야 했어.
　　 A 질문이 많았니?
　　 B 그렇게 많지는 않았지만 대답하기가 어려웠어.

해설 'It is+difficult[easy/ hard/ impossible]+to부정사'처럼 난이도를 나타내는 형용사의 경우 가주어 it을 사

용하여 진짜 주어인 to부정사를 문장의 맨 뒤로 옮길 수 있다. 이 경우, to부정사의 목적어가 있다면 이를 주어 자리로 옮겨 쓸 수 있는데, 주의할 것은 to부정사의 목적어가 주어 자리로 가기 때문에 to부정사 뒤에는 목적어가 없어야 한다는 것이다. 따라서 (d)는 가주어 구문 it was very difficult to answer them이나 to부정사의 목적어를 주어 자리로 가져간 they were very difficult to answer로 바꾸어야 한다.

어휘 intense interview 심층 면접

정답 (d) they were very difficult to answer them →
it was very difficult to answer them 또는 they were very difficult to answer

06

해석 (a) 언젠가 저녁 식사 초대를 받았다. (b) 손님들은 익숙하지 않은 고기가 가득한 이상하지만 맛있는 수프를 즐겼다. (c) 몇몇 손님들은 재료가 무엇인지 궁금해 했지만 주인은 그저 미소만 지었다. (d) 저녁 식사 후, 주인은 비밀을 밝혀 달라는 요청을 받았고, 그래서 수프 속의 고기가 뱀이라는 것을 말해 주었다.

해설 '~에게 ...하라고 요청하다'라는 뜻의 ask는 'ask+목적어+to부정사'의 5형식 구문으로 쓰인다. 이것이 수동태가 되면 '목적어+be asked+to부정사' 형태가 되므로 (d)의 was asked revealing는 문법상 틀린 문장이다.

어휘 wonder 궁금해하다 ingredient 재료 reveal 밝히다, 드러내다

정답 (d) was asked revealing
→ was asked to reveal

Unit **10** 동명사

Exercise p.97

01 (b)	02 (b)	03 (b)	04 (a)	05 (a)
06 (b)	07 (a)	08 (b)	09 (b)	10 (a)
11 (b)	12 (a)	13 (b)	14 (b)	15 (b)

01

해석 내가 이 화분의 식물들을 시들지 않게 하는 것은 매우 힘들다.

해설 빈칸 앞에 전치사 from이 있으므로 전치사의 목적어 자리에는 동명사가 적합하다.

어휘 prevent ~ from ... ~가 … 하는 것을 막다
wither 시들다

정답 (b)

02

해석 삼촌은 젊었을 때 게을렀던 것을 후회하신다.

해설 후회하는 시점은 현재이지만 게을렀던 시점은 과거이므로 완료 동명사 having p.p.가 필요하다.

어휘 be sorry for ~에 대해 후회하다

정답 (b)

03

해석 당신에게서 곧 소식이 있기를 고대하고 있습니다.

해설 look forward to의 to는 전치사이므로 그 뒤에는 동사원형이 아닌 동명사가 적합하다.

정답 (b)

04

해석 내 파트너는 경쟁사의 제안을 정중하게 거절했다.

해설 동사 refuse는 to부정사를 목적어로 취하는 동사이다.

정답 (a)

05

해석 앨리스는 나의 집들이 파티에 초대받지 못했던 것에 대해 화를 냈다.

해설 동명사를 부정할 때는 동명사 앞에 not을 둔다.

어휘 housewarming party 집들이 파티

정답 (a)

06

해석 샘은 다른 사람들이 한 말 때문에 모욕감을 느꼈다고 인정했다.

해설 admit은 동명사를 목적어로 받는 동사이다.

어휘 insult 모욕하다

정답 (b)

07

해석 나는 도서관에 책 반납하는 것을 잊는 바람에 벌금을 물어야 했다.

해설 문맥상 '할 일을 잊고 안 했다'라는 의미가 되어야 하므로 'forget+to부정사'가 적절하다.

어휘 pay a fine 벌금을 물다

정답 (a)

08

해석 도와주셔서 정말 감사합니다.

해설 동사 appreciate는 동명사를 목적어로 취하는 동사이며, 동명사의 의미상 주어로는 소유격을 쓴다.

정답 (b)

09

해석 나는 지하철역을 찾느라고 너무 힘들었다.

해설 have a hard time -ing는 '~하느라 힘든 시간을 보내다'라는 의미의 관용 표현이다.

정답 (b)

10

해석 당신은 에밀리의 결혼식에 초대받을 거라고 확신하나요?

해설 전치사 of의 목적어 자리에 필요한 동명사를 고르는 문제인데, 주어인 you는 invite '~을 초대하다'의 대상이므로 수동태 being p.p.가 들어가야 한다.

어휘 wedding ceremony 결혼식

정답 (a)

11

해석 남편과 나는 이번 여름에 몰디브로 여행을 갈 계획이다.

해설 동사 plan은 to부정사를 목적어로 취하지만 plan on은 동명사를 목적어로 취한다.

어휘 plan on ~할 예정이다

정답 (b)

12

해석 어머니께서는 우리가 그 문제에 대해서 이야기하는 것을 안 듣는 척하셨다.

해설 동사 pretend는 to부정사를 목적어로 취하는 동사이다.

정답 (a)

13

해석 브라이언이 퇴근 후에 한잔하러 만나자고 제안했다.

해설 동사 suggest는 동명사를 목적어로 취하는 동사이다.

정답 (b)

14

해석 그는 항상 나에게 어려운 때를 대비해서 저축하는 것이 필요하다라고 얘기한다.

해설 종속절인 that절의 주어를 완성하는 문제이므로 동명사 주어가 적합하다.

어휘 for a rainy day 어려운 때를 대비해서

정답 (b)

15

해석 나는 겨울 방학 동안 탐정 소설을 읽으면서 시간을 보냈다.

해설 'spend+시간+-ing'의 관용 표현이다.

어휘 detective novel 탐정 소설

정답 (b)

Practice Test				p.99
01 (b)	02 (d)	03 (c)	04 (b)	05 (d)
06 (c)				

01

해석 A 들어 봐! 나 담배 끊으려고.
　　 B 잘했어! 그건 그저 좋지 않은 습관일 뿐이야.

해설 문맥상 담배 피우는 것을 그만둔다는 내용이며, quit은 동명사를 목적어로 취한다.

어휘 nasty 끔찍한, 형편없는

정답 (b)

02

해석 A 미안해, 늦었어.
　　 B 여기 오는 길 찾는 데 어려웠니?

해설 'have trouble[difficulty/ a hard time] -ing'는 동명사의 관용적 표현으로 '~하는 데 어려움을 겪다'라는 의미이다.

정답 (d)

03

해석 걷기는 돈이 안 드는 최고의 운동이다.

해설 주어 자리에 빈칸이 있으므로 선택지 중 명사 혹은 그에 상응하는 말을 찾는다. (a)는 명사이지만 동사가 is이므로 수 일치가 되지 않고, (d)는 부정사인데 수동태이므로 문맥상 적절하지 않다. 따라서 동명사 (c)가 알맞다. 동명사가 주어 자리에 오면 항상 단수 취급한다는 점도 기억한다.

정답 (c)

04

해석 내 절친한 친구와 사업을 함께할까 생각 중이야.

해설 consider는 동명사를 목적어로 취하는 타동사이다.

정답 (b)

05

해석 A 따님이 음악 경연 대회에서 1등을 했다고 들었어요.
  B 맞아요! 마침내 그 애가 해냈어요.
  A 축하해요! 정말 기뻐요.
  B 고마워요. 그 애가 제 딸이라는 사실이 정말 자랑스러워요.

해설 동명사의 의미상 주어는 소유격으로 나타낸다. 따라서 (d)의 very proud of she being의 she를 her로 고쳐야 한다. (a)는 hear이 that절을 목적어로 취하는 구조이며, win the first prize(1등을 하다, 우승하다)라는 표현도 익혀 둔다.

어휘 win the prize 상을 타다 make it 해내다, 도착하다

정답 (d) I'm very proud of she being
  → I'm very proud of her being

06

해석 (a) 누구에게나 없애고 싶은 몇몇 나쁜 습관들이 있다. (b) 나도 예외가 아니다. (c) 나는 매일 과식을 즐긴다. (d) 이것은 없애기 어려운 습관이며, 다이어트를 하려고 노력은 하지만 결국에는 실패할 뿐이다.

해설 enjoy는 목적어로 동명사를 취하므로 to eat을 eating으로 바꿔야 한다. (a)에서 that은 목적격 관계대명사이며 선행사 bad habits는 get rid of의 목적어이다. (d)의 'try+to부정사'는 '~하려고 노력하다'라는 뜻이다.

어휘 get rid of ~을 제거하다 exception 예외 break a habit 습관을 없애다 go on a diet 식이요법을 하다

정답 (c) enjoy to eat → enjoy eating

Unit 11 분사

Exercise   p.105

01 (a)	02 (b)	03 (b)	04 (a)	05 (a)
06 (a)	07 (b)	08 (b)	09 (b)	10 (b)
11 (b)	12 (b)	13 (a)	14 (b)	15 (b)

01

해석 나는 신나는 경기를 보고 나서 기분이 상쾌해졌다.

해설 excite(~를 신나게 하다)와 game은 능동 관계이므로 현재분사로 수식해야 한다.

정답 (a)

02

해석 남동생은 친척들이 준 돈을 모두 장난감 사는 데 써 버렸다.

해설 give '~을 주다'와 money는 수동 관계이므로 과거분사로 수식해야 한다. '~하는 데 돈[시간]을 쓰다'라는 의미로 해석하여 동명사 giving을 고르지 않도록 한다.

정답 (b)

03

해석 그는 일주일 동안 집을 나갔다가 기진맥진해서 돌아왔다.

해설 exhaust(~을 지치게 하다)와 주어인 he는 수동 관계이므로 보어 자리에 과거분사가 와야 한다.

정답 (b)

04

해석 어머니가 내 방에서 내 일기장을 읽고 계신 것을 보았다.

해설 catch는 5형식에서 '~가 …하는 것을 우연히 보다'는 의미로 목적격 보어로 현재분사를 취한다.

정답 (a)

05

해석 그녀는 먹지도 마시지도 않고 밤낮으로 계속 울기만 했다.

해설 '계속 ~하다'라는 의미로 keep -ing를 사용한다.

정답 (a)

06

해석 그 산을 오르다가 나는 우연히 멋진 성을 한 채 발견했다.

해설 주어인 I가 산을 오르는 것은 능동의 상황이므로 현재분사가 와야 한다.

정답 (a)

07

해석 모든 것을 고려했을 때, 나는 이것이 우리의 유일한 대안이라고 생각한다.

해설 분사구문의 주어인 all things와 consider '~을 고려하다'는 수동 관계이므로 과거분사가 와야 한다.

어휘 alternative 대안

정답 (b)

08

해석 경매에 참여해 달라는 요청을 받았을 때, 나는 그 초대를 정중히 거절했다.

해설 접속사가 남아 있는 형태의 분사구문으로서, 주어인 I가 요청을 받은 수동 관계이므로 과거분사가 와야 한다.

어휘 auction 경매 invitation 초대

정답 (b)

09

해석 설거지를 미리 끝내 놓았기 때문에 그녀는 서두를 필요가 없었다.

해설 분사구문에 beforehand가 있기 때문에 주절보다 먼저 일어난 일임을 알 수 있으므로 완료분사 having p.p.가 와야 한다.

어휘 do the dishes 설거지를 하다 beforehand 사전에

정답 (b)

10

해석 그 지역에는 택시가 전혀 없었기 때문에, 나는 친구에게 데리러 오라고 부탁할 수밖에 없었다.

해설 As there were no cabs ~에서 분사구문으로 변형이 된 것인데, 접속사 as는 지울 수 있지만 there는 주절의 주어와 일치하지 않으므로 그대로 둔다.

어휘 cab 택시 pick up ~를 태워주다

정답 (b)

11

해석 그렇게 추운 나라에 가 본 적이 없기 때문에 그는 얼어 죽을까 봐 걱정스러웠다.

해설 분사구문의 부정은 not을 분사 앞에 두어야 한다.

어휘 be frozen to death 얼어 죽다

정답 (b)

12

해석 여동생은 종종 불을 다 켜놓은 채로 외출한다.

해설 all the lights와 turn on(~을 켜다)는 수동 관계이므로 과거분사가 정답이다.

정답 (b)

13

해석 그의 말투로 판단하건대, 그는 우리한테 단단히 화가 나 있는 것이 틀림없다.

해설 '~로 판단하건대'의 관용 표현은 judging from이다.

어휘 the manner of speaking 말투

정답 (a)

14

해석 그는 라디오를 듣다가 초인종이 울리는 소리를 들었다.

해설 주절의 시제가 과거이기 때문에 while he was listening에서 주어와 be동사를 생략한 분사구문이 알맞다.

정답 (b)

15

해석 높은 언덕 위에 위치해 있기 때문에 이 호텔에서는 해변이 내려다보인다.

해설 locate '~을 …에 위치시키다'와 주절의 주어 this hotel이 수동 관계이므로 과거분사가 정답이다.

어휘 overlook 내려다보다

정답 (b)

Practice Test

p.107

01 (a)	02 (b)	03 (b)	04 (c)	05 (c)
06 (c)				

01

해석 **A** 어제 놀이동산에 갔었지, 그렇지?
B 응, 근데 놀이기구 몇 가지 빼고는 지루했어.

해설 놀이동산(it)이 지루하다는 것이므로 능동의 분사 boring이 적절하다. 보통 감정을 유발할 때 능동의 분사를 쓰고, 감정을 경험하는 경우 수동의 분사를 쓴다. 또한 much는 과거분사나 비교급을 수식하기 때문에 boring을 수식하기에 알맞지 않다.

어휘 amusement park 놀이동산 ride 놀이기구

정답 (a)

02

해석 **A** 파란색 배낭을 맨 저 소녀를 아니?
B 아니, 하지만 어쩌면 신입일 수도 있어.

해설 the girl을 수식하는 데 알맞으며 빈칸 뒤의 the blue backpack을 목적어로 취할 수 있는 것은 능동의 분사 (b)이다. (a)는 선행사가 3인칭 단수이므로 wears로 수일치가 되어야 하고, (c)와 (d)는 수동이므로 빈칸 뒤의 명사 목적어에 맞지 않다.

어휘 newcomer 신입, 신참

정답 (b)

03

해석 볼링 게임에 참여할 수 있냐는 질문을 받고 그는 고개를 끄덕였다.

해설 분사구문의 주어가 없으므로 주어는 주절의 주어인 he이다. he가 질문을 받은 것이므로 수동의 과거분사가 적절하다.

어휘 nod 끄덕이다

정답 (b)

04

해석 출판업계가 내리막인 것을 고려할 때, 이것은 굉장한 업적이다.

해설 if[when] we consider that the publishing industry ~라는 부사절을 분사구문으로 바꾸면 considering that the publishing industry ~가 된다. 여기서 분사구문의 주어는 일반인(we)이다. 일반인이 주어인 경우 부사절과 주어가 달라도 분사구문에 주어를 쓰지 않는다. 이러한 관용적 분사구문의 표현들은 익혀 두어야 한다.

어휘 achievement 업적 publishing industry 출판업계 on the wane 쇠퇴하는

정답 (c)

05

해석 **A** 어떤 종류의 일을 하시나요?
B 10년 넘게 주식 중개 일을 하고 있습니다.
A 와! 정말 흥미로운 일이겠군요.
B 전혀요! 사람들이 생각하는 것보다 더 스트레스 받는 일입니다.

해설 (c)에서 job이 흥미를 일으키는 것이므로 능동의 현재분사가 수식하는 것이 적절하다. 감정의 의미를 갖는 분사의 경우 관련된 명사가 그 감정을 일으키는 것인지 감정을 느끼는 것인지를 구분해야 한다. 흔히 사람에게는 수동의 과거분사를 쓰고 사물에는 현재분사를 쓴다고 하는데, 대부분의 경우 이런 이분법으로 문제를 해결할 수 있지만 난이도가 높은 문제에서는 사람에게 현재분사를 쓰는 경우가 출제되기도 한다. 반면, 사물은 감정을 느낄 수 없으므로 항상 능동의 분사를 사용하는데, 문제에서 사물이라면 -ing를 쓰고 사람이라면 감정을 유발하는가 혹은 느끼는가 하는 점을 따져 보도록 한다.

어휘 stockbroker 주식 중개인 decade 10년

정답 (c) a very interested job
→ a very interesting job

06

해석 (a) 가까운 미래에 우리 대부분은 장거리 통근, 자동차 배기관에서 나오는 숨 막히는 오염 물질 같은 교외 생활의 고통을 더 이상 참지 않을 것이다. (b) 우리는 공기가 깨끗하고, 가까이에 일하고 쇼핑하고 놀 수 있는 장소가 있는 그런 곳을 원할 것이다. (c) 일부는 자신의 집이나 아파트에서 인터넷을 통해 소통하면서 일할 것이다. (d) 다른 이들은 가까이에 있는 사무실로 금방 출근할 것이다.

해설 (c)의 분사구문 communicated는 주어인 some과 맞지 않는다. 재택근무하면서 의견을 나누는 것이므로 능동형으로 써야 한다. some이 의사소통 내용이 아니라 의사소통을 하는 사람이기 때문이다.

어휘 put up with 참다, 견디다 torment 고통 suburban

도시 근교의 long commute 장거리 통근 choking
숨 막히는 pollutant 오염 물질 tailpipe 배기관
demand 요구하다 pristine 청결한 close at hand
바로 옆에, 가까이에 make a hop 폴짝 뛰다

정답 (c) communicated through the Internet
→ communicating through the Internet

Unit 12 명사 & 관사

Exercise p.114

01 (b)	02 (b)	03 (b)	04 (a)	05 (b)
06 (a)	07 (a)	08 (a)	09 (b)	10 (b)
11 (a)	12 (b)	13 (b)	14 (b)	15 (a)

01

해석 이 잔에 들어있는 우유는 마셔도 좋다.

해설 일반적인 의미의 우유는 milk로 나타내지만, 잔에 들어
있는 특정한 우유이므로 the를 붙여야 한다.

정답 (b)

02

해석 아이디어를 적어 둘 종이를 좀 가져다주겠니?

해설 종이를 뜻하는 paper는 불가산 명사이기 때문에 a
piece of와 같은 표현을 이용하면 수량 표시가 가능하
다.

정답 (b)

03

해석 소들은 들판 여기저기에서 풀을 뜯고 있고, 목동은 휘파
람을 불고 있다.

해설 cattle '소떼'는 복수 취급해야 하는 명사이므로 are가
적절하다.

어휘 graze (가축이) 풀을 뜯다 shepherd 목동 whistle
휘파람을 불다

정답 (b)

04

해석 내가 자리를 비운 동안 어머니께서 아이들을 돌봐 주셨다.

해설 '~을 지켜보다, 돌보다'라는 의미로 keep an eye on
을 쓴다.

정답 (a)

05

해석 요즘 네가 많이 바빴잖아. 그래서 나는 네가 휴가가 필요
하다고 생각해.

해설 '휴가'를 뜻하는 holiday는 가산 명사이므로 앞에 관사
가 필요하다.

정답 (b)

06

해석 A 늦어서 죄송합니다.
B 걱정하지 마. 별일 아니야.

해설 '별일 아니다'라는 의미는 It's not a big deal로 표현한다.

정답 (a)

07

해석 나는 7년 동안 영어를 공부했음에도 불구하고 아직도 영
어로 유창하게 말하는 데 어려움을 느낀다.

해설 '~하는 데 어려움을 겪다'는 have trouble -ing로 표
현한다.

어휘 fluently 유창하게

정답 (a)

08

해석 이 편지를 등기 우편으로 보내 주세요.

해설 통신 수단을 나타내는 전치사 by와 함께 쓰면 관사를 생
략한다.

어휘 registered mail 등기 우편

정답 (a)

09

해석 내가 지금 일하고 있는 회사가 정말로 마음에 들지만, 또
다른 경험을 해 보고 싶다.

해설 I'm working for의 수식을 받는 특정한 회사를 의미하
므로 정관사 the가 필요하다.

정답 (b)

10

해석 오늘 아침을 잘 먹고 왔기 때문에 점심 식사는 걸러야 할 것 같아요.

해설 식사 이름 앞에 형용사가 있으면 부정관사가 필요하다.

어휘 skip 건너뛰다

정답 (b)

11

해석 직원 전체를 위해서는 그 양의 두 배가 필요할 거야.

해설 all, both, double 등은 그 뒤에 'the+명사'의 어순을 취한다.

어휘 entire 전체의 staff 직원

정답 (a)

12

해석 그 사람 소유의 또 다른 차를 보셨나요?

해설 his와 another 두 한정사가 동시에 명사 앞에 올 수 없기 때문에 이중소유격을 사용해야 한다.

정답 (b)

13

해석 그는 내 팔을 붙잡더니 한 번만 더 봐 달라고 나에게 요청했다.

해설 '~의 …을 잡다'라는 의미는 'catch+목적어+by the+신체 부분'으로 표현한다.

어휘 give ~ a break ~을 봐주다

정답 (b)

14

해석 친구가 자기 공책을 복사하더니, 한 부를 나에게 주었다.

해설 친구가 공책을 복사한 복사본이라고 언급하고 있으므로 a가 아닌 the가 필요하다.

어휘 make a photocopy of ~을 복사하다

정답 (b)

15

해석 나는 그녀가 우리 오빠만큼 훌륭한 소설가는 아니라고 생각한다.

해설 as ~ as 사이에 명사가 필요할 때는 'as+형용사+a(n)+명사'의 어순이다.

어휘 novelist 소설가

정답 (a)

Practice Test p.116

01 (b)	02 (d)	03 (d)	04 (b)	05 (c)
06 (d)				

01

해석 A 그 사고에 대해 베이츠 가족과 얘기해 봤니?
B 응. 그들이 마침내 손해 배상금을 받았다고 들었어.

해설 damage가 단수일 때 '손해, 손상'이라는 뜻이지만 복수형이 되면 '손해 배상액, 손해액' 등의 의미가 되어 문맥상 적절하다. 대화 내용상 사고 후에 받은(received) 것이므로 '손해, 손상'을 뜻하는 damage는 빈칸에 적절하지 않다.

정답 (b)

02

해석 A 신디를 어디서도 못 찾겠어.
B 좀 전에 정보를 수집한다고 도서관에 갔어.

해설 information은 셀 수 없는 명사이므로, some으로 수식한 (d)가 알맞다. 어떤 정보인지 대화에서 나타나지 않았으므로 the information은 적절하지 않다.

정답 (d)

03

해석 인도 정부는 정유 공장들의 오염 물질 배출에 대해 강력한 단속을 발표했다.

해설 pollution은 '오염'이라는 오염된 상태나 현상을 뜻하는 불가산 명사이기 때문에 복수형을 쓴 (a)는 문법상 맞지 않는다. 반면, pollutant는 '오염 물질'이라는 뜻의 가산 명사이므로 (c)처럼 관사 없이 단수형으로 쓸 수 없다. 문맥상 배출(emission)될 수 있는 것은 오염 물질이므로 가장 적절한 것은 (d)이다.

어휘 crackdown 단속 emission 배출 oil refinery 정유 공장

정답 (d)

04

해석 반갑게 미소로 맞아 주며, 그는 나의 손을 잡아 사람이 가득한 무도회장으로 이끌었다.

해설 신체의 일부를 접촉할 때는 소유격 대신 '전치사+the+신체 일부'의 형태를 취한다.

어휘 welcoming 반갑게 맞이하는 ballroom 무도장

정답 (b)

05

해석 A 베이커 가와 콜린스 애비뉴 코너에 있는 가게에 가 봤니?
B 아니. 너는? 매기가 계속 거기 같이 가자고 하고 있어.
A 가 봐. 필요한 옷은 모두 한 번에 살 수 있는 곳이야.
B 좋아. 그럼 매기에게 전화해야겠네.

해설 모음 앞에 무조건 관사 an을 쓰는 실수는 흔하다. 주의해야 할 것은 철자상이 아니라 발음상으로 '아, 에, 이, 오, 우'인 경우 an을 쓴다는 것이다. 예를 들어 MP3 player는 m으로 시작하지만 발음이 '에'이므로 an MP3 player라고 한다. 시험에 자주 등장하는 F 학점의 경우에도 an F라고 표현해야 한다. 여기서는 (c)의 one-stop이 모음으로 시작하고는 있지만 one은 [wʌn]으로 발음하므로 a one-stop shop이라고 해야 한다.

어휘 one-stop 한 번에 해결되는

정답 (c) an one-stop shop → a one-stop shop

06

해석 (a) 지난 몇 년간 저희 해컴 프로그램은 인기를 끌면서 점점 더 많이 이용되고 있습니다. (b) 해킹이라는 말이 부정적으로 들릴 수 있지만 이것은 발전된 컴퓨터 기술들을 배우고, 그것들로 작업하며, 실험해 보는 것으로 개발자들의 커뮤니티를 연결하는 멋진 방법입니다. (c) 그리고 개발자들은 이 프로그램을 좋아하지요! (d) 그러니 오셔서 성공하시면 많은 제안을 받게 될 것입니다!

해설 (d)에서 success는 관사가 없이 쓰였으므로 '성공'이라는 뜻의 불가산 명사이다. 문맥상 프로그램에 참가하는 사람들이 성공한다는 뜻이므로 '성공작, 성공한 사람'이라는 가산 명사 success가 필요하다. 따라서 관사를 함께 써서 a success라고 하거나 be동사의 보어로 형용사 successful로 바꿔야 한다.

어휘 utilize 활용[이용]하다 reference 언급, 참조 negative 부정적인 developer 개발자 experiment 실험하다 call 요청, 제안

정답 (d) be success → be a success 또는 be successful

Exercise   p.123

01 (b)	02 (b)	03 (b)	04 (b)	05 (b)
06 (b)	07 (b)	08 (a)	09 (a)	10 (a)
11 (b)	12 (a)	13 (b)	14 (a)	15 (b)

01

해석 지난주에 시계를 잃어버렸는데, 그것 때문에 계속 불편했다. 그래서 시계를 사야 할 것 같다.

해설 갖고 있던 시계를 잃어버리고 새로운 시계를 사는 것이기 때문에 one이 적절하다.

정답 (b)

02

해석 두 명의 지원자 모두 각자의 장단점을 가지고 있어서 선택하기 어렵네요.

해설 both candidates를 받는 소유격이므로 복수형인 their가 적절하다.

어휘 applicant 지원자 merit 장점 demerit 단점

정답 (b)

03

해석 집을 나서기 전에 그녀의 아들은 몸조심하겠노라고 약속했다.

해설 주어와 목적어가 동일 대상일 때는 목적어로 재귀대명사를 사용해야 한다.

정답 (b)

04

해석 새 제품들은 기존에 사용되던 제품들과 비교될 것이다.

해설 비교 대상은 products이므로 복수형인 those가 적절하다.

어휘 be compared to ~와 비교되다 previously 이전에

정답 (b)

05

해석 그는 그 프로젝트를 자기가 끝낼 수 있다고 생각하는데,

내 생각은 다르다.

해설 강조적 용법의 재귀대명사를 고르는 문제이다.

정답 (b)

06

해석 린다와 케이트가 그 캠핑 여행에 참여하고 싶어 하지만 내가 알기로는 둘 다 그럴 만한 시간적 여유가 없다.

해설 두 개의 절이 but으로 이어지고 있으므로 문맥상 부정의 의미가 있는 neither가 필요하다.

어휘 spare (시간을) 할애하다

정답 (b)

07

해석 수지가 승진을 했고, 우리 모두는 그녀가 그럴 만한 자격이 있다고 생각한다.

해설 the promotion을 받는 대명사를 고르는 문제이므로 it이 적절하다.

어휘 promotion 승진 deserve ~을 받을 만하다

정답 (b)

08

해석 저는 이 실크 블라우스를 다른 것으로 교환하고 싶은데요.

해설 this silk blouse 대신 다른 것이 필요한 상황이므로 another가 적합하다.

어휘 exchange A for B A를 B로 교환하다

정답 (a)

09

해석 지난 몇 달 동안 대부분의 회사들은 수익에서 손해를 입었다.

해설 '대부분의'라는 의미를 나타내기 위해서는 'most+명사'이거나 'most of the+명사'여야 한다.

어휘 loss 손실 profit 수익

정답 (a)

10

해석 제시는 굉장히 친절한 젊은이라 모든 사람이 좋아한다.

해설 'so+형용사+a(n)+명사'와 'such+a(n)+형용사+명사'의 용례를 정확하게 익혀 둔다.

정답 (a)

11

해석 손자들은 나에게 매일같이 전화를 하고 2주에 한 번씩 찾아온다.

해설 each other이 익숙하기 때문에 실수하기 쉽다. 여기서는 '하나 걸러, 두 ~마다 한 번씩'을 나타내는 every other이 적절하다.

정답 (b)

12

해석 샐러드 좀 더 드시겠어요?

해설 일반적으로 some은 평서문에, any는 의문문, 부정문, 조건문에 사용되지만, 의문문에 some을 쓰면 부탁, 권유의 의미가 있다.

정답 (a)

13

해석 어젯밤에 남은 케이크를 냉장고에 넣었던 기억이 나는데, 오늘 보니 전혀 남아 있지 않네.

해설 대명사가 필요한 자리인데, no(조금의 ~도 없는)는 형용사이므로 적절하지 않다.

정답 (b)

14

해석 서재에 책을 많이 가지고 있다는 것과 책을 많이 읽는다는 것은 별개의 이야기이다.

해설 A is one thing, and[but] B is another는 'A와 B는 별개다[다르다]'라는 의미의 관용 표현이다.

정답 (a)

15

해석 아들이 둘 있는데 하나는 의사이지만 나머지 하나는 현재 구직 중이다.

해설 둘 중에서 하나는 one, 나머지 하나는 the other을 쓴다.

어휘 between jobs 직업을 구하는 중인

정답 (b)

01 (d)	02 (d)	03 (b)	04 (a)	05 (a)
06 (a)				

01

해석   A   스페인 어느 지방에 가고 싶어, 북쪽 아니면 남쪽?
B   둘 다 좋아. 난 스페인 자체를 사랑해.

해설   제시된 두 개의 선택 사항 중 둘 다 좋다는 의미가 필요하다. 빈칸 뒤의 part가 단수이므로 both가 아닌 either가 적절하다.

정답   (d)

02

해석   A   엄마! 내일 취직 면접에 입고 갈 옷이 아무것도 없어요.
B   얘야, 진정하렴. 네 언니가 자기 것을 빌려줄 거야.

해설   면접에 입고 갈 옷이 없다는 딸에게 언니가 자기 옷을 입게 해 줄 거라 말하는 것이므로 빈칸에 들어갈 것은 '언니의 것'이라는 뜻의 소유대명사이다.

정답   (d)

03

해석   오직 제임스만이 나서서 그 소녀를 도왔기에 그녀는 그의 용기에 굉장히 고마워했다.

해설   해석상 제임스만이 나서서 도왔다는 것이므로 no one but이 가장 적절하다. 문맥과 빈칸 뒤에 있는 but을 보면 쉽게 알 수 있는데, 여기서 but은 except의 '~를 제외하고'라는 뜻이다.

어휘   step up 앞으로 나오다, 나서다   appreciate 고마워하다   courage 용기

정답   (b)

04

해석   프랭키와 유진이 그 어려운 질문들을 받았을 때, 그 둘 중 누구도 대답을 할 수 없었다.

해설   잘못 보면 no one을 정답으로 고르기 쉽지만 no one은 전치사 of와 호응하지 않는다. 주로 none of의 형태로 쓴다. 해석상 두 사람이 주어져 있고 그 둘 다를 부정하는 것이므로 대명사 neither가 적절하다.

정답   (a)

05

해석   A   대부분의 사람들이 다음 주 금요일에 휴가를 내려고 해.
B   왜 그래? 내가 모르는 뭔가가 있는 거야?
A   다음 주 금요일 휴가를 내면 긴 연휴로 이어지니까.
B   알겠다! 다음 목요일이 국경일이구나.

해설   most는 대명사와 형용사 쓰임이 있는데 형용사로 쓰려면 정관사 the를 없애야 하고 대명사로 쓰려면 most와 the 사이에 전치사 of가 필요하다. 같은 용례로 some, several, many, most, all 등을 익혀 둔다. 다만 all의 경우 'all the+복수 명사'의 쓰임도 가능하다.

어휘   take a day off 하루 휴가를 내다   long weekend 주말과 그 전후 1~2일을 더한 연휴   national holiday 국경일

정답   (a) Most the people → Most of the people 또는 Most people

06

해석   (a) 굉장히 다양한 브랜드가 있는데, 무엇이 우리가 다른 것들이 아닌 어떤 하나의 브랜드를 선택하게 하는 것일까? (b) 허쉬 박사에 의하면 사실상 우리의 후각이 구매 결정에 큰 영향을 끼친다. (c) 허쉬 박사는 운동화를 고르는 데 대한 주의 깊고 흥미로운 연구를 진행했다. (d) 그 결과는 소비자의 82퍼센트가 꽃향기가 나는 방에 있는 운동화를 선호했다.

해설   other는 대명사로 올 때 복수형이 되거나 앞에 the, any, some 등을 동반한다. 이 경우 다른 모든 브랜드 대신 하나의 브랜드를 고르는 것이므로 one과 others의 호응 관계가 적절하다.

어휘   a variety of 다양한   have an effect on ~에 영향을 미치다   buying decision 구매 결정   sneakers 운동화   consumer 소비자   prefer 선호하다   floral 꽃의   scent 향기

정답   (a) over other → over others

Unit 14 형용사 & 부사

Exercise
p.134

01 (a)	02 (b)	03 (b)	04 (b)	05 (a)
06 (b)	07 (a)	08 (b)	09 (a)	10 (a)
11 (b)	12 (b)	13 (a)	14 (a)	15 (a)

01

해석 내가 어렸을 때는 참새가 꽤 많았었다.

해설 many를 강조하기 위해 a good many 혹은 a great many를 사용한다.

어휘 sparrow 참새

정답 (a)

02

해석 도로에 차가 너무 많아서 집에 도착하는 데 거의 두 시간이 걸렸다.

해설 near는 '~ 가까이에'라는 의미인데 이 문장에서는 '거의'라는 의미가 필요하므로 nearly가 적절하다.

정답 (b)

03

해석 그 유명 배우의 팬클럽 회원들은 그의 스캔들과 관련된 소식에 화를 내는 반응을 보였다.

해설 동사 respond를 수식하는 역할이기 때문에 부사인 angrily가 적절하다.

정답 (b)

04

해석 어린아이들은 게임, 알코올, 니코틴과 같은 어떤 종류의 중독에 매우 취약하다고 한다.

해설 형용사인 vulnerable을 꾸미는 자리이기 때문에 부사가 필요하다.

어휘 extremely 극단적으로, 몹시 vulnerable 취약한 addiction 중독

정답 (b)

05

해석 나는 너무나 배가 고파서 크고 빨간 사과 세 개를 찾아내서 한 번에 먹어 치웠다.

해설 형용사를 여러 개 나열할 때의 어순은 'three(수량) – big(대소) – red(색상)'의 순서가 적절하다.

어휘 at a time 한 번에

정답 (a)

06

해석 내가 아는 한 이 질문은 개인적인 문제에 관한 것이므로 그녀에게 묻지 않는 게 좋을 것 같다.

해설 -thing으로 끝나는 명사는 형용사가 뒤에서 수식한다.

정답 (b)

07

해석 그는 그 충격적인 소식을 듣자마자 기절했다.

해설 hardly는 빈도부사 위치, 즉 had와 p.p. 사이에 놓여야 한다.

어휘 hardly ~ before ... ~하자마자 …했다 pass out 기절하다

정답 (a)

08

해석 A 나는 그 영화가 전혀 마음에 들지 않았어. 너무 지루했어.
B 나도 그랬어.

해설 부정문에서 '또한, 역시'라는 의미는 too가 아니라 either로 표현한다.

정답 (b)

09

해석 새로 나온 휴대폰이 너무 비싸서 사는 것을 포기할 수밖에 없었다.

해설 '너무 비싸서'라는 의미가 되어야 하므로 too가 적절하다.

어휘 have no choice but to부정사 ~하지 않을 수 없다

정답 (a)

10

해석 장난감 헬리콥터가 하늘 높이 날고 있다.

해설 high는 '높게'를 의미하는 부사이고 highly는 '매우'를

의미하는 부사이므로 high가 적절하다.

정답 (a)

11

해석 **A** 저는 하와이에 가 본 적이 없어요.
　　B 저도 못 가봤어요.

해설 부정문에 대한 '나도 그래'는 'Neither+동사+주어'를 사용한다.

정답 (b)

12

해석 오늘이 방학의 마지막 날인데도 나는 아직도 숙제를 한 개도 끝내지 못했다.

해설 부정문의 맨 뒤에서 '아직도'라는 의미로 사용되는 부사는 yet이다.

정답 (b)

13

해석 한국의 글자인 한글은 세종대왕에 의해서 오래 전인 1443년에 창제되었다.

해설 back in 1443이라는 부사구를 수식할 때는 부사인 way를 사용한다.

어휘 way 아주 멀리, 훨씬

정답 (a)

14

해석 내 생각에 게임을 시작하기에는 너무 늦었으니까 지금은 자는 게 좋겠다.

해설 '너무 ~해서 …할 수 없다'라는 의미이므로 very보다 too가 적합하다.

정답 (a)

15

해석 물가가 너무 빠르게 올라서 그 도시의 모든 사람들은 패닉 상태가 되었다.

해설 '너무나 ~해서'라는 의미인데 so는 뒤에 형용사나 부사를 동반하고 such는 명사를 동반해야 하므로, 빈칸 뒤의 부사 fast를 보면 so가 필요함을 알 수 있다.

어휘 skyrocket 급등하다 get into a panic 패닉 상태가 되다

정답 (a)

01

해석 **A** 래리는 정말 사랑스러워. 다시 만나고 싶어.
　　B 나도 알아. 그는 정말 미워할 수 없는 사람이야.

해설 'the last+명사+to부정사'를 직역하면 '가장 나중에 ~할'이라는 뜻이 된다. 즉, '가장 ~할 것 같지 않은'이라는 뜻의 관용 표현이다.

어휘 adorable 사랑스러운

정답 (b)

02

해석 **A** 네 친구 제니를 회의에서 만났어. 그녀는 뛰어나더라.
　　B 그렇지? 그녀는 교육도 많이 받았거든.

해설 high와 highly는 둘 다 부사로 쓸 수 있지만 그 의미가 다르다. high는 '(물리적으로) 높게'라는 뜻이고 highly는 '매우, 고도로'라는 뜻이다. 여기서는 어떻게 교육받은 것인지 그 정도를 나타내는 부사가 필요하므로 high는 어울리지 않는다. 또한, woman은 앞서 뛰어나다고 언급된 Jenny를 지칭하는 것이므로 '교육받은' 이라는 형용사 educated가 빈칸에 적절하다.

정답 (d)

03

해석 사실, 나는 그가 항상 나와는 다르게 생각하는 것이 좋다.

해설 자동사 think를 수식하는 자리이므로 부사인 differently로 수식하는 것이 맞다. 또한, 뒤의 대명사 me와 연결되어야 하므로 전치사 from이 필요하다.

정답 (c)

04

해석 그는 대중 앞에서는 예절 바르게 행동한다.

해설 동사 behave가 '(예절 바르게) 행동하다, 처신하다'라는 뜻으로 쓰일 때 behave oneself의 형태가 된다. 타동사가 목적어 himself를 취했기 때문에 빈칸에 들어갈 수 있는 품사는 부사 well밖에 없다.

어휘 public 대중

정답 (a)

05

해석 A 남편을 위해서 뭘 사야 할지 결정을 못하겠어.
   B 뭘 기념하는 건데? 남편 생일이야?
   A 아니, 최근에 그가 승진해서 행운을 축하해 주고 싶어.
   B 그런 경우라면 너무 비싼 걸 고르지 않도록 해.

해설 too가 far를 수식할 수도 있고 far가 too를 수식할 수도 있기 때문에 이 두 단어의 어순은 문맥을 살피는 것이 중요하다. too far이라고 하면 '너무 멀다'는 뜻으로 단독으로 쓰이며 무언가를 수식하지는 못한다. far too는 부사 far가 too를 강조해 주는 형태로서 비교급 수식에 쓰이는 far는 비교급처럼 '훨씬 더, 심하게 많이'라는 뜻의 too도 수식할 수 있다. (d)에서처럼 too far expensive라고 하면 far가 expensive를 수식하게 되는데 far는 형용사 원급을 수식할 수 없으므로 문법상 맞지 않는다. 따라서 far too expensive라고 고쳐서 far가 too를, too가 expensive를 수식하는 형태로 만들어야 한다.

어휘 occasion 경우, 행사 get promoted 승진하다
   good fortune 행운

정답 (d) too far expensive → far too expensive

06

해석 (a) 현대 생활에서 거의 어떤 것도 유행의 영향에서 벗어나지 못한다. 즉, 음식, 스포츠, 음악, 운동, 찾아가는 장소, 심지어 이름 짓기도 유행을 탄다. (b) 한동안 모든 부모들이 아기 이름을 헤더, 돈, 에릭, 아담이라고 이름 짓는 것 같다. (c) 그런 다음, 갑자기 이런 이름들이 유행에서 멀어지고 티파니, 앰버, 제이슨과 같은 이름들이 유행이다. (d) 어떤 것에 대한 사람들의 관심이 매우 빨리 변하기 때문에 특정한 유행에 대하여 쓰는 것은 거의 불가능하다.

해설 (a)에서 nothing이라는 대명사를 수식하는 most는 '대부분의'라는 의미로 nothing과 어울리지 않는다. 반면, almost는 대명사 nothing을 수식할 수 있다. 부정 형용사 every, no 등으로 시작하는 명사의 경우 부사 almost가 형용사 every나 no를 수식하고 every나 no는 뒤따르는 명사를 수식한다.

어휘 escape 벗어나다 influence 영향 name ~라 이름 짓다 specific 특정한 fad 일시적 유행

정답 (a) Most → Almost

Unit 15 비교

Exercise   p.140

| 01 (a) | 02 (b) | 03 (a) | 04 (b) | 05 (a) |
| 06 (b) | 07 (a) | 08 (b) | 09 (b) | 10 (b) |

01

해석 A 도와주셔서 감사해요.
   B 더 도와 드릴 수 있습니다.

해설 직역하면 '너를 위해 내가 할 수 있는 것 중에 최소한의 것이다'의 의미로 the least가 적합하다.

정답 (a)

02

해석 마이클 조던은 예전처럼 훌륭한 농구 선수는 아니지만 여전히 많은 이들의 영웅이다.

해설 'as+원급+as' 사이에 명사가 포함되려면 'as+형용사+관사+명사'의 어순이어야 한다.

정답 (b)

03

해석 A 발표는 잘 했니?
   B 망쳤어. 그보다 더 못할 수는 없었을 거야.

해설 부정어와 비교급이 함께 사용되면 최상급의 의미를 나타낸다.

어휘 blow it 실수하다

정답 (a)

04

해석 브라이언은 내가 지금까지 만나 본 가장 똑똑한 아이들 중의 한 명이다.

해설 '가장 ~한 것 중의 하나'라는 의미는 'one of the+최상급 형용사+복수 명사'로 나타낸다.

정답 (b)

05

해석 새로운 학교 정책은 교사들의 권익만큼이나 학생들의 권익도 고려해야 합니다.

해설 '~만큼 많은 …'이라는 의미를 나타내는 as much … as ~ 구문이다.

어휘 policy 정책 regard 고려, 관심 interest 이익

정답 (a)

06

해석 윌리엄과 찰스는 형제인데, 나는 둘 중에 윌리엄이 더 잘 생겼다고 생각한다.

해설 비교급이더라도 비교 대상이 둘인 경우에는 정관사 the 가 필요하다.

정답 (b)

07

해석 나는 계주의 마지막 주자로 론을 추천하는데, 그 이유는 그가 우리 학교의 어떤 아이보다 빠르기 때문이다.

해설 '비교급+than any other+단수 명사'로 최상급의 의미 를 나타낼 수 있다.

어휘 relay race 계주

정답 (a)

08

해석 가장 세심하게 준비된 행사에서도 예상치 못한 실수가 발 생할 수 있다.

해설 빈칸 뒤에 있는 prepared를 수식해야 하므로 부사의 최 상급이 필요하다.

어휘 unexpected 예상 밖의

정답 (b)

09

해석 팀의 컴퓨터가 최근에 내가 산 새 컴퓨터보다 훨씬 더 좋 기 때문에 나는 좌절감을 느꼈다.

해설 superior는 비교 대상 앞에 than 대신 to를 써야 하는 비교급이다.

정답 (b)

10

해석 샘이 물리학에 대해 더 많이 배우고 공부할수록, 물리학은 그에게 점점 더 어려워졌다.

해설 'the+비교급 ~, the+비교급 ~'에서 빈칸에는 difficult 의 비교급이 필요한 것이므로 the more difficult가 적 절하다.

정답 (b)

01

해석 A 메리가 35살이라니 믿을 수가 없어.
    B 농담이지? 그녀는 그것보다 훨씬 더 어려 보여.

해설 빈칸 뒤의 than을 보아 비교급이 필요하다. much와 most 중에서 비교급 수식에 적절한 것은 much이다.

정답 (c)

02

해석 A 한 사람을 나머지 한 사람과 어떻게 구별하세요? 그들 은 쌍둥이잖아요.
    B 게리가 둘 중에 더 날씬해요.

해설 of the two '둘 중에서'의 수식을 받는 비교급에는 the 를 붙여야 한다.

어휘 distinguish A from B A와 B를 구별하다

정답 (d)

03

해석 중국은 다른 어떤 나라보다 자수성가한 여성 억만장자가 많다.

해설 '비교급+than any other+단수 명사' 구문은 '어떤 것 보다 더 ~하다'라는 뜻으로 최상급의 의미를 가진다.

어휘 self-made 스스로 일군, 자수성가한 female 여성의 billionaire 억만장자

정답 (c)

04

해석 최근 연구에 의하면, 여자들이 남자들보다 두 배 더 깊이 사람들에게 공감할 수 있다.

해설 '~보다 몇 배 더 …하다'라는 표현은 '배수사+as+원급
+as' 구문을 이용한다.

어휘 capable 능력이 있는 sympathize 동감[공감]하다,
동정하다

정답 (b)

05

해석 A 기분이 굉장히 안 좋아 보여. 무슨 일이야?
　　 B 오늘 아침에 누군가 주차장에서 내 차를 박고는 내게
　　　 알리지도 않았어.
　　 A 세월이 갈수록 정직한 사람이 점점 더 줄어드는 듯해.
　　 B 전적으로 동감해.

해설 '비교급+and+비교급' 구문은 '점점 더'라는 뜻이다. (c)의
less and less는 주어인 people을 수식하는 주격 보
어인데, less는 little의 비교급이므로 가산 명사를 수식
할 수 없다. 가산 명사인 사람들(people)이 더욱 줄어든
다는 의미가 되어야 하므로 올바른 표현은 fewer and
fewer이다.

어휘 parking lot 주차장 as time passes by 시간[세월]이
지남에 따라

정답 (c) becoming less and less
　　 → becoming fewer and fewer

06

해석 (a) 지식과 정보를 얻는 것은 건강한 삶을 살고자 할 때
가장 비용이 많이 드는 부분이다. (b) 사실상, 바람직한 식
이요법과 적절한 스트레스 관리, 건강에 관한 다른 도움
되는 정보들을 아는 것은 비싸다. (c) 그러나 도서관은 무
료로 이용 가능하며 누구에게나 열려 있다. (d) 게다가, 요
즘에는 대부분의 사람들이 인터넷을 이용할 수 있으며, 돈
이 많이 들지 않는다.

해설 (a)에서 최상급 표현인 most costly 앞에 정관사 the
를 붙여야 한다. costly는 부사처럼 보이지만, 형용사로
서 '비싼'이라는 뜻이다. (b)의 in fact는 앞서 언급한 내
용에 대한 자세한 설명을 하거나 더욱 강조할 때 쓰인다.

어휘 live a healthy life 건강하게 살다 advisable 권할
만한, 바람직한 reasonable 타당한, 합리적인 stress
management 스트레스 관리 furthermore 게다가
have access to ~에 접근하다

정답 (a) most costly part → the most costly part

Exercise p.147

01 (b)	02 (a)	03 (b)	04 (a)	05 (b)
06 (a)	07 (a)	08 (b)	09 (b)	10 (b)
11 (a)	12 (a)	13 (b)	14 (b)	15 (b)

01

해석 친구의 딸이 발레리나가 되고 싶어 해요.

해설 선행사는 a friend이며, '친구의 딸'이라는 의미이므로 소
유격 관계대명사가 필요하다.

정답 (b)

02

해석 다른 이들을 미소 짓게 만들 수 있는 그는 행복한 사람이다.

해설 선행사가 사람이고 주격 관계대명사가 필요하므로 that
이 적합하다.

정답 (a)

03

해석 폭력적인 게임에 중독된 일부 청소년들은 환상과 실제를
구별하는 데 어려움을 겪을 수 있다.

해설 선행사가 없기 때문에 선행사를 포함한 관계대명사
what이 적합하다.

어휘 adolescent 청소년 addicted to ~에 중독된 have
trouble -ing ~하는 데 어려움을 겪다 sort out
구별하다

정답 (b)

04

해석 남동생이 새 재킷을 잃어버렸는데, 그 재킷의 색은 검정색
과 회색이었다.

해설 jacket을 선행사로 받는 소유격 관계대명사는 whose
color[of which the color/ the color of which]
이다.

정답 (a)

05

해석 그는 오랫동안 술을 너무 많이 마시고 담배를 지나치게 많이 피웠는데, 그의 건강을 해칠 정도이다.

해설 an extent가 선행사이므로 which가 적절하다.

어휘 impair 망치다

정답 (b)

06

해석 여기가 바로 그 프랑스 식당이야. 여행하다가 내가 우연히 발견했지.

해설 관계대명사 that은 콤마(,)가 쓰이는 계속적 용법에는 사용할 수 없다.

정답 (a)

07

해석 허리케인이 마을을 휩쓸고 지나간 후에, 부서진 건물 몇 채만이 남아 있었다.

해설 빈칸 앞에 선행사 all이 있으므로 관계대명사 that이 적절하다.

어휘 sweep away ～을 휩쓸고 지나가다 destroy 파괴하다

정답 (a)

08

해석 호주는 특별한 프로그램을 통해 영어를 배우면서 돈을 벌 수 있는 나라이다.

해설 선행사인 a country를 보면 둘 다 가능하지만 빈칸 뒤의 문장 구조가 완전한 절이기 때문에 관계부사인 where가 적합하다.

어휘 as well as ～뿐만 아니라 …도

정답 (b)

09

해석 만우절은 재미 삼아 가벼운 거짓말을 하는 것이 허용되는 날이다.

해설 the day가 선행사이고 빈칸 뒤에 완전한 구조의 절이 왔으므로 관계부사 또는 '전치사+관계대명사'가 적절하다.

어휘 April Fools' Day 만우절 lie 거짓말 permit 허용하다

정답 (b)

10

해석 네가 그런 결정을 내린 것을 후회하고 내게 사과할 때가 곧 올 것이다.

해설 the time이 선행사이고 빈칸 뒤에 완전한 구조의 절이 왔으므로 관계부사인 when이 적절하다.

어휘 at hand 가까이에 regret 후회하다 make a decision 결정하다 apologize to ～에게 사과하다

정답 (b)

11

해석 당신이 생각하기에 그 일에 가장 적합하다고 여겨지는 사람이라면 누구든 선택할 수 있습니다.

해설 선행사를 포함한 복합 관계사를 고르는 문제인데 빈칸 뒤에 있는 you think를 삽입절로 판단할 수 있다면 동사인 is의 주어가 필요함을 쉽게 알 수 있다.

어휘 qualify 자격을 주다

정답 (a)

12

해석 해동된 생 소고기나 돼지고기는 가능한 한 빨리 조리되어야 한다는 사실을 명심하세요.

해설 주격 관계대명사 뒤에 오는 동사의 수는 선행사가 결정하는데 이 경우에는 beef, pork가 불가산 명사이므로 단수 취급해야 한다.

어휘 keep in mind ～을 명심하다 thaw 해동시키다

정답 (a)

13

해석 우리는 다음 세계 전쟁은 상상할 수 있는 것보다 훨씬 더 참혹할 것이라는 점을 항상 명심해야 한다.

해설 빈칸 앞에 비교급이 있으므로 유사 관계대명사 than이 필요하다.

어휘 bear in mind ～을 명심하다 appalling 끔찍한

정답 (b)

14

해석 어린 소녀들은 품질에 상관없이 화려하거나 예쁘게 디자인된 것이면 뭐든지 고려하려는 경향이 있다.

해설 선행사를 포함한 복합 관계사를 고르는 문제이며, 문맥상 '～은 뭐든지'라는 의미이므로 whatever가 적합하다.

어휘 **regardless of** ~에 상관없이 **quality** 품질

정답 (b)

15

해석 아무리 피곤하다 할지라도 여행 중에는 잠자기 전에 일기 쓰는 것을 잊지 말아라.

해설 no matter how가 이끄는 복합 관계사절의 어순은 'no matter how+형용사[부사]+주어+동사'여야 한다.

정답 (b)

Practice Test   p.149

01 (a)	02 (b)	03 (c)	04 (b)	05 (d)
06 (b)				

01

해석 A 특별히 보고 싶은 영화가 있니?
B 네가 고른 것이라면 어떤 것이든 난 괜찮아.

해설 is가 문장 전체의 동사이므로 you choose와 함께 쓰여서 주절을 이끌 수 있는 어구가 필요하다. B의 대화만 놓고 본다면 모든 선택지가 문법상 정답이 될 수 있다. 하지만 문법 Part 1에서는 대화의 맥락을 파악하는 것도 중요하므로 '무엇이든지'라는 의미의 복합 관계대명사 whatever가 가장 적절하다.

정답 (a)

02

해석 A 리암이 제시간에 맞춰 올 수 있을까?
B 걱정하지 마. 그는 내가 믿는 유일한 사람이야.

해설 선행사가 the only person이고 '~를 의지하다, 믿다'라는 뜻의 count on에서 전치사 on이 빈칸 앞에 있는 것을 보면 원래 절은 I count on the only person의 구조였을 것이다. 따라서 전치사 on의 목적격 관계대명사가 적절하다.

어휘 **make it** 해내다, 도착하다 **on time** 제때에, 정시에 **count on** ~에 의지하다, 믿다

정답 (b)

03

해석 데이비드는 방대한 양의 우표를 가지고 있으며, 그중 어떤 것은 매우 비싸다.

해설 한 문장에 두 개의 동사 has, are가 있으므로 접속사가 필요하다. 또한 some of 뒤의 반복되는 주어인 stamps를 받아야 하므로 빈칸은 접속사와 대명사의 역할을 동시에 하는 관계대명사가 들어갈 자리이다. 따라서 관계대명사의 계속적 용법에 쓰는 which가 가장 적절하다. what은 선행사를 포함하므로 적절하지 않고, (a)와 (b)는 앞뒤 문장을 연결한 접속사 없이 빈칸에 들어갈 수가 없다.

어휘 **extensive** 광범위한

정답 (c)

04

해석 아무리 적은 기부라 할지라도, 제대로 된 자선단체에 보내진다면 곤경에 처한 사람들에게 매우 유용하게 쓰일 것이다.

해설 small이라는 형용사를 수식하며 '~라 할지라도'라는 양보의 의미를 나타낼 수 있는 것은 복합관계 부사 however이다. (a)와 (c)는 복합 관계대명사이므로 형용사 앞에 올 수 없고, (d)의 who도 관계대명사이므로 형용사 앞에 올 수 없다.

어휘 **donation** 기부(금) **decent** 제대로 된, 괜찮은 **charity** 자선단체 **in need** 곤경에 처한

정답 (b)

05

해석 A 나 신디와 헤어졌어.
B 그래서 학교를 빠졌구나.
A 응, 그래서 지금 역사 과제가 뭐였는지 알아내느라 힘들어.
B 미안해. 교수님이 말씀하신 걸 못 들어서 도와줄 수가 없네.

해설 (d)에서 miss는 '놓치다'라는 뜻으로 못 보거나 못 들은 경우에도 사용한다. 여기서는 교수님이 말씀하신 것을 못 들었다는 뜻이며, the professor said 뒤에 목적어가 없고 앞에는 선행사가 없으므로 that이 아닌 선행사를 포함하는 관계대명사 what이 적절하다.

어휘 **absent** 결석한 **assignment** 과제

정답 (d) that the professor said
→ what the professor said

06

해석 (a) 많은 영국인들에게 최적의 휴양 별장은 잉글랜드 남쪽에 있다. (b) 그렇지만 그들은 별로 유명하지 않고 덜 붐비는 남웨일스의 가워 반도를 간과하고 있으며, 그곳은 사람의 손을 타지 않은 시골과 조용한 바닷가를 함께 갖추고 있다. (c) 가워 반도는 직경 15마일, 상하 6마일에 걸쳐 뻗어 있다. (d) 그곳의 동쪽 끝에는 이전엔 공업 도시였으나 지금은 문화와 행정의 중심지로서 명성을 쌓아가고 있는 도시 스완지가 있다.

해설 (b)에서 that을 combines의 주어라고 보면 두 개의 문장을 연결하는 접속사가 필요한데, 접속사가 없다. 결국, that은 앞뒤 문장을 연결하며 combines의 주어 역할을 겸하는 관계대명사라는 것인데, that은 관계대명사의 계속적 용법에 사용할 수 없으므로 which로 바꾸어야 한다. (d)에서 On its eastern edge는 부사구로 도치가 되어 있다. 주어인 Swansea에 붙어 수식어구들이 길기 때문에 주어를 뒤로 보내고 도치를 시켰다.

어휘 Briton 영국인 lesser-known 별로 유명하지 않은 peninsula 반도 unspoiled 훼손되지 않은 아름다움을 간직한 tranquil 조용한 stretch 뻗다 across 직경으로 edge 끝, 가장자리 cultivate 경작하다, 구축하다 reputation 평판 administrative 행정의

정답 (b) in south Wales, that combines
→ in south Wales, which combines

---

17 접속사

Exercise p.154

01 (a)	02 (a)	03 (b)	04 (a)	05 (b)
06 (a)	07 (a)	08 (a)	09 (b)	10 (b)

01

해석 이번 소송의 목적은 그 회사로 하여금 계획을 중단하게 하거나, 아니면 우리에게 보상하게 하는 것이다.

해설 either A or B에서 상관 접속사를 완성하는 문제이다.

어휘 lawsuit 소송 compensate ~에게 보상하다

정답 (a)

02

해석 우선 분실물 센터에 전화해서 당신 가방이 있는지 알아보세요.

해설 if는 명사절 접속사로 쓰이면 '~인지 아닌지'라는 의미이다.

정답 (a)

03

해석 비록 네가 마감 기한을 맞추지 못한다 할지라도 그 프로젝트를 포기하면 안 된다.

해설 '비록 ~일지라도'라는 의미로는 even if가 적합하다.

어휘 meet the deadline 마감 기한을 맞추다

정답 (b)

04

해석 예전에 여기에 있었던 나무는 너무나 커서 아무도 쉽게 오를 수 없었다.

해설 '너무나 ~해서'라는 의미가 필요한데 빈칸 뒤에 형용사만 있으므로 'so+형용사[부사]+that'이 적절하다.

정답 (a)

05

해석 일단 수영하는 것에 익숙해지면 즐기게 될 것이다.

해설 '일단 ~하면'이라는 의미가 필요하므로 once가 적합하다.

어휘 get accustomed to ~에 익숙해지다

정답 (b)

06

해석 어젯밤에 눈이 많이 왔기 때문에 길에서 미끄러져서 넘어지지 않도록 조심하세요.

해설 문맥상 '~하지 않기 위해서'라는 의미가 필요하므로 lest를 써야 한다.

어휘 slip and fall 미끄러져서 넘어지다

정답 (a)

07

해석 당신이 나와 함께 머무르든 나를 떠나든, 나는 당신의 결정을 따르겠습니다.

해설 문맥상 '~이든 아니든'이라는 의미인 양보 부사절이므로 whether가 적절하다. either ~ or는 등위 상관접속사

이므로 이 구문에는 적합하지 않다.

정답 (a)

08

해석 예상치 못한 일이 갑자기 생겨서 오늘 밤 너의 집들이에 못 갈 것 같아.

해설 문맥상 '~하기 때문에'라는 의미가 필요하므로 등위접속사 for가 적합하다.

정답 (a)

09

해석 그날은 비가 너무 많이 와서, 호텔에 머물면서 TV를 보는 것 말고는 달리 선택의 여지가 없었다.

해설 '너무나 ~해서'의 구문인데 빈칸 뒤에 a rainy day가 있으므로 such가 적절하다.

어휘 have no choice but to부정사 ~하지 않을 수 없다

정답 (b)

10

해석 그녀가 어린 나이에도 불구하고 어려운 수학 문제들을 그렇게 빨리 풀어냈다니 믿을 수가 없어.

해설 '~에도 불구하고, ~일지라도'라는 의미로만 보면 둘 다 가능하지만 빈칸 뒤에 '주어+동사'가 아닌 명사가 이어지고 있으므로 전치사인 despite가 적합하다.

정답 (b)

Practice Test　　　　　　p.155

01 (d)	02 (a)	03 (d)	04 (b)	05 (d)
06 (b)				

01

해석 A 당신 노트북이 바이러스에 감염되었으니 데이터를 지키는 법을 알려 줄게요.
B 그 말을 들으니 안심이 돼요. 고마워요.

해설 접속사 문제는 앞뒤 문맥을 파악하는 것이 가장 중요하다. 노트북이 바이러스에 감염되었다는 것과 데이터를 안전하게 지키는 법 사이에는 인과 관계가 성립되므로 이유를 나타내는 접속사 now that이 정답이다.

어휘 secure 안전하게 지키다　infect 감염시키다　relieved 안심한

정답 (d)

02

해석 A 제가 가져가야 할 다른 것 없나요?
B 밤에 추워질 수 있으니 따뜻한 재킷 잊지 마세요.

해설 문맥상 밤에 추울 수도 있으니 그것에 대비해서 따뜻한 옷을 챙기라는 뜻이므로 '~한 경우라면, ~할 때를 대비해'라는 뜻의 in case (that)가 빈칸에 가장 적합하다.

정답 (a)

03

해석 우리는 지구의 미래를 지키기 위한 일을 지금 해야 한다. 그렇지 않다면 너무 늦을 것이다.

해설 문맥상 앞 문장을 받아 '그렇지 않으면'이라는 뜻이 필요하다. (a) but도 가능할 것 같지만 세미콜론(;)은 앞뒤 문장이 서로 연관성을 지닌다는 뜻으로, 문법상 각각의 독립적인 문장을 구성한다. 따라서 빈칸에는 접속사가 아니라 접속부사인 otherwise가 적절하다.

정답 (d)

04

해석 필립은 내가 시카고로 출장을 간 동안 내 고양이들에게 먹이를 줬다.

해설 while은 '~하는 동안'이라는 뜻을 가진다. 또한, '~하는 반면에'라는 대조의 부사절을 이끌기도 한다. 필립이 고양이 먹이를 줘서 출장을 마음 편히 갈 수 있는 이유는 될 수 있겠지만 그 결과 출장을 간 것은 아니므로 so that은 적절하지 않다.

정답 (b)

05

해석 A 너무 더워! 더 이상 이 더위를 못 견디겠어.
B 그래. 여름이라고 해도 너무 더워.
A 휴가가 필요해. 그나저나, 로스앤젤레스에서의 네 휴가는 어땠어?
B 좋았어. 날씨가 너무 좋아서 내내 즐거웠어.

해설 (d)에서 뒤의 접속사 that과 함께 '매우 ~하여 …하다'라는 뜻으로 쓰는 구문 표현은 so ~ that … 구문이다. 따라서 very를 so로 바꿔야 한다.

어휘 boiling hot 끓는 듯이 더운　stand 견디다　take a

vacation 휴가를 가다

정답 (d) very nice that → so nice that

06

해석 (a) 부유한 국가와 가난한 국가의 격차가 커지는 또 다른 이유는 보호 무역주의 정책이다. (b) 다시 말해서, 무역이 실제로 완벽하게 '개방'된 것은 아님에도, 많은 부유국들이 자국민에게 특별한 도움을 주는 정부 계획을 세운다. (c) 보호 무역주의 정책의 한 예는 농업 보조금이다. (d) 이것은 정부가 농부에게 주는 돈인데, 불행히도 가난한 국가의 정부는 자국 농민들에게 이러한 보조금을 줄 수 없다.

해설 문맥상 (b)에서 앞 문장과 대조를 이루는 접속사 though는 적절하지 않다. though의 앞뒤 문장이 서로 인과 관계를 맺고 있으므로 so로 연결하는 것이 자연스럽다. (b)에 쓰인 in other words는 '다시 말해서'라는 뜻으로 부연 설명에 쓰이는 접속부사이다. (d)에서 세미콜론(;)은 앞뒤 문장이 연관성이 있음을 드러낼 뿐 실제론 각각 독립적인 문장을 연결하는 것이므로 접속사가 아닌 부사 unfortunately를 쓰고 있다.

어휘 protectionist 보호 무역주의자 policy 정책 in other words 다시 말해서 governmental 정부의 agricultural 농업의 subsidy 보조금

정답 (b) though trade isn't → so trade isn't

Unit 18 전치사

Exercise p.159

01 (b)	02 (b)	03 (b)	04 (a)	05 (b)
06 (b)	07 (a)	08 (a)	09 (b)	10 (b)

01

해석 아들이 여름 방학 동안 많이 자랐다.

해설 for는 구체적인 숫자와 함께 쓰여 '~ 동안'이라는 의미를 나타내고, 특정한 기간을 나타내는 명사에는 during이 적절하다.

정답 (b)

02

해석 이번 주 토요일에 캠핑 가는 거 어때?

해설 시간 명사 앞에 this, last, next 등이 있으면 전치사가 생략된다.

어휘 what do you say to -ing? ~하는 게 어때?

정답 (b)

03

해석 어젯밤에 어떻게 그가 나에게 사과 한마디 없이 그렇게 전화를 끊을 수가 있었지?

해설 '~와의 통화 중에 전화를 갑자기 끊다'라는 의미는 hang up on으로 표현한다.

어휘 apology 사과

정답 (b)

04

해석 너를 집까지 태워다 준 걸 보면 그는 참 사려 깊은 사람이구나.

해설 사람의 성격이나 성향을 뜻하는 형용사(thoughtful)와 함께 쓰이면 부정사의 의미상의 주어 자리에 'of+목적격'이 적절하다.

정답 (a)

05

해석 그의 어머니는 너무나 어려 보여서 사람들은 종종 그녀를 그의 누나로 착각한다.

해설 '나이에 비해서'는 for one's age라고 표현한다.

어휘 take A for B A를 B로 착각하다

정답 (b)

06

해석 당신이 찾고 있는 건물은 길 아래쪽의 파란색 건물입니다.

해설 '길 아래쪽'을 의미할 때는 down the road라고 표현한다.

정답 (b)

07

해석 살을 뺄 수 있는 가장 효율적인 방법은 칼로리 섭취량을 줄이고 규칙적으로 운동을 하는 것입니다.

해설 문맥상 '~함으로써'의 의미는 방법을 나타내는 전치사

by가 적합하다.

어휘 lose weight 살을 빼다 reduce 줄이다 intake 섭취(량) work out 운동하다

정답 (a)

08

해석 당신은 그 보고서를 3시까지는 끝내야 합니다. 우리가 발표를 하기 전에 그 보고서가 필요하니까요.

해설 '~까지'라는 의미만 보자면 둘 다 가능하지만 특정 시점까지 끝내야 하는 완료의 상황임을 감안하면 by가 적절하다.

정답 (a)

09

해석 아들의 선생님은 학생들에게 중간고사 대신 집에서 하는 과제를 내주신다.

해설 문맥상 '~ 대신에'라는 의미이므로 instead of가 적절하다.

어휘 take-home 집에서 하는 assignment 과제

정답 (b)

10

해석 A 스미스 씨와 통화하고 싶은데요.
B 죄송하지만 지금 회의 중이십니다. 1시간 후에야 통화가 가능할 거예요.

해설 현재를 기준으로 시간을 나타내는 '~ 후에'는 in을 써야 한다. after는 시간이나 순서상 '후에[뒤에]'를 의미한다.

정답 (b)

Practice Test   p.160

01 (b)	02 (a)	03 (b)	04 (c)	05 (d)
06 (d)				

01

해석 A 그 멋진 꽃병은 어디서 산 거니?
B 길 건너편의 그릇 가게에서 산 거야.

해설 빈칸 뒤의 명사 the street과 더불어 '건너편에 있는'이

라는 뜻은 across the street이 올바른 표현이다. into는 길로 침투하거나 스며든다는 뉘앙스가 되고 for는 거리를 위하여 뭔가를 한다는 뜻이 되므로 모두 문맥상 적절하지 않다.

어휘 gorgeous 아주 멋진 vase 꽃병 tableware 식탁용식기류

정답 (b)

02

해석 A 켈리는 2주 후면 유부녀가 되겠구나.
B 그래, 그리고 그녀는 너의 올케가 되는 거야.

해설 미래의 조동사 will과 어울려서 미래의 한 시점을 나타낼 수 있는 전치사는 선택지 중에서 in이 유일하다. sister-in-law는 법적으로 맺어진 자매라는 뜻이므로 올케, 시누이, 처제, 형수 등 혼인 관계로 인해 새롭게 맺어지는 관계를 말한다.

정답 (a)

03

해석 드와이어 양은 파리에 있는 친구를 방문하고 싶어서 마을을 일주일간 떠나기로 했다.

해설 얼마간 떠나 있기로 했다는 내용이므로 기간에 어울리는 전치사가 필요하다. How long ~?에 대한 답변에는 전치사 for를 쓰고, 기간의 의미를 가진 명사 앞에는 during을 쓴다. 그 쓰임은 during the summer '여름 시즌 동안', during the performance '공연하는 동안' 등과 같다.

정답 (b)

04

해석 사람들은 타인을 외모로 판단하는 실수를 쉽게 저지른다.

해설 판단이나 기준이 되는 명사를 받는 전치사는 by이다.

어휘 judge 판단하다 appearance 겉모습

정답 (c)

05

해석 A 시립 박물관에서 하는 멋진 전시회 표가 두 장 있어.
B 무슨 전시회인데?
A '중국의 보물'이라고 해. 많은 문화 유물들이 있을 거야.
B 와, 내가 같이 가도 될까? 난 중국 역사에 굉장히 관심이 있거든.

해설 (d)에서 '~에 관심이 있다'라는 표현은 be interested

in이라고 한다. (a)에서 tickets to는 '~에의 입장권'이라는 뜻이며 at the municipal museum에서 at은 장소의 전치사이다. (b)의 about은 '~에 관하여'라는 일반적인 뜻이다.

어휘 exhibition 전시회 municipal 시립의 artifact 공예품, 유물

정답 (d) I'm very interested at → I'm very interested in

06

해석 (a) 마이클은 고등학교 중퇴자이며 부유한 집에서 태어나지도 않았다. (b) 지난 2006년에 그는 남은 평생 계속적인 치료를 요하는 완치 불가능한 형태의 백혈병에 걸렸다는 것을 알게 되었다. (c) 그의 치료비는 35만 달러가 넘었지만 보험 덕택에 그가 부담한 금액은 4천 5백 달러뿐이었다. (d) 그러나 지난주에 발표된 새로운 법규 때문에 이제 그것도 바뀌려고 한다.

해설 (d)에서 announced는 문장의 본동사가 아니라 수동의 분사로 앞에 있는 명사 regulations를 수식하고 있다. 따라서 접속사 because가 아니라 명사구를 받는 전치사 because of가 필요하다. (c)에 쓰인 thanks to는 '덕분에, 때문에'를 뜻하는 것으로 because of로 바꾸어도 무방하다.

어휘 drop-out 중퇴자 incurable 불치의 leukemia 백혈병 ongoing 진행 중의 treatment 치료 insurance 보험 regulation 규칙, 법규

정답 (d) because the new regulations → because of the new regulations

---

Unit 19 특수구문

Exercise   p.165

01 (b)	02 (b)	03 (b)	04 (b)	05 (b)
06 (a)	07 (b)	08 (b)	09 (a)	10 (b)
11 (a)	12 (a)	13 (b)	14 (b)	15 (a)

01

해석 무슨 일이 있어도 5살 먹은 아들딸 근처에 가위나 칼을 두어서는 안 됩니다.

해설 '어떤 경우에도 ~해서는 안 된다'를 의미하는 under no circumstances가 문장의 맨 앞에 놓이면 주어와 동사는 도치되어야 한다.

정답 (b)

02

해석 우리가 그 콘서트에 가기로 하자마자 표가 모두 매진되었다.

해설 부정어인 no sooner가 문두에 있기 때문에 그 뒤의 주어와 동사는 도치되어야 한다.

정답 (b)

03

해석 그들은 홍수 피해자들을 위해 먹을 것과 담요뿐만 아니라, 큰 액수의 돈도 기부했다.

해설 not only가 문두에 있으면 그 뒤의 주어와 동사는 도치되어야 한다.

어휘 donate 기부하다 contribute 기부하다 victim 희생자

정답 (b)

04

해석 마지막 손님이 가게를 떠나고 나서야 모리스는 휴식을 취할 수 있었다.

해설 only가 부사절과 함께 문두에 사용되면 그 뒤의 주어와 동사는 도치되어야 한다.

정답 (b)

05

해석 지진으로 인한 피해가 너무나 커서 아무도 무엇부터 시작해야 할지 몰랐다.

해설 The damage caused by the earthquake was such that ~의 문장에서 such가 문두로 나가면서 도치가 일어난 경우이다.

정답 (b)

06

해석 그녀는 비록 몸이 아팠지만 가족이 돌아오기 전에 집안일을 모두 끝내야만 했다.

해설 as가 양보 부사절을 이끌게 되면 '형용사[부사]+as+주어+동사'의 어순이어야 한다.

어휘 household chore 집안일

정답 (a)

07

해석 내 평생 그렇게 화려한 호텔에는 한 번도 가 본 적이 없다.

해설 부정부사인 never가 문두에 있으면 그 뒤에 오는 주어와 동사는 도치되어야 하는데, 동사 전부가 도치되는 것이 아니라 have p.p.의 경우 동사 have만 주어 앞으로 이동해야 한다.

어휘 luxurious 호화로운

정답 (b)

08

해석 올해 그 전시회에 출품된 작품들은 실망스러웠다.

해설 The artworks ~ this year were disappointing 에서 보어인 disappointing이 문두로 나가면서 주어와 동사 부분이 도치된 것이므로 동사의 수는 주어인 the artworks에 맞추어야 한다.

어휘 disappointing 실망스러운 artwork 예술 작품 submit 제출하다 exhibition 전시회

정답 (b)

09

해석 그가 결국 회사의 부회장이 된 것은 그의 의지와 헌신 덕택이다.

해설 It is ~ that 강조 구문을 이용하여 전치사구인 due to ~ devotion이 강조된 경우이다.

어휘 willpower 의지(력) devotion 헌신 end up -ing 결국 ~이 되다 vice-president 부회장

정답 (a)

10

해석 그는 다시는 늦지 않겠다는 약속을 어겼는데, 그러지 말았어야 했다.

해설 he shouldn't have broken his promise ~에서 앞의 말과 반복되는 부분이 생략된 shouldn't have가 적절하다.

어휘 break one's promise 약속을 어기다

정답 (b)

11

해석 공원에서 산책을 하다가 에이미는 우연히 예전 남자 친구와 마주쳤다.

해설 While she was taking ~의 부사절에서 she was 가 생략된 분사구문이다.

어휘 run across 우연히 마주치다 ex-boyfriend 예전 남자 친구

정답 (a)

12

해석 A 그 주제에 관해 조사를 좀 해 보고 싶어요.
B 좋아. 원한다면 해도 돼.

해설 'to+동사원형'에서 동사 부분이 반복될 경우 to만 사용하는 대부정사 용법이다.

어휘 do research 연구[조사]를 하다

정답 (a)

13

해석 A 케이트가 시간 맞춰 올까?
B 그러지 못할 것 같아. 교통 체증이 너무 심해서 도로에 차들이 거의 서 있잖아.

해설 문맥상 '케이트가 시간 안에 오기 힘들다'라는 의미이므로 not이 적절하다.

어휘 bumper-to-bumper 차량이 너무 많아서 거의 정체되어 있는

정답 (b)

14

해석 A 저 좀 도와주실 수 있어요?
B 그럼요. 무엇을 도와 드릴까요?

해설 Are you ~?라고 be동사로 묻고 있지만 상대방이 가능한지의 여부를 묻고 있으므로 can으로 답한다.

어휘 do ~ a favor ~를 돕다

정답 (b)

15

해석 제이크가 그 호텔의 총지배인으로 승진했다는 소식을 들었다.

해설 강조의 조동사 do 뒤에 오는 동사는 동사원형이어야 한다.

어휘 get promoted 승진하다 general manager 총지배인

정답 (a)

01

해석 A 난 연애를 해 본 적이 없어.
B 나도 그래.

해설 앞에 제시된 긍정문을 받아 '~도 역시 그러하다'라고 할
때 'So+조동사+주어'의 형태로 쓴다. 앞에 제시된 것이
부정문일 경우 '~도 역시 그러하지 않다'라고 받을 수 있
으며 이때는 neither를 쓴다. 일반동사의 경우 조동사
do를 사용해서 So do I/ Neither do I라고 쓰며, 여
기서는 앞 문장에 사용된 조동사가 have이므로 B도 같
은 조동사를 사용해서 대답하면 된다.

정답 (c)

02

해석 A 난 매주 토요일 등산을 즐기는데, 우리 형도 그래.
B 멋지다! 다음엔 나도 함께하게 해 줘.

해설 한 문장 내에서도 앞선 내용을 반복할 때 생략을 위해
'so+조동사+주어', 'neither+조동사+주어' 구문을 사용
할 수 있다. 이 문제에서는 enjoy climbing이라는 긍정
문의 반복을 생략하는 것이므로 so does my brother
이라고 해야 한다.

정답 (d)

03

해석 다시 말해, 논의할 사항이 조금도 없다.

해설 whatsoever가 부정문에서 쓰이는 경우 '조금의 ~도
없는'이라는 뜻으로 부정을 좀 더 강조하는 역할을 한다.
문맥상 '전혀, 조금도' 논의할 사항이 없다는 부정어 강조
표현으로 연결되므로 whatsoever가 가장 적절하다.

정답 (b)

04

해석 아만다는 바니랑 헤어지고 나서야 그가 그녀에게 얼마나
중요했는지 깨달았다.

해설 not until이 이끄는 부정의 부사절이 문두에 있으므로
뒤에 오는 주절은 도치되어야 한다. 주어와 동사를 도치
시키면 '조동사+주어+동사원형'의 어순이 되며 조동사에

시제가 반영된다.

정답 (a)

05

해석 A 우리가 처음 만난 게 10년 전이야.
B 10년! 시간 정말 빠르구나, 그렇지?
A 그래, 그리고 이제 우리는 많은 멋진 추억을 공유하고
있어.
B 난 우리가 앞으로 더 좋은 추억을 만들 거라 확신해.

해설 (a)에서 ten years ago를 강조하기 위해 It is ~ that
강조 구문이 쓰였다. 따라서 This를 It으로 바꿔야 한다.
It is ~ that 강조 구문은 문장의 주어, 목적어, 부사 등
을 강조하기 위해 It is와 that 사이에 넣는 문형이다.

정답 (a) This was ten years ago that
→ It was ten years ago that

06

해석 (a) 대부분의 인구가 자급자족 농민으로 남아있는 한, 현
대 산업 사회는 발달할 수 없다. (b) 그러한 농민들은 비
농업 분야의 노동자들이 먹을 충분한 여분의 식량을 생산
하지 못한다. (c) 또한, 작물 경작은 많은 일손을 필요로
하기 때문에 농장에서 공장으로 노동력이 넘어가지 못한
다. (d) 그런 까닭에 현대 경제가 발달하기 위해서는 농업
이 인력을 새로운 산업 분야에 양보해야 한다.

해설 (c)는 앞 문장 (b)가 부정문이므로 이와 연결 지어 '또한
~도 못 한다'라는 문장을 만들기 위해 nor을 사용하고
있다. 이때, 부정어인 nor가 문두에 있으므로 도치가 일
어나 주어와 동사의 어순이 바뀌게 된다. 문장 내에 조동
사가 있으므로 '조동사+주어+본동사'가 올바른 어순이다.

어휘 so long as ~하는 한 remain 남다, 유지하다
subsistence 생계, 생존 feed 먹이다, 공급하다
non-agricultural 비농업의 labor force 노동력
release 배출하다, 방출하다 hand 일손 cultivation
경작 yield 양보하다 sector 분야

정답 (c) Nor a labor force can be released
→ Nor can a labor force be released

Unit 20 관용 표현 및 구어체 표현

Exercise p.172

01 (b)	02 (a)	03 (b)	04 (b)	05 (b)
06 (b)	07 (a)	08 (a)	09 (b)	10 (b)

01

해석 알프레드는 항상 아들이 가까운 장래에 중요한 인물이 될 거라고 모두에게 말한다.

해설 문맥상 '중요한 인물'이라는 의미이므로 something이 가장 적절하다.

정답 (b)

02

해석 A 음식은 훌륭했지만, 서비스는 맘에 들지 않았어.
B 맞아.

해설 상대방의 말에 대해 동의할 때 쓰는 표현은 You can say that again이다.

정답 (a)

03

해석 A 여기 앉아도 되나요?
B 안 될 이유가 없죠.

해설 상대방의 요청을 승낙할 때 쓰는 표현은 I don't see why not이다.

정답 (b)

04

해석 제가 없는 동안 누가 그 프로젝트를 맡게 될지 저도 잘 모르겠습니다.

해설 문맥상 '~에 관해'라는 의미가 필요하므로 as to가 적절하다.

어휘 in charge of ~을 맡은

정답 (b)

05

해석 그녀가 공부를 계속할 것인지 여부가 아직 결정되지 않았다.

해설 문맥상 '아직 결정되지 않은'이라는 의미가 필요하므로

up in the air가 정답이다. put on airs는 '으스대다'라는 의미이다.

어휘 continue 계속하다

정답 (b)

06

해석 우리 아버지는 술이나 담배를 거의 안 하신다.

해설 '~하기는 하는데 거의 안 한다'라는 의미는 'hardly[scarcely/ seldom/ rarely]+if ever+동사'로 표현한다.

정답 (b)

07

해석 A 린다! 어쩌지? 너의 파티에 갈 수 없을 것 같아.
B 어째서?

해설 문맥상 '왜? 어째서?'라는 의미가 필요하므로 how come이 가장 적절하다.

정답 (a)

08

해석 A 왜 이렇게 우울해 보여?
B 집에 오는 길에 내가 제일 좋아하는 펜을 잃어버렸어.

해설 문맥상 '왜 이렇게 우울하니?'라는 의미이므로 Why the long face?가 적절하다. What are friends for?는 '친구 좋다는 게 뭐니?'라는 의미이다.

정답 (a)

09

해석 A 너를 여기서 만날 줄이야!
B 오랜만이야! 여기엔 무슨 일로 왔어?

해설 의외의 상황[장소]에서 우연히 만났을 때 쓰는 표현은 Fancy meeting you here이다.

정답 (b)

10

해석 A 점심 때 피자와 파스타가 먹고 싶은데, 넌 어때?
B 너 좋을 대로 해.

해설 상대방의 제안에 대해 동의할 때 쓰는 표현은 Whatever you say이다.

정답 (b)

01

해석 **A** 제 말이 이해되셨나요?
　　B 완벽하게요. 영어 회화를 잘하시네요.

해설 make oneself understood는 '의사소통하다'라는 뜻의 관용 표현이다. 특정한 언어로 하는 의사소통의 경우 in English, in French처럼 'in+언어' 형태로 뒤에 덧붙이면 된다.

정답 (b)

02

해석 **A** 왜 우울한 거니?
　　B 학급 친구들 중 한 명이 왕따를 당하고 있어.

해설 동사도 생략하고 Why the long face?만으로 상대에게 우울한 이유를 물어보는 관용 표현이다. long face는 시무룩하거나 우울한 얼굴을 의미한다.

어휘 bully 괴롭히다

정답 (a)

03

해석 아이들이 집을 떠나서 여유 공간이 많이 있다.

해설 'now that+주어+동사 ~'가 되면 '~ 때문에'라는 이유를 나타내는 접속사가 된다. 'in that+주어+동사'는 '~라는 점에서'라는 뜻이다. 해석상 두 절이 인과 관계를 맺고 있으므로 now가 가장 적절하다.

정답 (b)

04

해석 필요하다면 어떤 적절한 조치를 취해야 할지 결정해야 한다.

해설 if any는 '만약에 있다면, 만약에[설사] 있다손 치더라도'라는 의미의 관용 표현이다.

어휘 proper 적절한 take action 조치를 취하다

정답 (a)

05

해석 **A** 수잔의 집들이에 가니?
　　B 아직 확실히 모르겠어. 상황에 따라서 달라.
　　A 가기로 하면 내가 태워다 줄게.
　　B 정말 고마워. 그나저나, 너 혹시 괜찮은 사진사 알고 있니?

해설 화제를 바꿀 때 '그런데, 그나저나'라는 의미를 가진 올바른 표현은 by the way다. on the way는 '~ 도중에'라는 의미가 되어 문맥에 알맞지 않다. 따라서 (d)의 on the way를 by the way로 바꿔야 한다. (b)의 It depends는 전치사 on과 함께 써서 '~에 따라 다르다'라고 표현할 수 있다.

어휘 housewarming party 집들이 give a ride 태워다 주다

정답 (d) On the way → By the way

06

해석 (a) 셰르 아미(프랑스어로 '친애하는 친구'라는 뜻)는 제1차 세계 대전 동안 활약한 전령 비둘기였다. (b) 그 당시에는 양방향 무선 전송이 아직 가능하지 않았기에 전령 비둘기들이 종종 이용되었다. (c) 그들은 전쟁터를 가로질러 다리에 묶은 작은 깡통 안의 전갈을 전했다. (d) 셰르 아미는 겨우 25분 안에 25마일을 나는 데 성공했는데, 그렇게 해서 병력을 증원하여 200명이 넘는 미국인들의 목숨을 구했다.

해설 (d)의 succeed는 전치사 in과 함께 '~하는 데 성공하다'라고 쓸 수 있다. 따라서 succeeded in flying으로 바꿔 써야 한다. succeed가 '계승하다, 잇다'라는 의미로 쓰일 때는 전치사 to와 함께 '~을 계승하다'라고 쓸 수 있다.

어휘 carrier pigeon 전령 비둘기 two-radio message transmitting 양방향 통신 전송 available 이용 가능한 battle field 전쟁터 canister 작은 깡통, 금속 상자 attach 붙이다 reinforcement 증원, 강화

정답 (d) succeeded to fly → succeeded in flying

48

ACTUAL TEST 1

p.175

Part I

| 01 (a) | 02 (b) | 03 (c) | 04 (d) | 05 (d) |
| 06 (d) | 07 (c) | 08 (b) | 09 (c) | 10 (b) |

Part II

11 (b)	12 (b)	13 (c)	14 (b)	15 (c)
16 (d)	17 (b)	18 (c)	19 (b)	20 (d)
21 (b)	22 (b)	23 (c)	24 (d)	25 (b)

Part III

| 26 (a) | 27 (a) | 28 (a) | 29 (c) | 30 (b) |

Part I

01

해석 A 일 끝나고 한잔 어때?
B 그러고 싶지만 선약이 있어.

해설 앞서 언급된 내용을 반복하지 않고 대동사 do나 대부정사 to로 줄여서 쓸 수 있다. 문제에서는 to have a drink를 줄여서 대부정사 to만 남겨 둘 수 있다. 따라서 가장 알맞은 선택지는 (a)이다. 이때 주의할 점은 to do는 대부정사가 아니라는 것이다.

어휘 previous appointment 선약

정답 (a)

02

해석 A 호텔에서 머무르는 게 어때?
B 비용이 너무 많이 들 것 같아.

해설 way는 전치사나 부사와 함께 쓰여서 '훨씬, 큰 차이로' 등의 의미로 쓰인다. 정도나 위치를 나타내는 표현인 too, below, above 등의 앞에 way를 넣는 문제가 출제된다.

정답 (b)

03

해석 A 닉한테 무슨 일이 있었어?
B 현 직위에서 물러나기로 했대.

해설 decide는 to부정사를 목적어로 취하는 동사이다.

어휘 resign 사임하다, 물러나다

정답 (c)

04

해석 A 누가 그 유리창을 깼는지 너는 알고 있니?
B 제가 그랬어요, 그리고 그건 실수였어요.

해설 빈칸 앞의 I did와 접속사 없이 연결되고 있고, 빈칸 뒤에 주어가 없으므로 관계대명사가 필요한 자리이다. 빈칸 앞에 콤마가 있으므로 계속적 용법에 적절한 (d) which가 정답이다. 선행사는 앞문장(I did) 전체이다. 적당한 선행사가 바로 보이지 않아 선행사를 포함하는 what을 정답으로 고르기 쉽지만 did 뒤에서 콤마가 그 문장을 마무리한 상태이므로 정답이 될 수 없다.

정답 (d)

05

해석 A 네 오빠는 어떻게 지내니?
B 좋은 자리를 제안받았는데 거절해 버렸어.

해설 빈칸 뒤에 목적어가 없고 해석상 '제안을 받는다'라는 표현이 어울리므로 수동태인 (c)와 (d) 중에서 답을 고른다. but 뒤에서 그 제안을 거절했다고 과거 시제로 표현했으므로 제안을 받은 것도 과거로 표현한다.

어휘 turn down 거절하다

정답 (d)

06

해석 A 내가 어제 주문한 개 사료는 아직 안 왔어?
B 안 왔어. 오후 5시쯤 배달될 거야.

해설 빈칸 앞의 it이 지칭하는 것은 개 사료이므로 '배달된다'라는 수동태가 필요하다. 사료가 아직 도착하지 않았다고 밝혔으므로 이미 배달되었다는 과거 시제가 아니라 배달될 것이라는 미래 시제가 적절하다.

어휘 order 주문하다 deliver 배달하다

정답 (d)

07

해석 A 안녕하세요? 모리스와 통화하고 싶습니다.
B 죄송합니다만, 그런 이름을 가지신 분은 없습니다.

해설 전화상의 대화 표현들은 청해, 어휘, 문법 등에서 광범위하게 출제되고 있다. 여기서는 상대방이 통화를 원하는 사람이 아예 없다고 응답할 때 쓰는 There is no one here by that name이라는 관용 표현에 관해 묻고 있으므로 (c)가 가장 알맞다.

정답 (c)

08

해석 **A** 그녀의 그림에서 무엇을 보았나요?
　　　B 커다란 보라색 동그라미가 두 개 있었어요.

해설 여러 개의 형용사가 하나의 명사를 수식할 수 있는데, 이 때 형용사 배열에는 특정한 순서가 있다. '관새[한정사]+서수+기수+성질+대소+신구+색깔+재료'의 순서를 따르는 (b)가 가장 알맞다.

정답 (b)

09

해석 **A** 비가 올 것 같구나. 우산 가져가는 거 잊지 마라.
　　　B 그럴게요.

해설 forget과 remember는 to부정사와 동명사 모두를 목적어로 취하는 동사로 각각의 쓰임이 다르다. to부정사는 주어진 시점보다 차후의 일을 말하는 것이고 동명사는 그 이전에 이미 벌어진 일을 나타낸다. 우산을 가져간 것을 잊지 말라는 것이 아니라 우산 가져갈 것을 잊지 말라는 것이므로 to부정사가 필요하다.

정답 (c)

10

해석 **A** 우리 클럽의 리더로 멜리사에게 투표할 거니?
　　　B 절대 아니지! 도대체가 마음에 드는 구석이 하나도 없는 걸.

해설 유도부사 there is 이후의 어순을 묻는 문제로 순서를 정해서 하나씩 배열해야 한다. there is 뒤에는 의미상 주어로 쓸 명사가 오는데, 이 문제에서는 부정 부사 not이 있으므로 'There is not+명사' 순서가 되어야 한다. 따라서 not이 제일 앞에 있는 (b)와 (d) 중에서 주어 a single thing이 뒤따르는 (b)가 가장 적절하다. that I like는 a single thing을 수식하는 관계사절이다.

어휘 vote for ~에게 투표하다

정답 (b)

Part II

11

해석 성차별에 관한 최근 문제의 해결책을 찾아내는 것은 우리가 쏟아 부어야만 하는 많은 시간과 노력을 의미한다.

해설 빈칸은 동사가 들어갈 자리이다. 주어가 동명사 Finding out이므로 동사의 단수형인 (b)와 (c) 중에서 정답을 골라야 한다. 빈칸 뒤에 목적어 역할을 하는 명사구가 있으므로 능동태인 (b) means가 정답이다.

정답 (b)

12

해석 에드워드는 서울에 여러 번 방문했기에 목적지를 찾는 데 어려움이 없다.

해설 동사 문제는 주어와의 수 일치를 확인하고, 능동인지 수동인지를 결정한다. 마지막으로 시제를 점검하면서 선택지를 하나씩 소거해 가면 정답을 쉽게 찾을 수 있다. 여기서는 3인칭 단수인 주어와 모든 선택지가 수 일치하며 네 개의 선택지 모두 능동태이므로 결국 시제 문제임을 알 수 있다. 여러 번 방문한 결과, 현재는 길을 찾는 데 문제가 없다고 했으므로 과거에서 현재로 이어지는 경험을 나타내는 현재완료 (b)가 가장 적절하다.

어휘 destination 목적지

정답 (b)

13

해석 호텔은 문제가 될 거라 생각되는 손님을 거부할 수 있다.

해설 선행사 any guest가 있으므로 선행사를 포함하는 (a)와 (d)는 제외시킨다. 빈칸 뒤에 considers의 목적어가 빠져 있으므로 목적격 관계대명사이며, 사람이 선행사이므로 (c)가 가장 적절하다.

어휘 refuse 거부하다 consider 간주하다 problem 다루기 어려운 사람

정답 (c)

14

해석 오늘날에서도 대부분의 아시아 나라에서 나이 든 사람들은 문화적으로 아들을 선호한다.

해설 have a preference for는 '~을 선호하다'라는 관용 표현이다.

어휘 preference 선호

정답 (b)

15

해석 저희 기념품 가게에서는 지불한 총액이 50달러를 넘을 경우 구매하신 물건을 무료로 포장해 가실 수 있습니다.

해설 선택지가 동사인 것으로 보아 have의 목적보어로 알맞은 동사형을 고르는 문제이다. 목적어와의 관계를 살펴볼 필요가 있는데, purchase는 '구매한 물품'이므로 '포장되다'라는 수동의 분사 wrapped가 빈칸에 가장 알맞다.

어휘 souvenir 기념품 purchase 구입물 wrap 포장하다 for free 무료로

정답 (c)

16

해석 전문가들은 석탄이나 석유 같은 화석 연료들이 급속도로 고갈되고 있다고 경고했다.

해설 deplete는 타동사인데 빈칸 뒤에 목적어가 없고 해석상 that절의 주어인 fossil fuels가 고갈된다는 뜻이므로 수동태 표현이 필요하다. 따라서 (b)와 (d) 중에서 정답을 골라야 한다. 해석상 '고갈된다'는 현재 사실을 나타내는 게 아니라 at an alarming rate와 함께 '급속도로 고갈되고 있다'는 진행 표현이 빈칸에 적절하다. deplete는 대부분의 경우 수동태로 쓰인다는 점도 기억해 두자.

어휘 warn 경고하다 fossil fuel 화석 연료 coal 석탄 deplete 고갈시키다 at an alarming rate 급속도로

정답 (d)

17

해석 이 연고를 바른 후에 발진이 생기면 사용을 중지하고 피부과 의사와 상의하십시오.

해설 전치사 after 뒤에는 동명사가 필요하므로 선택지 (b)가 가장 적절하다.

어휘 come out in a rash 발진이 생기다 ointment 연고 consult 상담하다 dermatologist 피부과 의사

정답 (b)

18

해석 에세이를 작성할 때, 다른 어떤 것이 아닌 그 내용에 관해 고민해야 한다.

해설 접속사를 유지한 분사구문이다. 에세이를 작성하는 주체가 주절의 주어인 you와 일치하므로 an essay를 목적어로 취하는 능동의 분사구문 (c)가 적절하다. (d)처럼 부사절로 풀어 쓸 수도 있지만 일반적인 상황을 이야기하는 경우이므로 과거 시제는 적절하지 않다.

어휘 content 내용 anything else 그밖에 다른

정답 (c)

19

해석 그의 첫 영화가 개봉된 후, 그는 자신이 성공했다고 여기고 교만해졌다.

해설 success는 불가산 명사로 '성공'이라는 뜻이다. '성공작, 성공한 사람'을 뜻하는 경우 가산 명사로 쓰이며, 단수로 쓸 때는 관사를 붙여야 한다. 해석상 자신을 성공한 사람으로 여겼다는 것이므로 가장 적절한 선택지는 (b)이다.

어휘 release 발표하다 regard ~ as ... ~을 …로 간주하다 arrogant 교만한

정답 (b)

20

해석 점술학을 믿는 사람들은 별들이 그들과 그들의 미래에 영향을 끼친다는 것을 받아들이기 쉽다.

해설 관계대명사절(who believe in astrology)의 수식을 받을 수 있는 대명사 those가 가장 적절하다. Those who는 Whoever로 바꿔 쓸 수도 있다. (a)와 같은 인칭대명사는 형용사, 형용사구, 형용사절의 수식을 받지 않는다.

어휘 astrology 점술학 influence 영향을 미치다

정답 (d)

21

해석 사만다는 확고한 채식주의자로, 고기뿐 아니라 우유나 계란도 전혀 먹지 않는다.

해설 주절 앞에 오는 분사구문으로 As she is a firm vegetarian인 문장에서 접속사와 주어를 없애고 동사인 is로 만든 분사구문 Being이 가장 적절하다.

어휘 firm 확고한 vegetarian 채식주의자

정답 (b)

22

해석 지난 월요일 이후로 서로 말을 하지 않는 것을 보니 수와 마크 사이에 뭔가 문제가 있었던 것이 분명하다.

해설 because를 이용해서 근거를 밝히고 있으므로 과거 사실에 대한 확신을 드러내는 must have p.p.(~였음에 틀림없다)가 빈칸에 가장 적절하다. 같은 뜻의 현재형으로 must be가 있다.

정답 (b)

23

해석 그녀는 프로젝트 준비로 바빴음에도 불구하고, 주말마다 자원봉사 활동에 빠지지 않았다.

해설 빈칸은 부사절이 적절한데, 일반적인 부사절 어순인 선택지 (a)를 고르면 '그녀가 바빴기 때문에'라는 의미가 되므로 문맥에 맞지 않는다. 접속사 as를 이용하여 '비록 ~일지라도'라는 양보의 의미를 나타낼 때는 '보어+as+주어+동사'의 어순이어야 한다.

어휘 preparation 준비 voluntary 자발적인

정답 (c)

24

해석 만성 질환을 가진 환자들은 가능한 한 즐거운 인생을 살수 있도록 격려받아야만 한다.

해설 '가능한 한 ~하게'를 의미하는 'as+원급+as possible'에 명사를 동반하면 'as+형용사+관사+명사+as possible'이 된다.

어휘 chronic 만성적인 cheerful 발랄한, 생기 있는

정답 (d)

25

해석 매운 풍미와 독특한 향으로 인해 인도 카레는 세계 최고의 진미들 중 하나이다.

해설 'one of the+최상급+복수 명사' 문형을 알고 있다면 쉽게 풀 수 있는 문제이다. '최고로 ~한 것들 중 하나'라는 의미로 (b)가 가장 적절하다.

어휘 spicy 매운 flavor 풍미, 맛 unique 독특한, 유일한 aroma 향기 culinary delight 진미, 요리 먹는 기쁨

정답 (b)

Part III

26

해석 A 오, 이런! 이건 지금까지 중에서 최고의 파스타야!
B 고마워. 우리 엄마한테서 배운 요리법이야.
A 그럼, 어머님께도 감사를 전해 드려.
B 그럴게. 엄마도 들으면 기뻐하실 거야.

해설 (a)의 비교급 better의 경우, 정관사 the가 앞에 있고 뒤에는 최상급을 수식하는 ever가 함께 있으므로 최상급 best로 고쳐야 한다. 또한, 지금까지 (먹어 본) 중에서 최고의 파스타라는 칭찬이 문맥상 가장 잘 어울린다.

정답 (a) better → best

27

해석 A 당신은 글을 굉장히 잘 쓰시네요. 저도 당신처럼 잘 썼으면 좋겠어요.
B 과찬이십니다. 저도 당신의 글에 감명받았습니다.
A 정말이요? 그렇게 말씀해 주시니 정말 감사합니다.
B 진심이에요. 아이디어가 정말 창의적이고 문체는 독특해요.

해설 (a)에 I wish 가정법이 사용되고 있는데 문맥상 현재 사실에 대한 아쉬움을 표현하는 것이므로 가정법 과거여야 한다. 따라서 I wish I can을 I wish I could로 고쳐야 한다.

어휘 be good at ~을 잘하다 flatter 듣기 좋은 칭찬을 하다 impressed 감명을 받은

정답 (a) I wish I can → I wish I could

28

해석 (a) 수요일에 LA의 한 초등학교 학생들은 한 교사의 침착한 대응이 없었더라면 위험에 빠졌을지도 모른다. (b) 그 학교의 교사인 제시카 파커는 점심시간에 낯선 남자가 총을 들고 빈 교실로 들어가는 것을 목격했다. (c) 소리를 지르거나 당황하는 대신에 그녀는 경찰에 전화했다. (d) 그 남자는 누군가를 살해할 목적으로 학교에 들어왔다는 사실이 나중에 밝혀졌다.

해설 (a)의 내용은 과거에 있었던 일의 반대 상황을 가정한 가정법 과거완료 문장이다. 따라서 주절의 시제는 will have p.p.가 아닌 would have p.p.가 적절하다.

어휘 calm 침착한 empty 텅 빈 witness 목격하다 scream 비명을 지르다 embarrassed 당황한 reveal 드러내다 with the intent to ~할 의도로

정답 (a) will have been → would have been

29

해석 (a) 포테이토칩과 크리스프의 차이를 아십니까? (b) 포테이토칩은 얇게 썬 감자로 만들어진 일종의 식전 요리나 곁들임 요리, 간식을 말합니다. (c) 크리스프도 역시 간식의 한 종류이긴 하지만, 주재료가 감자 외에도 옥수수나 타피오카, 혹은 다른 곡물일 수 있습니다. (d) 게다가 크리스프는 보통 영국이나 아일랜드에서 판매되어 즐기는 음식입니다.

해설 (c)의 주절 동사인 include는 '~을 포함하다'라는 의미의 타동사인데 주어와 목적어를 모두 갖추고 있으므로 수동태가 아니라 능동태로 사용하는 것이 적합하다.

어휘 appetizer 주요리가 나오기 전에 제공되는 식전 요리 maize 옥수수 tapioca 타피오카 cereal 곡류

정답 (c) can be included → can include

30

해석 (a) 당신이 먼지 알레르기가 있다면 먼지를 잘 통제하는 것이 중요하다. (b) 집 안의 먼지를 줄이고 기분을 나아지게 하는 데 도움이 될 만한 가전제품이 몇 가지 있다. (c) 그러나 모든 사람이 공기 정화기, 가습기, 스팀 청소기와 같은 가전제품을 살 만한 경제적인 여유가 있는 것은 아니다. (d) 그런 경우, 집 안에 카펫이나 깔개를 피하고, 가능한 한 자주 진공청소기로 청소하고 환기를 시켜라.

해설 (b)의 that은 바로 앞에 있는 선행사 some appliances를 꾸미는 관계대명사절을 이끄는 주격 관계대명사인데 바로 뒤에 appliances를 받는 대명사 주어인 they를 없애야 한다.

어휘 be allergic to ~에 알레르기가 있다 maintain 유지하다 appliance 가전제품 allergen 알레르기 원인 물질 air purifier 공기 정화기 humidifier 가습기 steam mop 스팀 청소기 rug 깔개 vacuum 진공청소기로 청소하다 ventilate 환기하다

정답 (b) that they help → that help

ACTUAL TEST 2   p.181

Part I

| 01 (c) | 02 (c) | 03 (d) | 04 (a) | 05 (b) |
| 06 (a) | 07 (d) | 08 (a) | 09 (b) | 10 (c) |

Part II

11 (d)	12 (c)	13 (d)	14 (a)	15 (d)
16 (c)	17 (a)	18 (d)	19 (b)	20 (d)
21 (b)	22 (c)	23 (b)	24 (b)	25 (a)

Part III

| 26 (c) | 27 (b) | 28 (a) | 29 (d) | 30 (c) |

Part I

01

해석 A 일정을 확정하셨나요?
B 아직이요. 고려 중이에요.

해설 '고려 중인'이라는 표현은 under consideration이다. consideration이 들어가는 숙어 표현으로 take ~ into consideration(~을 고려하다)도 있으므로 into를 고르지 않도록 주의한다.

정답 (c)

02

해석 A 투자는 어떻게 되고 있니?
B 응, 내가 산 이후 주가가 많이 올랐어.

해설 빈칸 뒤에서 'since+과거 시제'로 현재완료 시제의 시작 시점을 나타내고 있다. 따라서 주절은 현재완료 시제인 (c)가 가장 알맞다.

어휘 investment 투자 stock 주식

정답 (c)

03

해석 A 이 노래는 우리가 고등학교 때 좋아했던 노래잖아!
B 아니야. 너는 분명히 다른 노래와 착각하고 있는 거야.

해설 현재 듣고 있는 노래가 아닌 '또 다른'이라는 의미가 있는 한정사는 another이다. another가 들어간 선택지 (c)와 (d) 중에서 one another은 '서로'라는 의미의 관용

구이므로 문맥상 적절하지 않다. 따라서 가장 적절한 선택지는 (d)이다. 이때, (d)의 one은 앞서 언급된 명사 song을 받는 대명사이다. another는 단독으로 한정대명사로 쓰이기도 하며 뒤에 명사나 대명사를 동반해서 한정사로 사용될 수도 있다.

어휘 mistake A for B A와 B를 착각하다

정답 (d)

04

해석 A 이 그림은 내가 기대했던 것보다 훨씬 더 아름다워.
B 네가 마음에 들어 할 거라는 것을 알고 있었어!

해설 빈칸 뒤의 비교급을 수식하는 알맞은 부사를 고르는 문제이다. 비교급을 수식할 때는 even, still, far, a lot, much 등의 부사를 쓰므로 가장 적절한 선택지는 (a)이다.

정답 (a)

05

해석 A 밀러가 나랑 헤어지고 싶대.
B 놀랄 일도 아니지! 넌 그를 두고 바람피우지 말았어야 했어.

해설 남자 친구가 헤어지자고 했다는 말에 대해 놀랍지도 않다고 했으므로 '~했었어야 했다'라는 의미로 과거 사실에 대한 후회를 드러내는 should have p.p.가 문맥상 적절하므로 (b)가 정답이다. (a)는 '그를 두고 바람피우지 말아야 한다'라는 뜻이 되므로 이별 선언과 같은 일이 벌어지기 전에 일반적인 충고로 쓰기에 적절하다. NEW TEPS는 정답으로 가능할 것 같은 선택지가 같이 제시되는 경우가 많으므로 문법 혹은 문맥상 가장 적절한 것인지 반드시 살펴봐야 한다.

어휘 break up with ~와 헤어지다 two-time (배우자나 연인을 두고) 바람피우다

정답 (b)

06

해석 A 제발 서둘러요, 안 그러면 우린 제니의 졸업식을 못 볼 거예요.
B 걱정 말아요! 아직 시간 많아요.

해설 명령문 뒤에서 '그러면'이라는 의미로 쓰이는 등위접속사는 and이며, '그렇지 않으면'이라는 의미일 때는 or를 사용한다. 주어진 문장은 문맥상 '그렇지 않으면'이 적절하므로 (a)가 정답이다.

어휘 graduation 졸업, 졸업식 plenty of 많은

정답 (a)

07

해석 A 최선을 다해. 이번이 마지막 기회야!
B 알고 있어. 더 이상 잃을 것도 없어.

해설 'There is+명사+수식어'의 구조가 되어야 하므로 빈칸의 맨 앞에는 대명사인 nothing이 놓여야 한다. 따라서 선택지 (b)와 (d) 중에서 정답을 고른다. 두 선택지의 차이는 nothing을 수식하는 분사와 to부정사의 순서인데, 직접적 수식어인 형용사가 가장 먼저 오고 다음은 분사, 마지막으로 to부정사 순으로 배열해야 한다. 이 문제에는 형용사는 없고 분사와 to부정사가 nothing을 수식하고 있으므로 먼저 분사(left)를 쓰고 그 뒤에 to부정사(to lose)를 쓴 (d)가 가장 적절하다. (b)에 쓰인 nothing to lose left도 맞는 것 같다는 느낌이 든다면 그것은 Would you like something to drink?와 같은 회화체 표현이 익숙해서 그런 것이므로 함정에 빠지지 않도록 주의한다.

정답 (d)

08

해석 A 빠른 배송 감사해요.
B 천만에요. 혹시 문제가 생기면 연락 주세요.

해설 빈칸을 포함한 문장은 If you should experience ~의 어순으로 '(그럴 리는 없겠지만) 혹시라도 ~하면'이라는 의미로 사용되는 가정법 조건절로, 조동사 should를 사용하는 것이 특징이다. 여기서 조건 접속사 if가 생략되면 주어와 동사가 도치되어 Should you experience ~의 어순이 된다.

정답 (a)

09

해석 A 당신이 전화하셨다는 것을 그에게 알려 드릴게요.
B 그렇게 해 주세요. 감사합니다.

해설 빈칸에는 let him know that I called의 의미가 필요한데, 같은 말을 반복하는 것을 피하기 위해 대동사 do가 필요하다. 따라서 선택지 (b)가 가장 적절하다. 대동사는 do를 쓰고 대부정사는 to를 쓴다는 것을 같이 기억해 둔다.

정답 (b)

10

해석 A 그가 담배를 언제 끊었죠?
B 그의 딸이 아빠에게서 안 좋은 냄새가 난다고 말하고 나서야 담배를 끊었대요.

해설 'Only+부사절(after ~ bad)'이 문장의 맨 앞에 놓여 주절의 주어와 동사가 도치되어야 한다. 이 경우 stop은 일반동사이므로 조동사 do를 이용한 간접 도치가 되어야 한다.

정답 (c)

Part II

11

해석 당신이 가장 신뢰하는 사람에게 투표하는 것이 최선일 것이다.

해설 주어와 동사가 있는 두 개의 문장을 연결하는 방법은 접속사나 관계사를 사용하는 것이다. 선택지가 모두 관계대명사이므로 빈칸 앞의 선행사 a person에 맞춰 (a) who를 고르기 쉽지만 뒤 문장이 문법상 완전한 형태를 이루고 있으며 have confidence in ~(~을 믿다, 신뢰하다)이라는 숙어를 사용하였으므로 전치사 in을 관계사 앞으로 데려와서 (d) in whom이라고 해야 한다.

정답 (d)

12

해석 새끼 동물 몇 마리는 일단 젖을 떼고 나면, 원래 살던 지역의 보호 구역으로 옮겨질 수 있다.

해설 wean이 '젖을 떼다'라는 의미이므로 주어인 young animals와는 수동의 관계임을 알 수 있다. once they are weaned에서 '주어+be동사'는 생략할 수 있기 때문에 once weaned만 남은 것이다. 따라서 가장 적절한 선택지는 (c)이다.

어휘 wean (아기의) 젖을 떼다 introduce 들여오다 protect 보호하다 region 지역

정답 (c)

13

해석 18세기에 계몽주의는 유럽 전역에서 그 영향력을 발휘했다.

해설 동사 made는 'make+목적어+보어'의 형식을 취하는 5형식 동사이다. 목적어인 its influence와 보어 자리에 들어가게 될 feel은 의미상으로 수동의 관계이므로 빈칸에는 수동의 의미가 있는 과거분사가 필요하다. 따라서 적절한 선택지는 (d)이며 사역동사 make는 'make+목적어+동사원형'의 형식이지만 목적어와 목적보어가 수동의 관계라면 동사원형이 아닌 수동의 과거분사를 쓴다는 것을 기억해 둔다.

어휘 the Enlightenment 계몽주의 throughout 도처에

정답 (d)

14

해석 보상으로 주는 음식은 어린이들에게 불균형한 식습관으로 이어지는 버릇들을 생기게 하기 쉽다.

해설 빈칸은 동사 have의 목적보어 자리로 have는 동사원형을 목적보어로 취한다. 목적어인 them(어린이들)과 develop의 관계가 능동이므로 동사원형인 (a)가 가장 적절하다.

어휘 reward 보상 habit 습관, 버릇 lead to ~로 이어지다 unbalanced 불안정한

정답 (a)

15

해석 대통령은 지금까지 누구 못지않게 유능한 사람이었다.

해설 'as ~ as ever+동사'는 '지금까지 (어떤 누구에게도) 못지않게 ~한'이라는 구문이다. 이때, '어떤 누구보다도'라는 뜻으로 강조하는 부사가 ever이다. 자주 등장하는 구문이므로 꼭 익혀 두도록 한다.

어휘 competent 유능한

정답 (d)

16

해석 나는 다음 주 주말 내내 기말고사 공부를 하고 있을 것이다.

해설 미래 시점을 나타내는 next weekend가 있으므로 선택지 중 유일한 미래 시제인 (c)가 가장 적절하다.

정답 (c)

17

해석 다음 해 여름에 유럽에 갈 충분한 돈을 모아야 한다.

해설 enough는 형용사와 부사 둘 다 가능한데 품사에 따라 어순이 달라진다. enough가 형용사일 경우 명사를 앞에서 수식하고, 부사인 경우 형용사나 부사를 뒤에서 수식한다. 따라서 enough money의 어순인 (a)가 가장 적절하다. (b) 또한 enough money의 어순이기는 하지만 자동사 go 뒤에 명사 money를 붙일 수 없으므로 적절하지 않다.

어휘 scrape up 모으다

정답 (a)

18

해석 그룹 과제에서 A를 받기 위해 열심히 했지만, 결국 다른 멤버들이 나를 못마땅하게 만들었을 뿐이었다.

해설 완전한 문장 뒤에 붙일 알맞은 부사구가 필요하다. 'only+to부정사'는 '그 결과는 ~뿐이다/ 결국 ~하고야 말았다'라는 뜻으로 to부정사의 부사적 용법 중 결과를 나타내는 표현이다. '결국 ~하지 못하게 되었다'라는 부정의 의미로 쓸 때는 'never+to부정사'를 쓴다. (b)의 so as to는 to부정사의 부사적 용법으로 '~하기 위하여'라는 뜻이며 목적을 나타내는 in order to와 같은 의미이다. (c)의 be about to는 '막 ~하려 하다'라는 뜻이며, (d)의 enough to는 '~하기에 충분한'이라는 의미이다.

어휘 assignment 숙제, 과제 upset 마음이 상한

정답 (a)

19

해석 카페인을 지나치게 많이 섭취하면 나는 밤새 잠을 못 자고 깨어 있게 된다.

해설 주어와 동사의 수 일치와 적절한 시제를 묻는 문제이다. 문장의 주어가 동명사이므로 동사는 단수 동사여야 한다. 동명사는 단수 취급하기 때문이다. 그리고 의미상 객관적인 사실을 말하고 있으므로 현재 시제가 필요하다.

어휘 consume 섭취하다

정답 (b)

20

해석 수표를 현금으로 바꾼 후에 그는 새 모자를 사러 갈 것이다.

해설 after가 시간 부사절을 이끌고 있으므로 미래 대신 현재 시제 cashes를 쓰고 있다. 따라서 주절에는 앞으로 그러할 것이라는 표현이 필요하다. 주로 미래 시제 조동사인 will을 쓰지만 'be going to+동사원형'과 같이 미래를 나타내는 표현도 가능하다.

어휘 cash a check 수표를 현금으로 교환하다

정답 (d)

21

해석 당신이 식료품에 붙어 있는 성분표를 시간을 들여 읽어도 그것이 무엇인지 알지 못하는 일부 성분들이 있을 가능성이 높다.

해설 긍정문에는 some, 부정문에는 any를 쓰는 것이 기본이다. 빈칸이 포함된 문장은 there will be ~라는 긍정문

이므로 some 혹은 some of 중에서 정답을 고르면 된다. 다만, some of의 경우 뒤에 정관사 the를 동반해야 하므로 정답은 (b) some이다.

정답 (b)

22

해석 젊은 엄마는 아기의 울음소리에 깰 때까지 잠을 자고 있었다.

해설 NEW TEPS 문제는 소거법을 사용해서 풀어야 하는 경우가 많은데 이 문제가 바로 그러하다. 종속절인 when절이 과거 시제이므로 아기 울음소리에 깬 과거의 그때에 한 일을 묘사하는 빈칸에는 최소 과거이거나 그보다 앞선 시제가 필요하다. (a)는 현재완료, (b)는 단순 현재, (d)는 미래완료 시제이므로 모두 빈칸에 알맞지 않다. 따라서 가장 적절한 것은 과거완료진행 시제인 (c)이다. 과거의 특정한 때 이전부터 그 시점까지 계속되고 있었던 일을 나타낼 때 과거완료진행 시제 had been -ing를 사용한다.

정답 (c)

23

해석 아들이 어젯밤에 그 말도 안 되는 파티에 가지 않았더라면 할 뿐이다.

해설 '차라리 ~라면', '~가 아니라면'이라는 의미를 나타내는 would rather 가정법을 완성하는 문제이다. 아들이 파티에 간 것은 과거 사실이므로 이를 반대로 가정하는 가정법에서는 가정법 과거완료 시제가 필요하다. 따라서 가장 적절한 선택지는 (b)이다.

정답 (b)

24

해석 나는 수학 경시대회에서 미셸을 이길 것으로 어느 정도 기대했었다.

해설 빈칸 뒤에 있는 동사인 expect를 수식할 적절한 부사를 고르는 문제인데, 문맥상 '약간, 어느 정도'라는 의미를 지니는 부사 sort of가 적절하다.

어휘 win over ~을 이기다 competition 경쟁, 대회

정답 (b)

25

해석 위원회는 오늘 아침 9시부터 계속 그 문제에 관해 논쟁을 벌이고 있다.

해설 문장의 시제가 어떤 동작이 계속됨을 보여 주는 현재완료 진행형이므로 빈칸에는 과거 언제부터 그러했는지 그 시작 시점을 알려 주는 since가 와야 한다. 현재완료와 함께 쓰이는 since 뒤에는 과거 시제를 사용한 절이 올 수도 있고, 지금처럼 과거의 한 시점만 제시될 때도 있다.

정답 (a)

Part III

26

해석 A 제가 한 예약에 관해 몇 가지 변경을 하고 싶습니다.
B 좋습니다. 어떤 종류의 변경을 말씀하시는 건가요?
A 예약 시간을 7시 대신에 8시로 옮길 수 있을까요?
B 문제없습니다. 그 밖에 어떤 변경을 원하시나요?

해설 (c)에 쓰인 possible은 사람에게 쓸 수 없는 형용사이다. 사람이 'possible'하다는 것은 '시간을 낼 수 있다'는 뜻에 가까운데 그럴 경우에는 available을 써야 한다. 여기서는 예약 시간 변경의 가능성을 묻고 있으므로 '허가'나 '가능'을 이야기하는 조동사 can을 사용하여 Can I move ~?라고 해야 한다.

정답 (c) Am I possible to → Can I

27

해석 A 나 일을 좀 쉬려고 해.
B 요즘의 경제 상황을 고려할 때, 좋은 생각이 아닌 것 같아.
A 알아. 하지만 내 주치의가 그러라고 했어.
B 건강과 관련된 거라면, 당연히 그래야지.

해설 idea는 셀 수 있는 명사이므로 관사를 써야 한다. 다만, Good idea!처럼 주어와 동사 없이 단독으로 관용구를 형성할 때는 생략 가능하다.

어휘 take time 시간을 갖다 given ~을 고려해 볼 때 recent 최근의 related to ~와 관련 있는

정답 (b) that's good idea → that's a good idea

28

해석 (a) 독화살 개구리는 다른 동물에게 그들이 독성이 있음을 경고하는 밝은 색깔로 잘 알려져 있다. (b) 이 개구리의 독은 가장 강력한 물질 중의 하나이며 마비나 사망을 유발한다. (c) 그것은 매우 강력해서 소금 한 톨보다 작은 양으로 사람을 죽일 수 있다. (d) 개구리 한 마리가 100명을 죽이기에 충분한 양의 독을 보유하고 있기 때문에, 현지 사냥꾼들이 그것을 화살촉에 사용하여 개구리에게

그러한 이름이 붙여진 것이다.

해설 other은 한정사로 가산 명사와 불가산 명사 모두를 수식할 수 있다. 다만 가산 명사의 경우 언제나 복수 명사와 함께 쓴다. 따라서 (a)의 other animal 부분은 other animals로 고쳐야 한다. another의 경우는 단수 명사와 호응한다.

어휘 poisonous 독성이 있는 substance 물질 paralysis 마비 potent 강력한

정답 (a) other animal → other animals

29

해석 (a) 지구의 기온이 위험한 정도까지 오르는 데 30년 정도 남았다. (b) 석탄과 가스 같은 연료를 태우는 등의 인간의 행위에 의한 온실가스 배출은 지구 온난화의 원인이다. (c) 이제 온실가스 배출은 세계 해수면과 아이스커버, 세계 기후 시스템의 다른 부분들에서도 상당한 변화를 초래하고 있다. (d) 사실, 지구는 과학자들이 '전례 없는'이라고 말한 점진적인 변화를 이미 수천 년 동안 경험해 오고 있다.

해설 (d)에서 동사 has undergone의 목적어인 a change를 관계대명사 절인 which were unprecedented가 수식하고 있다. 따라서 선행사의 수에 동사를 일치시켜 was unprecedented라고 해야 한다. 이것이 잘 보이지 않는 이유는 관계대명사 삽입절(scientists said)이 들어가 있기 때문인데 동사 think, say, believe, hope 등은 관계대명사 삽입절에 자주 사용된다.

어휘 risky 위험한 greenhouse gas 온실가스 emission 배출 coal 석탄 be responsible for ~에 대해 책임이 있다 global warming 지구 온난화 be on track 진행 중이다 substantial 상당한, 중요한 shift 변화 sea level 해수면 climate 기후 undergo 경험하다 progressive 점진적인 unprecedented 전례가 없는

정답 (d) which scientists said were → which scientists said was

30

해석 (a) 영어 시소러스 사전은 사전 수록어와 유의어 및 반의어 사전 수록어를 한 페이지에 넣는다. (b) 이것은 같은 페이지에서 모든 표준의 사전적 정보와 비슷한 의미의 다른 단어들을 찾을 수 있다는 뜻이다. (c) 그러나 헷갈리는 단어들의 철자를 점검하기만 원하는 사람들에게는 그렇게 편리한 것이 아니다. (d) 그런 까닭에 영어 시소러스 사전은 정말 유용하지만 모든 사람의 취향에 맞지는 않는다.

해설 (c)에서 철자를 찾아본다고 했으므로 words를 수식하

는 알맞은 분사는 단어가 헷갈린다는 의미의 능동 분사 confusing이다. confused words라고 하면 words가 혼란스러워한다는 의미가 되므로 감정이 없는 words에 적절하지 않은 표현이다.

어휘 thesaurus (유의어 · 반의어 등을 모은) 사전 combine 결합하다 entry 표제어, 수록어 similar 비슷한 meaning 의미, 뜻 confusing 혼란스러운 informative 정보성 있는, 유용한 taste 취미, 기호

정답 (c) the spelling of confused words → the spelling of confusing words

Part I

01 (b)	02 (c)	03 (b)	04 (c)	05 (b)
06 (d)	07 (b)	08 (a)	09 (b)	10 (a)

Part II

11 (a)	12 (a)	13 (b)	14 (d)	15 (c)
16 (b)	17 (d)	18 (d)	19 (d)	20 (c)
21 (b)	22 (c)	23 (b)	24 (d)	25 (c)

Part III

26 (d)	27 (b)	28 (c)	29 (a)	30 (a)

Part I

01

해석 A 제인 오스틴의 책들을 읽어본 적이 있나요?
B 네, 지난 학기에 그녀의 유명한 소설들 중의 한 권인 "엠마"를 읽었습니다.

해설 빈칸 바로 앞에 있는 "Emma"와 동격이 되면서, 문맥상 '그녀의 유명한 소설들 중의 한 권'이라는 뜻이 되어야 하는데, '~ 중의 하나'는 'one of+복수 명사'로 표현한다. any of는 '~ 중에서 아무것도'라는 의미이므로 문맥상 맞지 않고, this나 such는 단독으로 쓰여 바로 of 이하의 수식을 받을 수 없다.

어휘 semester 학기

정답 (b)

02

해석 A 식당에서 그 사람들 얼마나 시끄러웠는지 믿을 수가 없어.
B 더 이상 거기 가고 싶지 않아.

해설 believe의 목적어로 간접의문문을 쓰고 있다. 간접의문문의 경우 주어와 동사의 어순이 평서문과 일치한다. 이 경우 '얼마나 시끄러웠는가'라는 뜻으로 how loud를 붙여서 쓰고 뒤에 주어와 동사가 이어지는 (c)가 가장 알맞다.

정답 (c)

03

해석 **A** 내가 추천한 파이 먹어 봤어?
B 물론이지. 지금껏 먹어 본 중 단연 최고였어.

해설 최상급 강조에 쓰이는 부사 표현으로 by far가 있다. 최상급 앞에는 by far, quite를 쓰고, the와 최상급 사이에는 single, very, simple, 그리고 최상급 뒤에는 ever, possible로 강조한다. 강조 부사마다 각각 위치가 다르므로 꼼꼼하게 익혀 두도록 한다.

정답 (b)

04

해석 **A** 기다리게 해서 미안해.
B 이번에도 말도 안 되는 변명을 지어낼 거라면, 꿈도 꾸지 마!

해설 동사 keep은 5형식에서 목적보어로 -ing를 쓴다. 물론 목적어와 목적보어가 수동의 관계라면 수동의 분사 p.p.를 목적보어 자리에 사용하지만 목적어인 you가 기다리는 것이므로 (c)가 적절하다.

어휘 silly 어리석은, 말도 안 되는 excuse 구실, 변명

정답 (c)

05

해석 **A** 가장 가까운 우체국이 어디에 있나요?
B 시청 바로 옆에 있어요.

해설 right은 기준을 제시해 주는 단어와 함께 쓰여 '바로'라는 의미를 만든다. right next(바로 옆)/ right before(직전)/ right after(직후) 등의 표현을 암기해 두는 편이 좋다.

정답 (b)

06

해석 **A** 너희 신상품 판매는 어때?
B 꽤 잘 팔리고 있어.

해설 sell은 '~을 팔다'라는 타동사로 주로 쓰이지만 완전 자동사인 1형식으로도 사용이 가능하다. 빈칸 뒤에 목적어가 없다는 이유로 수동태를 고르는 실수를 하기 쉬운 동사이다. '(물건이) 팔리다'라는 자동사의 쓰임을 이용한 (a)와 (d) 중에서 현재 상황에 대한 응답으로 과거진행형인 (a)는 어울리지 않는다.

정답 (d)

07

해석 **A** 사라, 시간 좀 내줄래?
B 미안해. 시간이 안 될 때라서.

해설 부탁이나 시간 요청에 대해 지금 응해 줄 수 없음을 나타내는 관용 표현으로 You caught me at a bad time을 쓴다. 문법적으로는 상대방이 말을 건 때를 과거로 보고 과거 시제인 (b)가 가장 적절하다.

어휘 spare (시간이나 돈 등을) 할애하다

정답 (b)

08

해석 **A** 숙제 그만하고 간식을 먹는 게 어때?
B 아니요. 10분만 더 있으면 끝나요.

해설 before가 이끄는 시간 부사절에서 미래 시제 대신 현재 시제인 finish가 적절하다. 참고로, another는 단수와 호응하지만 10 minutes처럼 하나의 단위로 취급되는 시간 개념은 단수로 보고 another 뒤에 쓸 수 있다.

정답 (a)

09

해석 **A** 그 상원 의원은 세금을 올리는 데 반대했었는데, 지금은 지지해.
B 입장 변화에 대해 그가 뭐라고 말했어?

해설 '~에 반대하다'의 be opposed to에 쓰이는 to는 전치사이다. 따라서 뒤에는 동사원형이 아닌 동명사가 와야 한다. 빈칸 뒤에 taxes라는 목적어가 있으므로 동명사의 수동태 (d)는 적절하지 않다.

어휘 senator 상원 의원 be opposed to ~에 반대하다 raise taxes 세금을 올리다 attitude 태도, 입장

정답 (b)

10

해석 **A** 앤젤라는 항상 불평해.
B 내 말이 그말이에요.

해설 always와 함께 현재진행 시제가 쓰이면 주어에 대한 화자의 불평이나 짜증을 나타낸다. 현재 앤젤라의 성격에 대한 언급이므로 (a)가 가장 알맞다.

어휘 complain 불평하다 You're telling me! 내 말이 그말이에요!

정답 (a)

Part II

11

해석 지나는 일 때문에 바빠서 당분간 전혀 시간을 내지 못할 것이라서 친구들과의 여행 계획을 포기했다.

해설 '여행 계획을 포기했다'라는 내용과 문맥이 자연스럽게 이어지기 위해서는 빈칸에 '당분간 시간이 전혀 없을 것이다'라는 부정의 의미가 필요하다. 따라서 (a)가 정답이다. any는 not과 함께 사용되어야 '전혀 ~아니다/ 없다'의 의미이고, 각각 '약간의'와 '거의 없는'이란 뜻의 few와 a few는 가산 명사를 수식해야 하는데 빈칸 뒤의 time은 불가산 명사이므로 답이 될 수 없다.

어휘 give up 포기하다 for the time being 당분간

정답 (a)

12

해석 칼은 엄마가 그러지 말라고 충고했는데도 그의 첫 소개팅에 빨간 바지를 입었다.

해설 동사 urge는 '~에게 ~하라고 충고하다/ 촉구하다'의 의미인 5형식 동사로 쓰일 때 'urge+목적어+to부정사'의 구조여야 한다. 따라서 원래 빈칸에 들어갈 어구는 urged him not to wear his red pants인데, 빈칸의 앞부분과 중복되는 동사 부분이 생략되고 to부정사의 to만 남게 되며, 이를 대부정사라 부른다. 따라서 정답은 (a)이다.

어휘 blind date 소개팅

정답 (a)

13

해석 엄청난 크기에도 불구하고, 흰긴수염고래의 먹이는 크릴이라는 이름의 매우 작은 바다 생물이다.

해설 '~으로 구성되다'라는 의미의 consist는 자동사이므로 수동태를 만들 수 없다. 또한, 문장의 주어가 blue whales가 아니라 the diet이기 때문에 3인칭 단수 동사가 적절하다.

어휘 colossal 거대한 remarkably 매우, 현저히 creature 생물

정답 (b)

14

해석 1930년대의 불황은 미국 경제뿐만 아니라 세계 경제에도 불행이었다.

해설 not only A but (also) B 구문은 'A뿐만 아니라 B도'라는 의미로, 비교하는 대상의 구조는 유사한 것이어야 한다. 문장 뒤에서 but for the world economy라고 했으므로 앞도 not only for의 형태를 갖추어야 한다. 따라서 빈칸 뒤의 for와 not only가 맞물리는 (d)가 가장 적절하다.

어휘 depression 불경기, 불황 disastrous 불길한, 불행한 economy 경제

정답 (d)

15

해석 우리 반 모두가 현장 학습 동안 위험한 상황에 노출되지 않는 것이 중요하다.

해설 It is important[imperative/ natural/ necessary/ essential/ mandatory/ urgent] that ~ 구문에서는 that절에 조동사 should를 생략하고 바로 동사원형을 쓴다. 이 문제에서는 not의 위치도 중요한데 should not be에서 should를 생략시키면 not be만 남는다.

어휘 expose 노출시키다 field trip 현장 학습

정답 (c)

16

해석 인터넷은 학생들이 쉽고 빠르게 정보를 찾거나 사실을 확인하는 것을 가능하게 했다.

해설 '가목적어(it)+목적보어(possible)+진목적어(to부정사)'가 맞는 어순이다. 여기에 to부정사의 의미상의 주어인 for students를 to부정사 바로 앞에 둔다.

정답 (b)

17

해석 그 전날 밤을 새웠기에 밥은 어젯밤에 푹 잘 수 있었다.

해설 잠을 푹 잔 것이 과거이므로 그 전날의 일은 과거의 사건보다 이전에 일어난 일임을 나타내는 과거완료 시제로 표현하는 것이 적절하다.

어휘 soundly 깊이 stay up all night 밤을 새우다 previous 이전의

정답 (d)

18

해석 영수증만 가지고 계시다면 구매 후 7일 이내에 저희 매장에서 전액 환불받으실 수 있습니다.

해설 접속사 문제는 해석을 통해 문맥을 파악해야 한다. 영수증이 있다는 조건을 걸고 환불이 가능하다고 말하고 있으므로 조건의 부사절을 이끄는 접속사 as long as가 가장 적절하다.

어휘 refund 환불 purchase 구매 receipt 영수증

정답 (d)

19

해석 우리 직원들은 그들 수입의 일부를 자선 단체에 기부함으로써 지역 사회의 가난한 이들을 돕는 일에 참여하도록 요구됩니다.

해설 선택지에 두 개의 동사 표현이 나오기 때문에 빈칸 앞뒤 문맥과 문법적 요소들을 고려해서 적절히 배치해야 한다. take part in은 '참여하다'라는 뜻으로 전치사 in으로 끝나기 때문에 뒤에 명사나 동명사가 올 수 있다. be asked to는 '~할 것을 요청받다'라는 의미로 to부정사를 쓰기 때문에 to 뒤에 동사원형이 와야 한다. 빈칸 뒤에 helping이라는 동명사가 있으므로 바로 앞에는 take part in이 적절하고 are asked to를 그 앞에 배치시킨다. 문맥상으로도 참여를 요청받는다는 것이 자연스럽다.

어휘 take part in ~에 참여하다 donate 기부하다 earnings 수입 charity 자선 단체

정답 (d)

20

해석 우리는 지금 일손이 모자라서 내가 생각하기에 이 일에 자격이 되는 누구든 가능한 한 빨리 고를 것이다.

해설 빈칸 뒤의 I think는 삽입절로 떼어 내고 보면 is qualified라는 동사 부분만 있고 주어가 없다는 사실을 알 수 있다. 빈칸 앞에 선행사가 따로 없으므로 선행사를 포함하여 choose의 목적어 역할을 할 수 있는 복합관계대명사 (c)와 (d) 중에서 정답을 고른다. 일손이 모자라다고 하므로 사람을 나타내는 (c)가 가장 적절하다.

어휘 short-handed 일손이 모자란 qualified for ~에 적임인

정답 (c)

21

해석 버튼 씨는 건강이 안 좋은 이유로 다음 달에 은퇴할 수도 있는데, 그럴 경우 당신이 그 자리를 인계받을 것이다.

해설 관계대명사의 계속적 용법으로 선행사는 앞 문장 전체이다. 뒤 문장인 in that case you will take over the position에서 that이 지칭하는 것이 선행사, 즉 앞 문장 전체이므로 선행사를 받는 관계대명사 which가 that의 자리에 가야 한다. 따라서 in which case가 알맞다.

어휘 retire 은퇴하다 on the ground of ~을 이유로 take over 인계받다

정답 (b)

22

해석 헨리가 만약 그런 부주의한 투자만 하지 않았더라도, 지금 파산 위기에 처하지는 않을 텐데.

해설 if절의 시제는 had p.p.로 과거 사실에 대한 가정이지만, 주절에는 now라는 부사가 함께 있으므로 과거에 대한 가정이 현재에 미친 영향을 묻는 혼합가정법 문제이다. if절에는 가정법 과거완료 had p.p.를 쓰고 주절에는 가정법 과거 'would[could/ should/ might]+동사원형'의 형태를 쓴다. 예를 들어, '어젯밤에 많이 먹지 않았다면'이라고 과거 사실에 대해 가정한 뒤 '오늘 아침에 배가 아프진 않을 텐데'라고 현재에 미치는 영향을 쓰는 것이 혼합가정법이다. now처럼 시간을 나타내는 부사를 통해 서로 시제가 다르다는 것을 알 수 있다.

어휘 investment 투자 on the verge of ~하기 직전인 bankruptcy 파산

정답 (c)

23

해석 탐은 가끔 사소한 문제들에 흥분하며 그것들을 극복하는 데 많은 시간을 소비한다.

해설 동사 spend는 'spend+시간[돈]+-ing'의 형태로 '~하는 데 많은 시간[돈]을 쓰다'라는 뜻이다. 등위접속사 and를 이용해 loses와 spends가 이어지고 있다.

어휘 lose one's temper 흥분하다, 화를 내다 trivial 사소한 overcome 극복하다

정답 (b)

24

해석 그 방의 온도 상승이 줄 서서 기다리는 사람들에게 좋지 않은 영향을 미쳐서 여러 과열된 언쟁을 유발했다.

해설 분사구문 문제에서 to부정사 선택지는 '~하기 위하여'라는 부사적 용법이 되므로 문맥상 맞지 않는 경우가 대부분이다. 여기서도 '언쟁을 유발하기 위해서'라는 해석은 문맥상 적절하지 않으므로 (b)를 제외한 나머지 선택지 중에서 정답을 고른다. result in은 '~한 결과를 낳다'라는 의

미이므로 능동의 분사구문 (d)가 가장 적절하다.

어휘 adversely affect 악영향을 주다 wait in line 줄을
서서 기다리다 heated argument 열띤 논쟁, 과열된
언쟁

정답 (d)

25

해석 휴가 동안 앨리스는 집에 머무르기도, 어느 곳으로 여행
가고 싶지도 않았다.

해설 앞서 나온 부정문에 이어 '또한 ~하지도 않다'라고 할 때
nor를 쓴다. nor가 이끄는 문장의 어순은 주어와 동사의
도치가 필요하며, 일반동사가 올 때 do가 주어 앞으로 와
서 시제를 나타낸다.

정답 (c)

Part III

26

해석 A 저희 치과에는 처음 오신 건가요?
　　B 아니요. 3년 전에 온 적이 있습니다.
　　A 충치가 여러 개 있는 걸 보면, 치과에 좀 더 자주 오셨
　　　어야 해요.
　　B 알아요. 하지만 정기적으로 치아 검진을 받는 것이 그
　　　렇게 쉽지가 않아요.

해설 (d)에서 get은 '~에게 하게 하다/~이 ~되게 하다'라
는 의미의 5형식 동사로 'get+목적어+목적격보어'의 구
조를 갖는다. 이때 목적어와 목적격보어의 관계가 능동이
면 보어 자리에는 to부정사를 쓰고, 수동이면 목적격보
어 자리에는 과거분사를 써야 한다. getting my teeth
checked 부분은 get의 목적어와 목적격보어가 수동
관계(치아는 검진을 받는 것이므로)임을 보여주기 때문에
문제가 없으나, regular는 과거분사 checked를 수식
하고 있으므로 부사여야 한다.

어휘 dental clinic 치과 decayed tooth 충치 regular
정기적인

정답 (d) regular → regularly

27

해석 A 어젯밤 앤젤라와의 데이트는 어땠어?
　　B 무슨 일이 있었는지 알려 줄까? 그녀가 나를 바람맞혔어.
　　A 정말? 어째서?
　　B 나야 모르지. 그래서 더 화가 나.

해설 (b)에서 stood up은 stand up의 과거 표현으로 '~을

바람맞히다'라는 뜻의 이어동사이므로 대명사 목적어를
받을 때는 반드시 stood와 up 사이에 목적어를 두어야
한다. 따라서 stood me up이 되어야 한다.

정답 (b) stood up me → stood me up

28

해석 (a) 선천적 천식 환자였던 조셉 H. 필라테스는 건강해지
기로 굳게 결심했고, 마침내 자신의 목표를 달성했고 다
른 이들에게도 도움을 주었다. (b) 그는 간호사로 일하는
동안 신체적으로 장애가 있는 환자들을 위한 운동 기구를
설계하기 시작했다. (c) 1926년 뉴욕에 최초의 필라테스
스튜디오를 열었고 그 후로 그가 고안한 운동 기법은 전
세계적으로 유명해졌다. (d) 오늘날 그의 운동 방법은 스
트레스에 지친 사람들을 위한 치유 프로그램 중 하나로
권장되고 있다.

해설 (c)의 동사 has become의 주어는 the fitness
techniques이므로 주어와 동사의 수 일치가 되지 않
았음을 알 수 있다. 따라서 has become을 have
become으로 고쳐야 한다.

어휘 asthma 천식 device 장비, 기구 physically
신체적으로 disabled 장애를 가진 devise 고안하다

정답 (c) has become → have become

29

해석 (a) 강이나 바다의 바닥에 사는 물고기 중의 일부는 변장
을 위해서 몸의 색을 바꿀 수 있다. (b) 그들의 능력의 비
밀은 피부에 있는 색소 세포가 층을 이루고 있다는 사실
에 있다. (c) 그들이 숨어야 할 때는 이러한 세포들이 하
나로 뭉쳐졌다가, 숨을 필요가 없을 때는 이 세포들이 다
시 퍼진다. (d) 놀랍게도, 이 물고기들이 색을 바꾸는 데는
1분 정도의 시간밖에 걸리지 않는다.

해설 (a)에서 타동사인 camouflage의 목적어로 them이
사용되고 있는데, 문맥상 이 them은 주어인 fish를 대신
하는 대명사임을 알 수 있다. 주어와 목적어가 동일 대상
을 가리킬 때는 목적어로 재귀대명사를 사용하여 them
을 themselves로 고쳐야 한다.

어휘 bottom-living 바닥에 사는 camouflage 변장하다
pigment 색소 occur 존재하다 in layers 겹겹이
clump together ~을 한데 모으다

정답 (a) camouflage them
　　　　→ camouflage themselves

30

해석 (a) 많은 사람들이 비타민 D가 건강한 뼈에 필요하다고 오랫동안 알고 있었다. (b) 게다가 최근의 연구에서는 비타민 D가 암, 당뇨병, 고혈압 같은 병을 예방하는 데 도움이 될 수도 있다는 것이 알려지기도 했다. (c) 그러나 그렇다고 해서 우리가 먹는 음식이나 햇볕 쪼이기로 가능하면 비타민 D를 많이 취해야 한다는 의미는 아니다. (d) 장기간 지나치게 많은 비타민 D를 취하면 식욕이 저하되거나 체중이 빠지는 등의 바람직하지 않은 결과를 초래할 수 있다.

해설 (a)의 종속절인 that절에 동사가 빠져 있음을 알 수 있다. 따라서 주어인 vitamin D 뒤에 동사 is를 추가해야 한다. 관계대명사절의 경우 주어나 목적어가 빠진 불완전한 문장이 오지만 그런 경우도 동사를 빼고 쓸 수는 없으므로 접속사가 있다면 뒤에 동사가 있는지 확인해야 한다. 반대로 동사가 2개 있는 문장의 경우 절이 2개 이어지고 있다는 뜻이므로 2개의 절을 이어주는 접속사가 있는지를 살펴보아야 한다.

어휘 ailment 병 diabetes 당뇨병 exposure 노출 bring about ~을 초래하다 undesirable 바람직하지 못한

정답 (a) that vitamin D necessary → that vitamin D is necessary

ACTUAL TEST 4   p.193

Part I

01

해석 A 은행이 걸어서 갈 수 있는 거리인가요?
　　 B 아니요, 거긴 여기서 아주 멀어요.

해설 빈칸의 단어가 없이도 "It's far from here."는 완벽한 문장이므로 빈칸에는 부사가 필요하다. 선택지 모두 부사로 쓰일 수 있는 단어들이지만, 빈칸을 포함해서 '여기서 아주 멀다'라는 의미가 되어야 한다. (c)의 way는 부사로 쓰이면 '아주 멀리, 훨씬 더'라는 의미이므로 (C)가 정답이다.

어휘 within the walking distance 걸어서 갈 수 있는 거리인 had better ~하는 게 더 낫다

정답 (c)

02

해석 A 어젯밤에 남은 케이크를 냉장고에 넣어 뒀는데 지금은 남은 게 없네.
　　 B 미안해. 내가 아침에 다 먹어 버렸어.

해설 but으로 이어지는 문맥상 남은 것이 없다는 부정의 의미를 담은 대명사가 필요하다. cake는 셀 수 없는 명사이므로 두 개의 명사가 있을 때 쓰는 neither는 어울리지 않는다. 따라서 가장 적절한 것은 (b)이다.

어휘 leftover 남은

정답 (b)

Actual Test 4

03

해석 **A** 조만간 연락할게요.
　　B 좋아요. 당신과 이야기 나누어 즐거웠어요.

해설 인사 표현 중에서 헤어질 때 흔히 하는 '만나서 즐거웠다', '이야기 나눠서 좋았다'라는 표현으로 It has been nice meeting you/ It has been nice talking to you가 있다. 줄여서 Nice meeting you/ Nice talking to you라고 하기도 한다. 따라서 가장 적절한 선택지는 (b)이다. 여기에 쓰인 It's는 It is가 아니라 It has의 준말이다. (d)의 It's는 뒤에 형용사 nice가 바로 이어지므로 has가 아니라 is의 준말임을 알 수 있다. 헤어질 때는 이미 대화를 나눈 뒤므로 It is가 아니라 It has를 사용한 현재완료 시제가 알맞다.

어휘 sooner or later 조만간

정답 (b)

04

해석 **A** 혹시 나 돈 좀 빌려 줄 수 있는지 궁금해. 이번 달에 나 한 푼도 없거든.
　　B 옷에다 그렇게 많은 돈을 쓰지 말았어야지.

해설 조심스럽게 돈을 빌려 달라는 요청을 듣고 옷을 사는 데 돈을 너무 많이 썼다고 상대방에게 쓴소리를 하고 있다. 따라서 과거 사실에 대해 그러지 말았어야 했다고 말하는 shouldn't have p.p.가 빈칸에 가장 적절한 표현이다. would[could/ should/ might] have p.p.는 가정법 주절에 쓰이는 구문으로 과거 사실에 대한 후회를 나타내는데, 그중 조동사 should는 상대에게 충고할 때 자주 쓰인다.

어휘 lend 빌려 주다　broke 무일푼인

정답 (c)

05

해석 **A** 왜 이렇게 늦었어?
　　B 미안해. 현금 자동 입출금기 앞에 줄이 너무 길었어.

해설 대기하는 줄이 굉장히 길었다는 뜻이고, 빈칸 뒤의 어순이 'a+형용사+명사'이므로 such가 가장 적절하다.

정답 (c)

06

해석 **A** 이번 휴가 동안 오사카에 가자.
　　B 이번엔 안 돼. 우리 거기에 한 번만 더 가면 다섯 번이나 가는 거야.

해설 이번에 또 가면 다섯 번째 가는 것이므로 제시된 미래의 시점(휴가)보다 이전의 사건까지 포함에서 언급할 때 쓰이는 미래완료 시제가 와야 한다. 미래완료는 주어진 미래의 한 시점에서 일이 완료되는 경우 쓰는데, 다시 말하면 현재와 과거의 사건의 영향이 미래에도 계속 이어진다는 것이다.

정답 (d)

07

해석 **A** 이 카메라가 작동이 안 돼.
　　B 수리를 다시 받아야 할 거야.

해설 동사 get이 5형식으로 쓰였을 때의 어순에 관해 묻고 있으므로 'get+목적어+목적 보어(to부정사[p.p.])' 순서인 (d)가 알맞다. 이때 it은 카메라를 지칭하는 것이므로 '수리를 받는다'라는 의미의 과거분사 repaired를 목적 보어 자리에 쓴다.

정답 (d)

08

해석 **A** 난 왜 매니저가 우리한테 화가 난 건지 이해를 못 하겠어.
　　B 나도 그래. 정말 황당한 일이야.

해설 앞에 언급된 내용을 받아서 '나도 그래'라고 할 때 언급된 내용이 긍정이면 So do I, 부정이면 Neither do I라고 한다. 이때 주의할 것은 앞에서 be동사를 썼다면 So am I/ Neither am I라고 하고, have가 조동사로 나온다면 So have I/ Neither have I 등과 같이 표현한다. 언제나 do를 사용하는 것은 아니다.

어휘 embarrassing 황당한

정답 (d)

09

해석 **A** 오늘 아침에 방문했던 고객의 불만 사항을 당신이 처리했나요?
　　B 네. 충분히 만족해서 집으로 돌아갔습니다.

해설 빈칸 뒤에서 오늘 아침에 방문한 고객이라고 한정했으므로 정관사 the를 붙여야 한다.

정답 (c)

10

해석 **A** 해밀턴 박사님과 통화할 수 있을까요?
　　B 죄송합니다만, 지금은 전화를 받으실 수 없습니다.

해설 빈칸이 be동사 뒤이므로 보어인 형용사가 먼저 오고 부사구인 at the moment가 뒤따르는 어순이 와야 한다. 거기에 부정부사 not의 위치가 be동사 바로 뒤에 오는 (d)가 가장 알맞다. 전화 통화에 쓰이는 표현들은 문법, 어휘, 청해 파트 문제로 자주 등장하므로 전체 표현을 암기해 두는 편이 좋다.

정답 (d)

Part II

11

해석 매리언이 그녀의 여행을 위해서 여분의 현금을 준비하지 않았더라면, 그녀가 신용 카드를 잃어버렸을 때 훨씬 더 당황했을 수도 있었을 것이다.

해설 If절에 had p.p.가 있으므로 가정법 과거완료 구문이다. 주절 역시 If절과 같은 시점, 즉 과거의 일에 대한 가정을 나타내므로 역시 가정법 과거완료를 써야 한다. 가정법 과거완료의 주절에는 '조동사의 과거형+have p.p.'가 필요하므로 정답은 (d)이다.

어휘 prepare 준비하다 embarrassed 당황한

정답 (d)

12

해석 지난주 금요일에 강도가 들었을 때, 그 상점의 보석 중 3분의 2 이상을 도난당했다.

해설 주어-동사의 수 일치와 시제를 동시에 묻는 문제이다. 우선 명백한 과거 시점 부사인 last Friday가 있으므로 과거 시제인 (a)와 (b) 중에 정답이 있다. '분수+of+명사'가 주어 자리에 온 경우 분수가 아닌 of 뒤의 명사의 수에 따라 동사의 수가 결정되는데, the jewelry는 불가산 명사이므로 단수로 취급해야 한다. 따라서 정답은 (a)이다.

어휘 robber 강도 break into ~에 (허락받지 않고) 몰래 들어가다

정답 (a)

13

해석 끔찍한 내전이 이 지역에서 1910년에 발생하여 1950년대까지 지속되었다.

해설 명백한 과거 부사인 과거 연도 in 1910가 있으므로 빈칸에는 단순 과거 시제인 (a)가 적절하다. 같은 과거라도 occur는 상태를 나타내는 동사로 진행형을 쓸 수 없으므로 (b)는 적절하지 않다. 또한, occur는 자동사이므로 (c)처럼 수동태로 표현할 수도 없다.

어휘 dreadful 끔찍한 civil war 내전 region 지역 last 계속하다

정답 (a)

14

해석 면세점에서 무엇을 사든지 간에 충동구매는 피해야 한다.

해설 두 개의 문장이 이어지고 있으므로 빈칸에는 앞에 오는 문장을 부사절로 이끌 접속사가 필요하다. 빈칸 뒤 buy의 목적어 역할을 하면서 동시에 부사절을 이끌 수 있는 no matter what이 가장 적절하다. no matter what은 복합 관계대명사 whatever로 바꿔 쓸 수 있다.

어휘 duty-free 면세의 avoid 피하다 impulsive shopping 충동구매

정답 (c)

15

해석 그 변호사는 법의학에 의거한 피고인의 무죄를 증명하는 반박할 수 없는 증거를 제시했다.

해설 'The attorney(주어)+presented(동사)+evidence(목적어)'의 3형식 문장으로 나머지는 모두 evidence를 수식하는 형용사구이다. 또한, 빈칸 뒤에 특정한 목적어가 없으므로 능동의 분사인 (b)와 (d)는 적절하지 않고 수동의 과거 분사가 적절하다. be based on은 '~에 근거를 두다'라는 뜻의 숙어로 기억해 둔다.

어휘 attorney 변호사 present 제출하다 irrefutable 반박할 수 없는 evidence 증거 the accused 피고인 forensic science 법의학, 과학 수사

정답 (a)

16

해석 모든 회원이 출발하기 최소 3시간 전에 공항에 반드시 있어야 한다.

해설 necessary(필요한), essential(필수적인), mandatory(의무적인), imperative(중요한) 등의 형용사가 있으면 이어지는 that절에 조동사 should를 쓰거나 혹은 생략하고 동사원형만 쓴다.

정답 (b)

17

해석 당신이 근면하며 융통성 있다는 것을 보여 주면, 원하는 자리로 승진할 수 있을 것이다.

해설 선택지가 모두 준동사이며, 빈칸에는 두 문장을 연결하는
접속사를 포함하고 that절을 목적어로 취할 수 있어야
한다는 점에서 분사구문 문제임을 알 수 있다. 분사구문
문제에는 꼭 to부정사가 선택지에 나오는데 해석해 보면
'~하기 위해서'라는 부사적 용법의 to부정사가 어울리지
않는다는 것을 쉽게 알 수 있다. 목적어가 있으므로 수동
의 분사구문 (a)는 제외하고 주절의 시제보다 더 과거임
을 드러내야 하는 것도 아니므로 완료 분사구문인 (d)도
소거하면 가장 적절한 선택지는 (c)이다. 이 분사구문을
풀어 써 보면 If you show that ~이므로 조건의 부사
절이다. 이 경우 현재 시제가 미래를 대용한다는 점을 생
각해 봐도 완료 분사구문이 아닌 단순 분사구문 (c)가 가
장 적절하다는 것을 알 수 있다.

어휘 hardworking 근면한 flexible 융통성 있는 get
promoted to ~로 승진되다

정답 (c)

18

해석 대규모 감원의 결과로, 거의 100명의 직원들이 지난 6개
월에 걸쳐 회사를 떠났다.

해설 in the last six months에서 last는 현재를 기준으로
지난 시간을 뜻하는 것이므로 현재를 포함한다는 뜻이다.
따라서 현재완료 시제인 (c)가 알맞다. last만 보고 과거
시제를 고르지 말고 last와 기간이 결합하면 현재완료 시
제와 호응한다는 것을 기억해 둔다.

어휘 massive 대량의, 거대한 reduction 삭감, 축소

정답 (c)

19

해석 특히 겨울에, 준비 운동 없이 수영을 시작하는 것은 당신
을 심장 마비의 위험에 빠지게 한다.

해설 빈칸은 주어 starting에 이어지는 동사 자리이다. risk
가 동사로 쓰이면 목적어를 위태롭게 한다는 뜻이지만
your health(네 건강), your money(네 돈), your
reputation(너의 명성) 등과 같이 구체적인 무언가를 위
태롭게 한다는 뜻으로 쓰이며 risk you는 어법상 성립하
지 않는다. 따라서 동사 put을 중심으로 어순을 배열한
(b)와 (d) 중에서 정답을 고른다. put ~ at risk는 숙어
로 '~를 위험에 처하게 하다'라는 뜻이므로 어떠한 위험
인지 동격의 전치사 of를 통해서 설명하고 있는 (d)가 가
장 적절하다.

어휘 heart attack 심장 마비

정답 (d)

20

해석 이 연구는 참치의 영양학적 이점들에 대한 증거를 들고
있으며, 그 세부 내용은 160쪽에 요약되어 있다.

해설 선행사가 the nutritional benefits인 소유격 관계대
명사를 고르는 문제이다. 선행사가 사물인 경우에 소유
격 관계대명사는 'of which the+명사', 'the+명사+of
which' 또는 'whose+명사' 중 하나이다. 따라서 가장
적절한 선택지는 (c)이다.

어휘 provide evidence 증거를 들다 nutritional 영양상의
benefit 이익 summarize 요약하다

정답 (c)

21

해석 지난달에 문을 연 이래로 그 이탈리아 식당의 음식이나
서비스 중 어느 것도 우리를 만족시키지 못했다.

해설 'since+과거 시제'절이 현재완료의 시작 시점을 보여
주고 있다. 따라서 빈칸에는 현재완료 시제가 필요하다.
neither A nor B 구문이 주어 자리에 오면 동사는 동
사와 가까운 쪽인 B(service)에 일치시킨다. 그러므로
단수 동사 has를 사용한 현재완료 시제인 (c)가 가장 적
절하다.

정답 (c)

22

해석 그 살인 사건에 대해 두 달간 조사한 후, 경찰은 최소한
한 명 이상의 공범이 있다는 결론에 도달했다.

해설 the police로 시작하는 주절이 있으므로 빈칸을 포함한
부분은 부사나 부사구, 혹은 부사절이다. to부정사인 (a)
를 쓰게 되면 '~하기 위하여'라는 뜻이 되므로 문맥이 성
립하지 않는다. 나머지 세 가지 선택지 모두 분사구문이
므로 분사구문의 시제나 태를 따져서 정답을 찾는다. 빈
칸 뒤에 목적어가 있으므로 수동의 분사구문인 (b)와 (d)
를 소거하면 가장 적절한 선택지는 (c)이다.

어휘 murder case 살인 사건 reach the conclusion
결론에 도달하다 accomplice 공범

정답 (c)

23

해석 물리에서 F 학점을 받은 것뿐만 아니라 그녀는 화학과
사회 과목에서도 낙제했다.

해설 not only A but (also) B 구문인데, 부정어 not only
가 문장 맨 앞에 오므로 주어와 동사의 도치가 필요하다.

또한, but 뒤의 시제가 과거이므로 빈칸 또한 과거 시제로 일치시켜야 한다. 따라서 과거이면서 '조동사+주어+본동사' 형태의 도치를 이루는 (b)가 가장 적절하다.

어휘 physics 물리 fail in ~에 낙제하다 chemistry 화학 sociology 사회학

정답 (b)

24

해석 다른 말을 듣지 않는다면 전 직원이 회의장에 예정보다 30분 먼저 도착해야 한다.

해설 선택지 모두 접속사이므로 앞뒤 문장의 문맥을 먼저 파악해야 한다. '(30분 먼저 도착해야 한다는 것과는 다른 식으로) 하라는 말을 듣는다'는 것은 특정한 상황을 가정하는 것이며, 앞서 언급된 것과 같은 내용과 다르게 듣지 못하면 앞선 내용을 따라야 한다는 것이므로 if not의 의미인 unless가 빈칸에 가장 적절하다. otherwise는 부사로 '앞서 언급된 내용과 달리'라는 의미로 쓰였다.

어휘 ahead of schedule 예정보다 앞서 otherwise 다른 방법으로, 그렇지 않게 now that 이제 ~하니까

정답 (b)

25

해석 만약 뮤지컬을 좋아한다면, 그곳에서 공연되는 뮤지컬의 수가 다른 곳의 뮤지컬 수보다 많기 때문에 미국의 브로드웨이에 가는 게 좋을 것이다.

해설 제대로 해석을 하지 않으면 there is ~ 유도부사 구문이라고 생각하기 쉬운 문제이다. for the number of musicals ~로 시작되는 부분에서 for는 이유를 나타내는 접속사이며 주어는 the number, 동사는 is이다. 빈칸에는 동사 is의 보어 역할을 할 형용사가 제일 먼저 와야 하므로 (a)와 (d) 중에서 정답을 고르면 된다. 비교급의 비교 대상이 '제작되는 뮤지컬의 수'이므로 the number를 대명사 that으로 대체시킨 that of other places가 가장 적절하다. that은 정확하게 말하면 the number of musicals를 뜻한다.

어휘 be into ~을 무척 좋아하다 produce 공연하다

정답 (d)

Part III

26

해석 A 제시카, 넌 토론 대회에 참가할 거니?

B 그러고는 싶은데, 아직 파트너를 못 찾았어. 너는 어때?
A 나도 그래. 그럼, 너만 싫지 않다면 같이 하는 건 어때?
B 물론 싫지 않아! 우리는 최고의 팀이 될 거야.

해설 (c)의 Neither do I는 아직 파트너를 찾지 못했다는 상대방의 말에 대해 '나도 역시 찾지 못했다'로 응답하는 표현이다. 그런데 (b)에서 B는 I haven't found a partner yet 즉 현재완료 시제를 사용해서 표현하고 있으므로 이에 대한 응답에서도 대동사 do 대신에 현재완료 시제인 have p.p.를 대신하는 have를 사용해야 한다.

어휘 debate competition 토론 대회

정답 (c) Neither do I. → Neither have I.

27

해석 A 창문을 열어도 괜찮을까요?
B 안 열었으면 좋겠어요. 제가 지금 감기에 걸렸거든요.
A 하지만 이곳에서 퀴퀴한 냄새가 나요! 환기를 좀 시켜야 해요.
B 미안해요. 코가 완전히 막혀서 아무 냄새도 못 맡아요.

해설 선택지 (b)의 would rather는 부정할 때 would not rather가 아니라 would rather not으로 표현한다.

어휘 stink 퀴퀴한 냄새가 나다

정답 (b) you'd not rather → you'd rather not

28

해석 (a) 우주 비행사들은 생존하기 위해 우주선 안에 식량과 깨끗한 물, 신선한 산소의 공급이 필요하다. (b) 그러나 미래의 우주선은 공간의 부족으로 인해 그들이 필요한 모든 것을 저장할 수 없게 될 것이다. (c) 가능한 대안들 중의 하나로 우주 비행사들이 우주선 안에서 식물을 길러야 할 수도 있다. (d) 식물은 그들에게 필요한 것을 공급해 줄 것이다.

해설 선택지 (d)의 관계대명사 which는 앞에 선행사가 없기 때문에 선행사를 포함한 관계대명사 what으로 바꾸어야 한다. which는 전치사와 함께 자주 등장하기 때문에 with which라는 형태의 관계대명사 구문이 아닐까 생각하기 쉽지만, 선행사는 반드시 필요한 것이며 인칭대명사 them은 관계대명사의 수식을 받는 선행사 역할을 할 수 없다는 점에서 which를 선행사를 포함하는 what으로 바꾸어야 한다. 인칭대명사(I, you, she, he, they, it의 주격, 목적격, 소유대명사 전체)는 형용사나 형용사절(관계대명사절)의 수식을 받을 수 없다는 점도 기억해 두어야 한다.

어휘 astronaut 우주 비행사 supply 공급 store 저장하다 alternative 대안 provide A with B A에게 B를 공급하다

정답 (d) which they need → what they need

29

해석 (a) 분주한 생활에서 비롯된 스트레스를 줄이고 싶으세요? (b) 그렇다면 긴장을 풀어 줄 뿐만 아니라 건강을 유지하기 위한 가장 좋은 방법 중 하나가 바로 요가입니다. (c) 처음에는 여러 가지 자세에 익숙해지는 것이 힘들 수도 있습니다만, 규칙적인 연습을 통해서 곧 자연스러워질 것입니다. (d) 요가는 또한 몸이 유연하고 균형 잡히도록 만들어 준다는 점에서 도움이 됩니다.

해설 선택지 (d)의 문맥은 '요가가 몸을 유연하고 균형 있게 만들어 준다는 점에서 도움이 된다'인데 부사절 접속사로 even though가 쓰였기 때문에 문맥에 맞는 접속사 in that이나 because로 바꿔야 한다. Part 3에 출제되는 접속사 관련 문제는 두 가지 유형으로 나눌 수 있다. 하나는 지금처럼 문맥상 알맞은 접속사로 바꿔야 하는 경우이고, 나머지 하나는 접속사 자리에 전치사를 썼거나 그 반대의 경우를 찾는 유형이다. 그러므로 접속사가 있는 부분은 해석에 유의하고 문장을 이끄는 자리인지 구를 이끄는 자리인지를 파악할 필요가 있다.

어휘 relieve 경감시키다, 덜어주다 get accustomed to ～에 익숙해지다 benefit ～의 이익이 되다 flexible 유연한

정답 (d) even though → in that 또는 because

30

해석 (a) 한국의 호텔 요금은 계속해서 오르고 있고 이 때문에 많은 여행자는 호텔에서 묵는 것을 망설인다. (b) 예를 들어, 최근에 부산에 문을 연 한 호텔의 스탠더드룸의 방값은 하룻밤에 최대 500달러까지 나올 수 있다. (c) 호텔 소유주들의 말에 의하면, 요금 인상은 관리 비용이 늘어나고 있기 때문에 불가피하다고 한다. (d) 하지만 호텔의 서비스, 시설, 음식 등에 만족하는 호텔 투숙객들의 수는 점점 줄고 있다는 점은 아이러니다.

해설 선택지 (d)의 satisfying은 분사로서 앞의 명사 guests를 수식하고 있는데 satisfying은 '만족시키는'라는 의미이고 satisfied는 '만족하는'라는 의미인데 문맥상 '호텔 투숙객들이 서비스, 시설, 음식 등에 만족한다'라는 의미이므로 satisfied가 와야 한다. be satisfied with '～에 만족하다'는 관용 표현을 떠올린다면 좀 더 쉽게 풀 수 있다.

어휘 rate 요금 hesitate 망설이다 up to ～까지 inevitable 불가피한 maintenance 유지, 관리 expenses 비용 ironic 반어적인 facilities 시설

정답 (d) satisfying with → satisfied with

ACTUAL TEST 5   p.199

Part I				
01 (d)	02 (c)	03 (b)	04 (c)	05 (a)
06 (b)	07 (c)	08 (a)	09 (d)	10 (a)

Part II				
11 (d)	12 (a)	13 (d)	14 (b)	15 (c)
16 (d)	17 (d)	18 (c)	19 (a)	20 (b)
21 (c)	22 (c)	23 (c)	24 (d)	25 (d)

Part III				
26 (a)	27 (c)	28 (a)	29 (c)	30 (b)

Part I

01

해석 A 다음 행사는 누가 담당하나요?
B 음, 신디가 참여한다는 것은 확실해요.

해설 'It's a given that ～'이라는 표현이 '～은 기정사실이다, ～은 확실하다'의 의미인 것을 알면 쉽게 정답을 고를 수 있는 문제이다. 따라서 (d)가 정답이다.

어휘 be in charge of ～을 책임지고 있다 be involved ～에 참여하다, 관여하다

정답 (d)

02

해석 A 살을 빼기 위해 더 열심히 노력해야 할 것 같아.
B 제발 그러지 마! 너 보기 좋아.

해설 문맥상 '더 열심히'라는 의미가 필요하고 비교급 수식 부사인 even의 수식을 받고 있으므로 비교급인 harder가 가장 적절하다.

어휘 even (비교급 앞에서) 훨씬 lose weight 살을 빼다

정답 (c)

03

해석 A 너 뉴질랜드 출신 아니야?
B 맞아. 부모님과 여동생은 여전히 거기 있어.

해설 주어인 my parents and sister는 복수이므로 단

68

수 동사 is가 있는 (a)와 (d)는 정답에서 제외한다. (c) there are still의 경우, 유도부사 구문이 되어서 도치가 되므로 주어인 my parents and sister가 빈칸 뒤에 와야 한다. still은 부사로 조동사와 be동사 뒤, 일반동사 앞에 위치한다.

정답 (b)

04

해석 A 저 꽃병들은 조심해서 다뤄야 해요.
B 물론이죠. 이것들을 깨뜨리고 싶어 하지 않는다는 것을 저도 알아요.

해설 5형식 동사인 want의 보어로 알맞은 형태를 고르는 문제이다. want는 'want+목적어+to부정사'의 형식을 취하는 동사인데 빈칸 앞의 목적어인 them과 보어 자리에 쓰이게 될 break가 '깨어지다'라는 수동 관계이므로 want them to be broken이 적절하고, 여기서 to be는 생략이 가능하므로 broken이 가장 알맞다.

정답 (c)

05

해석 A 점심에 패스트푸드 먹을까?
B 난 선택의 여지가 없어. 그걸 사 먹을 돈밖에 없거든.

해설 선택지로 보아 적절한 관계사를 고르는 문제인데, 빈칸 앞에 선행사가 없으므로 선행사를 포함한 관계대명사 what이 가장 적절하다.

어휘 have no choice 선택의 여지가 없다 afford ~할 여유가 되다

정답 (a)

06

해석 A 너 책상을 사야 할 것 같은데.
B 사실은 두 개가 필요해. 하나는 내가 써야 하고, 나머지 하나는 아내가 써야 하거든.

해설 두 개의 대상 중에 하나는 one으로 표현하고 나머지 하나는 the other로 나타낸다.

정답 (b)

07

해석 A 케이트는 저녁 먹으러 나갔는데요.
B 저는 그녀가 방에서 공부하고 있는 줄 알았어요.

해설 동사의 적절한 시제를 고르는 문제인데 케이트가 나가고 없다는 사실을 알기 전에 그녀가 공부하고 있는 중이라고 생각했다는 문맥이므로 과거진행 시제가 적합하다.

정답 (c)

08

해석 A 취업 면접 잘 봤니?
B 나쁘지 않았어. 사실 꽤 쉽던데.

해설 동사 find가 5형식에서 '~가 …하다는 것을 알게 되다'라는 의미로 쓰면 'find+목적어+목적보어'의 형식을 갖추게 되므로 목적어로는 the job interview를 대신하는 대명사 it과 부사(pretty)의 수식을 받는 형용사 보어인 easy가 제대로 나열된 (a)가 가장 적절하다. find가 that절을 목적어로 취하기도 하기 때문에 (c)도 답이 될 듯하지만 that 뒤에 주어가 없으므로 적절하지 않다. that 자체를 지시대명사로 보고 접속사 that이 생략된 절의 주어라고 할 수도 있겠지만, 그 경우 주절의 시제가 과거(found)이므로 과거 시제가 와야 한다.

정답 (a)

09

해석 A 칼이 요즘 잘 지내는지 아세요?
B 일주일 전에 해고당했어요. 지금은 실직 상태인 것 같아요.

해설 전치사를 포함한 관용 표현을 완성하는 문제이다. 다니던 직장에서 해고되고, 새로운 직장에 들어가기 전까지의 상황을 between jobs로 표현할 수 있다.

어휘 get fired 해고되다 between jobs 실직 상태인

정답 (d)

10

해석 A 출판협회상을 수상한 작품에 대해 어떻게 생각해?
B 결말이 좀 자연스럽지 않은 것 같아.

해설 kind of가 명사를 수식할 때는 반드시 그 앞에 a, the, some, any, several 등을 동반해야 한다. 참고로, kind of가 형용사나 부사를 수식할 때는 '약간의'라는 의미로, 뒤의 형용사나 부사를 그대로 수식해야 한다.

어휘 award (상을) 수여하다, 상 publisher 출판업자 natural 자연스러운 end 결말

정답 (a)

Part II

11

해석 우리 회사는 연령이나 성별에 상관없이, 여러 언어에 능통한 지원자라면 누구든지 뽑을 것입니다.

해설 빈칸에 어울리는 전치사를 고르는 문제인데, 문맥상 '~에 상관없이'라는 의미의 전치사가 필요하므로 정답은 (d)이다. (a)의 ahead of는 '~보다 앞에', (b)의 by way of는 '~로써, ~을 경유하여', 그리고 (c)의 in favor of는 '~에 찬성하여, ~을 위하여'의 의미이다.

어휘 candidate 선거의 입후보자, 일자리의 후보자 proficient 능숙한, 숙달한 gender 성별

정답 (d)

12

해석 사용자 만족도 조사를 분석하고 그 결과를 반영한 후에, 그 제품은 고객들의 요구에 더 잘 부응할 수 있도록 향상되었다.

해설 빈칸 뒤에 명사가 이어지고 있으므로 빈칸에는 이 명사를 목적어로 취하는 동사가 필요하다. accommodate는 '~을 수용하다, ~에 부응하다'는 의미의 타동사이므로 빈칸 뒤의 명사를 목적어로 취하면서 to부정사의 to와 결합하여 '~하기 위해서'라는 문맥을 완성시킬 수 있으므로 (a)가 정답이다. to부정사인 to accommodate 사이의 better는 부사인 well의 비교급인데 to부정사 안에서 직접 accommodate를 수식함으로써 '더 잘 부응하다'라는 의미를 만들 수 있다.

어휘 analyze 분석하다 reflect 반영하다 accommodate ~을 수용하다, ~에 부응하다

정답 (a)

13

해석 바쁠수록 침착함을 유지하는 것이 더욱 중요하다.

해설 '~하면 할수록 더욱 …하다'라는 의미인 'the+비교급 ~, the+비교급 …' 구문을 완성하는 문제이다.

정답 (d)

14

해석 글로리아는 남동생의 말도 안 되는 이야기에 대꾸하기를 멈추었는데, 그 이유는 그가 고집이 세서 다른 사람의 말을 들으려고 하지 않기 때문이다.

해설 문맥에 알맞은 조동사를 찾는 문제이다. 주어인 he가 고집이 세서 다른 사람의 말을 들으려 하지 않는다는 문맥을 고려할 때 주어의 의지, 고집, 거부를 의미하는 will not의 과거형인 would not이 와야 한다.

어휘 respond to ~에 반응을 보이다 silly 어리석은 remark 소견, 말 stubborn 완고한, 고집이 센

정답 (b)

15

해석 엘리엇 핸드릭의 새 소설은 나의 유년기의 기억들을 떠올리게 했다.

해설 remind A of B는 'A에게 B를 상기시키다'라는 뜻으로 빈칸에는 전치사 of 뒤에 올 적당한 명사구가 필요하다. 따라서 관계대명사를 사용한 형용사절인 (d)는 적절하지 않다. 어떠한 memories인지 동격의 전치사 of를 이용하여 설명하는 (c)가 가장 알맞다.

어휘 remind 상기시키다 memory 기억, 추억 childhood 유년기

정답 (c)

16

해석 실업은 학자금 대출금을 청산하는 것이 최우선인 대학 졸업생들에게 있어서 가장 큰 걱정거리이다.

해설 적절한 관계대명사를 고르는 문제이다. 선행사가 graduates로 사람이기 때문에 선택지 (c)와 (d)가 답이될 수 있다. 빈칸 뒤에 소유격에 이어지는 명사가 없으므로 (c)는 적절하지 않고, 따라서 선택지 (d)가 가장 알맞다. (b)의 관계대명사 that은 전치사와 나란히 쓸 수 없다는 점에서 오답이다. 단, in that이 '~라는 점에서'라는 뜻으로 쓰인 때는 that 앞에 전치사가 오기도 한다.

어휘 unemployment 실업 graduate 대학 졸업생 pay off ~을 다 갚다 student loan 학자금 대출(금) top priority 최우선 순위

정답 (d)

17

해석 지금까지 꽤 오랫동안 클레인 씨는 시골 생활을 동경해 왔다.

해설 동사의 적절한 시제를 고르는 문제이다. for quite some time now(지금까지 꽤 오랫동안)라는 시간 부사가 있으므로 현재완료진행 시제가 가장 어울린다.

어휘 yearn for ~을 동경하다

정답 (d)

18

해석 성 마틴 고등학교의 교장은 두 달에 한 번씩 왕따에 관한 조사를 실시한다.

해설 원래 every는 단수 명사와 함께 '모든 ~'이라는 의미로 쓰이지만 주어진 문장의 경우에는 'every+기수 형용사+복수 명사'의 형태로 '~마다, ~ 간격으로'라는 부사적 의미로 사용된다. a couple of months는 '두 달'이라는 의미로 명사구가 되어 (a)는 빈칸에 올 수 없다.

어휘 principal 교장 conduct a survey 조사를 실시하다 bullying 집단 괴롭힘, 왕따

정답 (c)

19

해석 회사의 기밀 문서를 보려면, 상사의 서면 동의서가 필요합니다.

해설 '접근'을 의미하는 명사 access는 불가산 명사이므로 부정관사 an과 함께 쓰일 수 없고 복수형도 불가능하다.

어휘 consent 동의, 허가 supervisor 관리자, 감독자 gain access 접근하다 confidential 기밀의 document 문서

정답 (a)

20

해석 몸이 아플 때는 전문의에게 진료를 의뢰하기 전에 주치의에게 먼저 진료를 받아야 한다.

해설 refer는 refer A to B의 형식으로 'A를 B에 보내서 도움을 받거나 처리하게 하다'라는 의미로 쓰인다. 주어진 문장에서는 refer의 목적어가 없는 상태이므로 수동태로 전환된 선택지 (b)가 가장 적절하다. 선택지 (a)의 refer to는 '~을 언급[참조]하다'라는 의미이다.

어휘 consult (의사에게) 진찰받다 family doctor 주치의, 가정의 specialist 전문의

정답 (b)

21

해석 제니와 재닛은 비록 쌍둥이지만, 서로 완전히 정반대이다.

해설 적절한 부사를 고르는 문제이다. 형용사인 opposite의 의미를 강조하는 부사로 '완전히, 정확히'라는 의미를 가진 the very를 써야 한다. 참고로, the very same은 exactly the same과 같은 의미이다.

어휘 opposite 정반대인

정답 (c)

22

해석 넬리 브라운은 총을 들고 있는 남자에게 공격을 받았을 때보다 더 두려웠던 적은 한 번도 없었다.

해설 적절한 시제를 고르는 문제이다. 총을 들고 있는 남자에게 공격당했을 때는 과거 시제이며 그보다 더 과거에서부터 그때까지이므로 과거완료 시제가 적절하다.

어휘 scared 두려운 attack 공격하다

정답 (c)

23

해석 파멜라는 수면 내시경 검사를 받고 깨어나지 못할까 봐 매우 걱정했다.

해설 빈칸 앞이 완전한 문장이므로 적절한 분사구문을 골라야 한다. 따라서 (a)와 (d)는 적절하지 않으며, (b)는 해석상 빈칸 앞에 있는 sleep endoscopy가 선행사가 아니므로 적절하지 않다. 따라서 분사구문으로 이어질 수 있는 선택지 (c)가 알맞다.

어휘 sleep endoscopy 수면 내시경

정답 (c)

24

해석 뉴기니에는 이와 같은 강(綱) 6천여 종이 살고 있다고 한다.

해설 단순하게 '~이 있다'라고 할 때는 'There is[are]+명사 ~'를 쓰지만 '~이 있다고 한다'라는 의미를 나타낼 때는 'There is[are] said to be+명사 ~'를 쓴다. 뒤따라오는 명사가 복수형이므로 복수 동사 are가 왔다.

어휘 class (생물의 분류학상) 강(綱)

정답 (d)

25

해석 대량 해고가 있을 것이라는 얘기를 듣자마자 노조 지도자는 경영진과 맞서 싸우기로 결정했다.

해설 '~하자마자'라는 의미를 나타내는 다양한 표현들이 있는데, as soon as는 그 뒤에 '주어+동사'의 어순이 필요하고 hardly나 no sooner는 뒤에 '동사+주어'의 도치 어순이 필요하다. 따라서 선택지 (a), (b), (d) 중에 어순이 제대로 적용되고 뒤의 than과 호응하는 것은 (d)밖에 없다.

어휘 layoff 해고 confront 맞서다 management 경영진

정답 (d)

정답 (c)

Part III

26

해석 A 줄리아가 물리학 기말시험을 어떻게 치렀는지 들었니?
B 그녀에게서 직접 듣지는 못했는데, 소문에 의하면 매우 실망스러운 점수를 받은 것 같아.
A 정말? 그렇다니 안됐다. 장학금을 받으려면 'A' 학점을 받아야 하는데.
B 그러게 말이야. 그녀는 좀 더 열심히 공부했어야 해.

해설 (a)에서 how did Julia do on her physics final 부분은 전치사 about의 목적어 역할을 하는 명사절, 즉 간접 의문문이다. 따라서 간접 의문문의 어순인 '의문사+주어+동사'의 어순으로 변형되었어야 하는데 여전히 의문문의 어순, 즉 '의문사+조동사+주어+동사'의 어순을 가지고 있으므로 (a)를 고쳐야 한다.

어휘 physics 물리학 rumor has it that 소문에 따르면 ~이다 disappointing 실망스러운 Tell me about it. 그러게 말이야.

정답 (a) how did Julia do on her physics final → how Julia did on her physics final

27

해석 A 크라운 씨와 통화할 수 있을까요?
B 방금 나가셨는데요. 전하실 말씀 있으세요?
A 저는 캐서린인데요. 집 매매와 관련된 전화를 하셔서 제가 전화 드린 겁니다.
B 알겠습니다. 제가 꼭 메시지 전해 드릴게요.

해설 현재 시제는 일반적인 사실이나 진리, 습관적으로 이루어지는 일을 나타낼 때 쓴다. 지금 전화를 하는 이유를 밝히고 있기 때문에 진행 시제가 적절하므로 (c) return을 고쳐야 한다.

어휘 step out 나가다 return one's call ~의 응답 전화를 하다 for sale 팔려고 내놓은

정답 (c) return → am returning

28

해석 (a) 몇 달 전, '월스트리트 시위' 사건이 내 친구의 인생을 바꿔 놓았다. (b) 그 친구는 〈뉴욕 타임스〉의 기고가이면서 모든 면에서 멋진 사람인 로즈메리 카이트이다. (c) 그녀는 월스트리트 시위에 관여하면서 듣고, 읽고, 주목하기 시작했다. (d) 그녀는 자기가 의견을 갖고 있다는 것과 그 의견을 들려주고 싶은 욕구를 갖고 있다는 것을 깨달았다.

해설 (a)에 A few months ago라는 과거 표시 부사가 있으므로 시제가 과거여야 하는데 주절에 has come, 즉 현

재완료 시제가 왔으므로 이 부분을 과거형으로 고쳐야 한다.

어휘 Occupy Wall Street 월스트리트 시위(빈부격차 심화와 금융 기관의 부도덕성에 반발하면서 미국 월 가에서 일어난 시위) contributor 기고가 overall 전반적인 get involved in ~에 관여하다 take notice 주목하다 have a voice 발언권이 있다, 의견을 가지다

정답 (a) has come → came

29

해석 (a) 어느 날 루시아는 애인의 반복되는 지각 때문에 그와 말다툼을 벌였다. (b) 결국에는 애인인 토미가 사과했지만 그녀에겐 충분하지 않았다. (c) 그녀는 그가 여러 면에서 그녀에게 용기를 북돋아 주지 않았다면 자기의 삶이 어땠을지 생각해 보았다. (d) 그러고는 그를 다시 용서하기로 했다.

해설 (c)에서 가정법 주절과 if절의 시제가 서로 일치하지 않고 있다. 전반적으로 과거 시제이며, 과거 사실을 회상하고 있으므로 가정법 과거완료 시제가 필요하다. 따라서 주절의 would be를 would have been으로 고쳐야 한다.

어휘 get in an argument 말다툼하다 repeated 반복되는 tardiness 지각 encourage 격려하다

정답 (c) would be → would have been

30

해석 (a) 공룡 화석은 수백 년 동안 '용의 뼈' 또는 거인의 유해로 알려져 왔다. (b) 그러나 옥스퍼드 대학의 학장 윌리엄 버클랜드가 육식 '도마뱀'인 메갈로사우루스의 모습을 묘사한 후에야 그것들은 멸종된 거대한 파충류 무리로서 정식으로 연구되었다. (c) 그 후, 영국의 지방 의사인 기디언 만텔이 이구아노돈의 모습을 기술하는 데 성공했다. (d) 오늘날 알려진 비조류성 공룡들은 800종이 넘는다.

해설 문장이 길기 때문에 쉽게 눈에 들어오진 않지만 (b)는 가주어 it과 진주어 that절로 이루어진 구문이다. 따라서 which를 that으로 바꾸어야 한다. 진주어-가주어 구문임을 몰랐다고 해도 which 뒤의 문장이 완전하므로 관계대명사 which가 적절하지 않다는 것을 쉽게 알 수 있다. which 뒤의 they는 앞에 언급된 dinosaur fossils를 지칭한다.

어휘 dinosaur 공룡 fossil 화석 remains (사람이나 동물의) 유해 carnivorous 육식성의 lizard 도마뱀 formally 정식으로 extinct 멸종된 reptile 파충류 non-avian 비조류의

정답 (b) which they were → that they were